《凡·高自画像》 ■ 凡·高 ■ 1887 年

在自然界中，我处处发现感情和灵魂。有时候一排被截去树梢的柳树和一排在救济院前等候施舍的穷人相似。麦苗有着某种无法形容的纯洁和稚弱，使人们如同看到熟睡着的婴儿的表情，产生一种爱抚的感情。路边被踩踏过的野草像贫民窟的穷人一样显得疲惫，满是灰尘。

——摘自《凡·高自述》第 7 章

《耳朵敷着绷带的自画像》 ■ 凡·高 ■ 1889 年

第二天，即 12 月 24 日，我们收到了高更
发来的电报，要提奥到阿尔勒去。因为文
森特在极度兴奋和发高烧的状态下，割下
了自己的一只耳朵，并把这只耳朵作为礼
物赠给妓院的一个妓女。

——摘自《凡·高自述》第16章

《向日葵》 ■ 凡·高 ■ 1888 年

我在努力描绘秋天，以"马赛曲"般的
热情，一边品尝着味厚的炖鱼，一边作
画——当你知道我画的是一些美丽的向
日葵时，你不会感到吃惊吧？

——摘自《凡·高自述》第 16 章

《乡村小路》 ■ 凡·高 ■ 1890 年

远处的城市只看见一个灰色的轮廓，也与周围的色彩十分和谐，湿淋淋的屋顶显得非常突出。从地面和草地的颜色变化和所有物体的亮度来看，它更像是一幅多比尼的画作，而不太像是柯罗的画作。总之，什么东西都比不上清晨大自然的美。

——摘自《凡·高自述》第 9 章

《奥维尔的教堂》 ■ 凡·高 ■ 1890 年

当我第一次站在布道坛上时，我觉得自己好像是从地下一个黑暗的
山洞里钻出来的，重新回到温暖的阳光底下。想到今后不论我走到
哪儿，我都将传播福音，一种欣喜之情便油然而生。为了能更好地
传播福音，一个人心中必须要有福音，但愿上帝赐给我一部福音。

——摘自《凡·高自述》第1章

《夜间咖啡馆》 ■ 凡·高 ■ 1888 年

从小事情做起，无论如何都坚持不懈，有骨气而不是有
金钱，冒险多于赞誉——这就是米勒、森希尔、巴尔扎克、
左拉等人典型性格的写照。

——摘自《凡·高自述》第14章

《星夜》 ▪ 凡·高 ▪ 1889 年

如果你喜欢《星夜》和《翻耕的土地》这两幅画，
我是不会感到吃惊的，因为它们比我的其他作品具
有更多朴实无华的东西。如果我的创作能这样继续
下去，如果我的绘画技巧越来越娴熟自然，我就用
不着为钱而发愁了，我的画将更易为人们所接受。

——摘自《凡·高自述》第16章

《罗林夫人画像》 ■ 凡·高 ■ 1889 年

生活是一个谜，而爱情更是谜中之谜。对此，米什莱就有着精辟的分析。他说："爱情起初像蜘蛛网那样脆弱，后来竟生长成像电缆那样粗壮，所需的只是一个条件：忠诚。"谁想享受丰富多彩的生活，谁就必须保持忠诚；谁想了解许多女人，谁就必须忠实于一个女人，并且是同一个女人。在专一的爱情中，会有许多不同的阶段或者变化。

——摘自《凡·高自述》第8章

人生智库文丛

凡·高
自述

[荷兰] 凡·高 著

张叔宁 译

北京工业大学出版社

图书在版编目（CIP）数据

凡·高自述 ／（荷）凡·高著；张叔宁译. —北京：
北京工业大学出版社，2015.12

ISBN 978-7-5639-4429-3

Ⅰ．①凡… Ⅱ．①凡… ②张… Ⅲ．①凡·高
V．(1853~1890) —自传 Ⅳ．①K835.635.72

中国版本图书馆CIP数据核字(2015)第208321号

凡·高自述
FANGAO ZISHU

著　　者：[荷兰]凡·高
译　　者：张叔宁
责任编辑：丁　娜
装帧设计：视觉共振设计工作室
出版发行：北京工业大学出版社
　　　　　（北京市朝阳区平乐园100号　邮编：100124）
　　　　　010-67391722（传真）　bgdcbs@sina.com
出 版 人：郝　勇
经销单位：全国各地新华书店
承印单位：北京慧美印刷有限公司
开　　本：889毫米×1194毫米　1/32
印　　张：13.375
字　　数：300千字
版　　次：2015年12月第1版
印　　次：2015年12月第1次印刷
标准书号：ISBN 978-7-5639-4429-3
定　　价：28.00元

目录

凡·高

凡·高自述

[荷兰] 凡·高 著

张叔宁 译

《背负十字架的基督》 ■ 荷兰 ■ 希罗尼姆斯·博什

第 1 章
基督帮助我们净化灵魂

伦敦 1873年6月 [1]

亲爱的提奥：

啊，弟弟，你要是能到这儿来看看我的新住所，那该有多好啊！我现在总算有了一间自己梦寐以求的房间，它没有倾斜的天花板，也没有带绿边的墙纸。我和非常风趣快乐的一家人住在一起，这家人办了一所男童学校。

我很知足。我常常散步。我住的社区安宁祥和，空气清新，令人愉快。能在这样的地方找到一个住处，我真的感到很幸运。

在这儿我不像在海牙那么忙，因为我只是从早上9点工作到下午6点，每逢星期六我们下午4点就关门了。有一次在星期六，我和两个英国人去泰晤士河划船，那儿美极了。

虽然这儿的房子没有海牙的房子那样有情趣，能吸引人，但我觉得还是待在这儿好。尤其是今后随着卖画数量的增加，这里的工作会显得越来越重要，我或许还是能帮上一些忙的。近来店里收购到了许多画和素描作品，也卖出了很多，但还远远不够，我们需要更多的耐心和更加稳健的工作方式。我认为，在英国还有许多事情等待着我们去做。当然，首要的是要多收购一些好作品，然而，这非常困难。

我感觉自己还是干得不错的。对我而言，考察伦敦、研究英国本土的生活方式和英国民众，是一大乐事。此外，我有大自然、艺

1　凡·高（Vincent van Gogh, 1853—1890），1853年3月30日出生于荷兰南部北布拉班特省的一个小镇格鲁特·曾德尔特（Groot Zundert），简称曾德尔特（Zundert），是荷兰新教牧师提奥多勒斯·凡·高(Theodorus van Gogh, 1822—1885)和安娜·科妮莉娅·卡本特斯(Anna Cornelia Carbentus, 1819—1907)的长子。凡·高有三个妹妹和两个弟弟。1869年16岁的他便开始到古匹儿公司海牙分店当店员，1873年5月调往古匹儿伦敦分店工作，当时他20岁。

术和诗歌与我做伴。倘若据此而不知足，怎样才能知足呢？

我很高兴你如此喜欢恺撒·德科克[1]，他是为数不多，真正从心底里喜欢我们亲爱的布拉班特[2]的画家之一。去年我曾在巴黎遇见过他。

你要尽最大努力去掌握有关绘画的知识，尽可能常到博物馆走走，多了解一些前辈艺术家的情况是很有益处的。如果有机会，还可读一些有关美术的书刊，尤其是那份美术杂志——《美术报》。

另外，尽可能外出远足，保持对大自然的热爱，因为这是帮助你越来越深刻地理解美术的真正途径。画家们理解大自然，热爱大自然，并且教育我们如何观察大自然。如果一个人真正爱上了大自然，他就能处处发现美的东西。

我现在忙于修剪花园。我在小花园里种满了罂粟花、甜豌豆和木樨草。现在我们在等着，看看小花园究竟将会变成什么样子。最近，我又开始作画，但后来又停笔了。也许哪一天我又会重新拿起画笔。我现在正大量阅读。我很高兴你读了米什莱[3]的书，而且对他能够理解得那么好。这样一本书给我们的启示是，爱所包含的内容远比一般人所认为的要多。

米什莱的《爱》像《福音书》一样给予我启示。"任何妇女都不会变老。"这句话并不是说没有年老的妇女，而是说，一个处于爱和被爱之中的女人，是不会变老的。女人和男人是两种完

1　恺撒·德科克（César de Cock，1823—1904），比利时风景画家。

2　布拉班特（Brabant），正式的名称为北布拉班特（North Brabant），是荷兰南部的一个省，凡·高的家乡格鲁特·曾德尔特隶属于这个省。因此，布拉班特也可以说是凡·高的家乡。

3　米什莱（Jules Michelet，1798—1874），法国19世纪著名历史学家，被学术界称为"法国最早和最伟大的民族主义和浪漫主义历史学家"。

十三岁的凡·高

全不同的动物。对于女人我们知之甚少，如果说我们略有了解的话，那至少是很表面、很肤浅的——是的，对此我深信不疑。丈夫和妻子可以成为一个人，就是说，成为一个整体，而不是两个部分——是的，我也深信这一点。

你得用我给你的钱买一本阿尔方斯·卡尔[1]的《环绕花园之旅》，记得一定要买。秋天很快就要降临，到那时大自然将会变得萧瑟和宁静。

拉姆斯盖特[2]　1876年4月

耶稣受难日那天离家时的情景我永远都不会忘记。一大清早，我们便去霍维[3]的一个教堂里领受圣餐父亲念的经文是"起来，我们走吧"[4]。下午，我们真的"起来走了"。从列车窗往外，我看到父亲和小弟弟[5]站在路边，依依不舍地目送着列车缓缓离开。我在荷兰境内最后看到的是一座灰色小教堂的尖顶。

在这儿度过的日子确实让我感到非常愉快，然而，在这种愉快而又宁静的生活中，我却感到有些空虚。人是最不容易满足的，当他发现一切都来得太容易之后，就会感到不满足。

今天是你的生日，谨向你致以最良好的祝愿，愿我们之间的

1　阿尔方斯·卡尔（Alphonse Karr，1808—1890），法国小说家和评论家。

2　凡·高于1876年3月被古匹儿公司解雇。4月他到英国的拉姆斯盖特当教师，后来又在艾尔沃思当助理牧师。拉姆斯盖特（Ramsgate）是英国东南部的一个海滨小城镇，现有人口5000多人。

3　霍维（Hoeve），荷兰北布拉班特省的一个小镇，距离凡·高的家乡不远。凡·高的父亲定期到那儿布道。

4　源自《新约全书》中的《约翰福音》第14章第31节。参看《新约全书》（和合本，英汉对照），International Bible Society出版，1984，第205页。

5　这里指的是凡·高和提奥共同的小弟弟科内利斯。凡·高家共有六兄妹，他是老大，在他下面有三个妹妹和两个弟弟。两个弟弟中一个是提奥（Theodorus van Gogh，1857—1891），简称Theo，他与凡·高的关系最为密切，凡·高一生中的绝大多数信都是写给他的。另一个弟弟就是在家里年纪最小的科内利斯（Cornelis Vincent van Gogh，1867—1900）。

兄弟情谊与日俱增。使我高兴的是，我们分享着许多共同之处，不仅有着对童年时代的共同回忆，而且你至今仍然在我工作过的那间屋子里工作。你认识的许多人，去过的许多地方，我也同样认识，也同样去过。此外，你也像我一样，酷爱大自然和艺术。

我对你说过我最近看到的暴风雨吗？泛起淡黄色波涛的大海汹涌而至，拍打着近岸，只见地平线上出现一条光带，光带的上方是一片黑压压的乌云，大雨从乌云中倾盆而下，条条雨线倾斜着射到大地上。远处的小镇不禁使人想起丢勒[1]蚀刻画上常出现的那类小镇，小镇有尖塔、磨坊、石板屋顶，以及哥特风格的房子等。

就在同一天晚上，我从房间的窗户往外看，从那儿我看到了许多房顶和榆树冠，在夜空下显得黑黝黝的。屋顶上方，悬挂着一颗孤零零的星星，那是一颗美丽而友好的硕大星星，那样的情景令人难以忘怀。

我完成了一幅小素描，画的是从学校教室的窗户朝外所看到的景象。画中孩子们正从窗户向外挥手，向前来看望他们的父母道别，那种情景是令人感伤的。每天，除了几顿饭令孩子们翘首以盼，能够帮助他们打发些许时光以外，其他的活动对于他们来说都是那样的单调和微不足道。

斯托克斯[2]先生说，他肯定不能给我任何薪水，因为他有足够多的教师愿意接受只提供食宿不领薪水的条件。情况确实如此，

---

1 阿尔布雷特·丢勒(Albrecht Dürer，1471—1528)，德国画家、版画家及木版画设计家。丢勒的作品包括木刻版画及其他版画、油画、素描草图，以及素描作品。他的作品中，以版画最具影响力。丢勒的版画作品早在20世纪二三十年代就被鲁迅等中国学者介绍到中国，对中国日后的美术界产生了较大影响。

2 斯托克斯（William Port Stokes，1832—1890），英国拉姆斯盖特镇本地的一位教师、牧师和校长。

但问题是，这样的生活我到底能撑多久？

恐怕撑不了多久，我很快就得做出抉择。

对我来说，怀着某种感伤去回忆"寻欢作乐的场所"，以及各种应酬的豪华场面的日子终将会来到的。换句话说，就是能挣大钱、受世人仰慕……我预见这一天会来的。

但是，兄弟，且不管今后怎样，有一点我可以让你确信不疑。这几个月来，我一直在教师和牧师这两种职业之间左右摇摆。从事这两种职业是苦乐参半，对此我体会到了。我怀疑，我将来能否在这两种职业中的任何一种有所作为。我在古匹儿公司下属的一个分店里干了六年，其间我本应为我的今天做些准备，但我却没有，这会不会妨碍我今后的发展？对此我心存疑虑。

在大城市里，人们对宗教是虔诚和渴望的。在工厂或商店里工作的人当中，许多人都有笃信宗教的童年时代。但有时候城市生活也带走了"清晨的露珠"，所以，人们仍然渴望听到那"很久很久以前的故事"。这种渴望始终都深藏于心底。我十分喜欢那句话："请告诉我那个很久很久以前的故事。"我第一次听到这句话时，是某一天晚上在巴黎的一个小教堂里，那个小教堂我常去。

乔治·艾略特[1]在她的一部小说里描述了工人们的生活：他们组成一个小社团，常去灯笼广场的一个小教堂做祷告，看着几千人聚集在一起，聆听福音传道者的福音，十分令人感动。

我想，在伦敦做传教士一定很特别。他必须要深入到体力劳

1　乔治·艾略特（George Eliot, 1819—1880），原名玛丽·安·埃文斯（Mary Ann Evans），英国维多利亚时代杰出的小说家之一，与狄更斯和萨克雷齐名。其主要作品有《弗洛斯河上的磨坊》、《织工马南传》等。

动者和穷人当中去宣讲《圣经》。如果他是一个有经验的牧师，他可以和他们谈谈心。如果他发现有外国人在找工作或者其他什么人有困难，就要设法帮助他们。我曾出去过两三次，看看自己是否有机会也能当上一名牧师。我会说好几国语言，特别是在巴黎和伦敦，我常和下层民众以及外国人接触。作为一个外国人，我或许更适合做一名牧师，但是，由于不到24岁便不能当牧师，我无论如何还得再等上一年。

上星期一我从拉姆斯盖特出发去伦敦，这是一次远足，出发时天气很热，炎热的天气一直持续到傍晚我来到坎特伯雷的时候。当晚，我还继续朝前走了一小段路，直到我来到一个周围长有山毛榉和榆树的小池塘边，才停下来休息了一会儿。凌晨三点半，天刚破晓，鸟儿们便开始歌唱了，我又重新上路，这时候上路是最惬意的。

下午，我到达查塔姆。从查塔姆眺望远方，只见有些地势低洼的草地已被水淹没，草地上到处生长着榆树，泰晤士河上船来船往，十分繁忙。我相信这里的天气总是灰暗的。在查塔姆，一辆马车捎带我前行了几英里（1英里≈1.6千米）。后来，马车夫在一家客栈歇脚，于是我独自徒步前行。接近傍晚时分，我来到我所熟悉的伦敦郊区，于是沿着长长的公路向市区内走去。

在伦敦我只住了两天，赶着从一个街区到另一个街区去会见各种各样的人，其中有一个是牧师。于是我给他写了这样一封信：

> 我是一个牧师的儿子，迫于生计不得不去打零工挣钱，所以现在既无时间，也无金钱进皇家学院念书。此外，我现在的年龄也比正常的入学年龄大了好几岁。尽管如此，如果您能

帮助我找到一份与教会有关的工作，我也就心满意足了。

　　我父亲是荷兰的一位乡村牧师。我11岁上学，一直读到16岁。之后，我不得不选择一个职业，但我当时不知道自己究竟适合做什么。我有一个伯伯[1]是古匹儿艺术品经销和出版公司[2]的合伙人，通过他的帮忙，我在他们的海牙分店找到了一份工作，我在那儿工作了三年。后来我离开海牙来到伦敦学习英语，两年后我离开伦敦前往巴黎。

　　由于各种原因所迫，我离开了古匹儿公司。之后我来到拉姆斯盖特，在斯托克斯先生办的学校里当了两个月的教师。但我的目标是谋求一个与教会有关的职位，所以，我必须另谋出路。虽然我没有受过正规的神职教育，但我到过许多国家；我和各种各样的人在一起相处过，包括穷人和富人，信教的和不信教的；我做过许多不同的工作，既干过体力劳动，也坐过办公室；此外，我还能说几国语言。所有这些经历和积累，能够部分地弥补我没有念过神学院的不足。然而，我向你毛遂自荐的真正原因是，我从内心深处热爱传教以及一切与之相关的工作。我对于传教事业的这种感情虽然有时候也有起伏，偶尔也会处于休眠状态，但总是一次又一次地被激发出来。至于我为什么会这样，我自己无法用语言来解释清楚，但如果一定要我道出这是一种什么样的感情，那就是我"对上帝和人类的爱"。

1　指文森特伯伯（Vincent van Gogh, 1820—1888），凡·高的亲伯伯，与凡·高同名，简称Uncle Cent。他是凡·高家族的一位重要成员，也是一位大画商，曾是古匹儿公司的合伙人，凡·高与提奥都曾在这位伯伯的古匹儿海牙分店工作过。与凡·高、提奥关系密切，给予凡·高许多艺术上的指导和经济上的资助。

2　古匹儿公司（Goupil & Cie），19世纪欧洲最为著名的艺术品经销和出版公司，总部设在巴黎，在伦敦、布鲁塞尔、海牙、柏林、维也纳、纽约等地均设有分公司。

凡·高牧师——凡·高的父亲

艾尔沃思[1]　1876年7月

冬天很快就要来临，我很高兴圣诞节是出现在冬季的，但愿上帝保佑我们到那时能欢聚一堂。我多么渴望能见到母亲，见到父亲，和父亲谈谈话。虽然我们两人之间的见面是如此之少，我们和父母之间的见面又是如此之少，但我们对家庭的感情以及我们之间的手足情谊丝毫不减，依然十分强烈，以至于我都按捺不住自己的心跳，眼睛转向上帝，祈祷说："别让我离家浪游得太远，太远。啊！主啊！"

提奥，上星期天你的兄弟我第一次开始布道了。这是一个晴朗的秋日，我从这里沿着泰晤士河徒步走到里士满[2]。沿途景色美不胜收，岸边挂满黄叶的高大栗树和澄碧蔚蓝的天空倒映在泰晤士河上面，透过树顶可以看见远处延绵起伏的山峦，那里依然是里士满的一部分。

当我第一次站在布道坛上时，我觉得自己好像是从地下一个黑暗的山洞里钻出来的，重新回到温暖的阳光底下。想到今后不论我走到哪儿，我都将传播福音，一种欣喜之情便油然而生。为了能更好地传播福音，一个人心中必须要有福音，但愿上帝赐给我福音。

在过去的几个月时间里，我似乎长大了好几年。

《效仿基督》[3]是一部极富启示性的好书，这部书很好地解释了尽到自己神圣的义务是多么有意义，为人宽厚慈悲、尽心尽责

1　艾尔沃思（Isleworth），伦敦西郊的一个小镇，隶属于大伦敦。凡·高1876年间曾在此当过助理牧师。

2　里士满（Richmond，全名为Richmond upon Thames），大伦敦的一个区，位于泰晤士河畔。

3　《效仿基督》（*Imitation of Christ*）一书的作者为托马斯·阿·康庇斯（Thomas à Kempis，1379/1380—1471），荷兰作家。

将其乐无穷。

事实上，每天都有每天的罪恶，每天也都有每天的善行，如果不宣传信仰，不依靠信仰来抚慰人心，那么生存一定会变得无比困难。特别是当每天的罪恶随着人们对物欲的追求而有增无减时，更是如此。基督帮助我们净化灵魂，正确对待世俗的东西。

提奥，如果我不宣传福音，灾难将会降临于我；如果我不宣传福音，不笃信基督并对基督怀有期望，那么，我的情况将会变得更糟。不过，现在我获得了勇气。

上星期天，一大清早我便去了特恩姆格林[1]，在那儿的主日学校里教书。这是一个真正的英国雨天。在工作日里，我不得不培养自己对主日学校的兴趣。学校有足够数量的学生，但问题是很难使他们到齐。下午，琼斯先生[2]和他的孩子们，还有我和教堂司事一起去喝茶。

明天，我必须要到伦敦市两个最边远的地区去。一个是怀特彻帕尔[3]区，那是一个非常穷困的地区，你在狄更斯的书里读到过的；另一个是刘易斯海姆[4]区，我得乘坐小汽艇到泰晤士河对岸才能到达那儿。

上星期四，琼斯先生让我替他顶班，我去了艾克顿草地。从教堂司事的窗口我可以看到这片草地，草地非常泥泞，但随着夜色的降临和雾气的升腾，景色变得很美，人们可以看到草地中央的小教堂里透出的灯光。

1　特恩姆格林（Turnham Green），伦敦一地名，在那儿有教堂、绿地等。

2　琼斯（Thomas Slade—Jones，1829—1883），艾尔沃思当地的一位牧师和学校的校长。凡·高当时在他手下当助理牧师。

3　怀特彻帕尔（Whitechapel），伦敦一地名，英文意为白色小教堂，其中的小教堂多为贫困教徒而设立。

4　刘易斯海姆（Lewishham），伦敦一地名。

　　有一个星期天晚上，我被派去彼得斯海姆，到一个卫理公会教堂去。我对教堂会众说，他们将听到蹩脚的英语，但当我开口演说时，我想起了《圣经》中的一个寓言故事，故事中的主人公说："请对我耐心些，我将向你们奉献一切。"

　　当我坐在小房间里给你写这封信时，屋里安静极了。我看着你的肖像和墙上的画，画中有《基督的安慰者》、《耶稣受难日》、《访问坟墓的女人》、《老胡格诺派教徒》，有阿里·谢佛尔[1]画的《浪子》，还有《暴风雨大海中的小船》等——当我想起你们大家，想起这里的一切，想起特恩海姆草地、里士满和彼得斯海姆时，我就会想："主啊，让我成为神父的兄弟吧！请在我身上完成你已开始的工作吧！"

　　我们是否哪一天一起去教堂呢？我们虽然满腹忧伤，但却又总是幸福的。我们心中有着永恒的快乐，是否因为我们是上帝天国中的穷人？

1　阿里·谢佛尔（Ary Scheffer，1795—1858），荷兰著名画家。

《拉撒路复活》 ■ 荷兰 ■ 凡·高 ■ 根据伦勃朗原作绘制

第 2 章
走到深海处，再把渔网撒入大海

阿姆斯特丹　1877年5月[1]

我没有一天不写点儿、画点儿什么的。每天写啊、读啊、工作啊、画画啊，我相信持之以恒终能成功。

虽然我有待改进的地方还很多，但我仍坚定地相信自己能够成功。当然，成功是需要时间的，不仅柯罗[2]这么说，人人都这么说："要用40年时间来努力工作、思考和潜心研究。"从事像父亲和斯特里克[3]姨父那样的人所从事的工作，需要大量的学习，绘画亦如此。

但有时候人们还是会情不自禁地自言自语道：我究竟怎样做才能达到目的？晚上我很疲倦，因此早上往往不能按照自己的愿望起得那么早。我有时候觉得脑袋很沉，经常有灼痛感，思绪有些混乱——在经历了那段感情冲动的岁月之后，要想适应和坚持那种单调的、一成不变的学习生活并非易事。

当我回眸过去——当我想到将来充满着某种不可预见的困难，想到将来会碰到许多自己不喜欢做的艰苦的工作时，我，或者倒不如说那个邪恶的自我，自然就想逃避了。当我想到有那么多双眼睛在盯着我——如果我没有获得成功，而他们又知道问题的症结

1　凡·高于1876年圣诞节回到家里和家人团聚。1877年5月他来到阿姆斯特丹，住在约翰伯伯（Johannes van Gogh，1817—1885）家里。约翰是凡·高的亲伯伯，简称Uncle Jan，是凡·高家族的一位重要成员。他是一位海军少将（rear admiral），在阿姆斯特丹的海军造船厂任厂长。凡·高来阿姆斯特丹的目的是为报考神学院做准备。现在阿姆斯特丹建有著名的国立凡·高博物馆（Van Gogh Museum）。这是世界上最大、收集凡·高材料最丰富、最专业的凡·高博物馆，馆中收藏了凡·高200幅油画作品、580多幅素描、7个速写本，以及大约750封凡·高写给弟弟提奥的书信，其中收藏的油画约占凡·高所有油画的四分之一。这些资料以前都是由凡·高的弟弟提奥的家属来管理，现在实现了在公共美术馆向公众展出的愿望。

2　柯罗（Jean Baptiste Camille Corot，1796—1875），法国19世纪著名的风景画家，一生工作十分勤奋，创作了许多有影响的优秀风景画作，与巴比松画派的米勒、卢梭、多比尼等过从甚密。

3　斯特里克（Johannes Paulus Stricker，1816—1886），凡·高的亲姨父，凡·高母亲的姐夫，简称Uncle S. 或 J. P. S.，荷兰著名神学家，凡·高在阿姆斯特丹备考神学院期间主要是跟他学习神学。

出在哪里，他们会不会对我求全责备呢？他们在分辨是非曲直、道德评判方面经受过良好的教育和严峻的考验，他们会说，更准确地说，他们不是用嘴巴，而是通过他们的面部表情来说：我们帮助过你，我们启发过你，你是否真正努力了呢？我们的回报和劳动成果在哪里？想到这一切，想到令人伤心之处，想到令人沮丧的事情，想到对失败的恐惧，想到耻辱——这时我会情不自禁地产生一种愿望——愿自己远走高飞把这一切远远地抛在身后。

可是，我仍然坚持继续走下去，但小心翼翼地。我真希望自己有力量来抗衡这一切，这样的话，我就能知道该如何回答那些可能对我出现的责备。我相信，尽管看起来我事事背运，一切都不如意，但最终我会达到自己追求的目标的。如果上帝眷顾于我，他将会使我所热爱的人，以及日后追随我的人，最终都会向我投来赞赏的眼光。

有这么一句话："举起你下垂的双手，伸直你无力的双膝。"当信徒们工作了一整夜却什么鱼也没钓着时，主对他们说："走到深海处，再把渔网撒入大海。"

如果我们困倦了，难道不正是因为我们已经走了很长一段路程吗？如果我们相信人活在世上就要拼搏，那么，困倦和头痛不就是人一直在斗争的表征吗？如果我以前把自己全部的力量都用于人生斗争，那么，我现在就会走得更远。

今天早上，我在教堂里看见一位瘦小的老妇人——脚炉可能就是她提供的。一看到她，我立刻想起伦勃朗[1]的一幅蚀刻画，画面

1　伦勃朗（Rembrandt Harmensz van Rijn，1606—1669），欧洲17世纪最伟大的画家之一，也是荷兰历史上最伟大的画家。1606年7月15日生于莱顿，1669年10月4日卒于阿姆斯特丹。

上一个正在读《圣经》的妇女睡着了，头枕在手上。关于这幅画，布朗克[1]写过很漂亮的文章高度赞扬，字里行间充满着感情。我还想起米什莱的一句话"妇女永远不会老"。德·甘涅斯特[2]的诗句"她人生之路的尽头是孤苦伶仃"，也使我想起伦勃朗的这幅蚀刻画。

你是否认为我们也会在不知不觉之中就已经进入生命的暮年？如果我们感觉岁月越来越快地从我们身旁飞逝，相信并记住这一点——"谋事在人，成事在天"，有时候对我们自己是有益处的。

有一位犹太书商帮我弄到了我所需要的拉丁文和希腊文书籍。我发现他有许多版画，我可以从中选购一些，而且价格十分便宜。我已买了一些，用来布置我的小房间，使我的小房间有一个好的氛围，要想获得新的构思和新的思想，这种氛围是必需的。

昨天在斯特里克姨父家，他们让我谈谈对伦敦和巴黎的印象，我说着说着，伦敦和巴黎的一切又浮现在我的眼前。我热爱那里的许多东西，是啊，不管我走到哪儿，我总是如此。当我在海牙的街道中穿行，或在曾德尔特[3]居住时，我总是感觉一切是那样的美好！过去所经历过的一切，对我当前所从事的工作是有帮助的。当我在那座荷兰新教徒的大教堂里谋得一个小职位时，我想对于往事的回忆，将会为我的布道提供许多话题。

我沿着布滕坎特和靠近铁路的沙滩散步，我无法用语言向你描述黄昏时分这里有多么美丽。伦勃朗、米歇尔[4]和其他画家就画

---

1 布朗克（Charles Blanc，1813—1882），法国作家。
2 德·甘涅斯特（De Genestet，1829—1861），荷兰诗人，同时也是一位神学家。
3 曾德尔特（Zundert），全称为格鲁特·曾德尔特（Groot Zundert），是位于荷兰南部的北布拉邦特省的一个小镇，人口有2万多，是凡·高的家乡。该地风景优美，现在已发展成为一个旅游胜地，建有一座凡·高博物馆。
4 米歇尔（Georges Michel，1763—1843），著名法国画家。

过此景：苍茫的暮色笼罩着大地，落日的余晖洒满天际，一排排房屋和教堂的尖塔映衬在夕阳底下，家家户户都已掌灯，所有这一切都倒映在水中，过往行人和车辆黑影憧憧，轮廓依稀。

我已经开始学习《圣经》了，但只能在一天工作结束之后的晚上或者清晨学习——不管怎样，我把学习《圣经》看作是我的首要任务。当然，我还要学习别的东西，我也正是这么做的。我真希望一下就能跳过好几年的时间，我的兄弟。

当我们在做一件困难的事情时，当我们为了追求美好的理想而努力奋斗时，我们就是在为正义而斗争，其直接的奖赏就是我们与世间的许多邪恶绝缘了。随着我们在生活中不断前进，生活也会变得越来越困难，但是，在与困难做斗争的过程中，积聚在内心深处的力量也会得到加强。的确，人生就是一场战斗，我们必须要捍卫和保护自己，为了有所进步，我们必须要以乐观和勇敢的精神来精心策划，未雨绸缪。

有一件事情我们必须明白——我们两人从现在算起，必须再多活30年，而且要时时提防邪恶。我们现在只是普普通通的人，我们必须努力奋斗，一定要使自己成材，现在我们两人谁也没有成材。我们会有美好的将来，我的良知告诉我，我们和其他人不一样。

当我站在艾森[1]的遗体旁时，我感到死亡是那样的安详、庄严和肃穆，而活着的人们则依然活蹦乱跳。它们之间的对照是如此强烈，以至于大家都认为他女儿简洁的一句话道出了真理："他已经摆脱了生活的重压，而我们还得继续背负。"我们之所以如此眷恋已经逝去

1　艾森（Johannes Aerssen，1805—1877），赖斯贝根村（Rijsbergen）的一位普通农民，因病不幸于1877年逝世。赖斯贝根村距离凡·高家乡曾德尔特约六千米，两地同属一个教区，凡·高父亲身为该教区的牧师，结交了不少农民朋友，艾森便是其中的一个。凡·高及其家人对于穷人总是给予极大的同情，他在信中多次提及艾森及其家人。

的日子，是因为我们尽管时常感到沮丧，但仍有快乐的时刻。在这种时刻，就像清晨的云雀情不自禁地放声歌唱那样，我们全身心都陶醉在愉悦之中，然而，我们也时常情绪低落，心中充满恐惧。我们保留着对我们所爱过的人的一切记忆，当我们的迟暮之年到来时，这些记忆就会重新呈现在我们眼前，他们并没有死去，他们只是睡着了。把这些记忆采集珍藏于心中，是一件有益的事情。

今早四点三刻，这里遇上了一场可怕的暴风雨。我一直望着外边的船坞和码头，白杨树、接骨木和其他灌木被强风吹弯了腰，瓢泼大雨倾泻在一堆堆木材和船舶的甲板上，但很快太阳就钻出了云层，地面和船坞的横梁顿时沐浴在阳光之中，在冉冉升起的旭日的照耀下，池塘倒映着金色的天空。接着，我看见最早上班的一伙工人正走进造船厂的大门，只见大大小小的黑色影子排列成一个长长的队伍，先是出现在太阳刚刚照射到的狭窄街道上，然后进入工厂，这真是一个令人惊叹的情景。他们大约有3000人，他们的脚步声如同大海的咆哮。

在狄克岛上也有许多船坞。当我去那儿时，我仔细观察工人们，谁要想学画画，谁就必须观察工人，尤其是当你深入船厂车间时。在码头，画家们可以发现许许多多可以入画的题材。

我一边给你写信，一边出于天性也不时作些画。如今天早上我就画了幅《沙漠中的以利亚》[1]，画面中天空风雨大作，前景是地面上生长的几簇荆棘。这幅画没有什么特别之处，但在我的眼中，它却是那样栩栩如生。在这种时刻，我往往会说起话来滔滔

1　以利亚（Elijah），《圣经》中的一位重要先知，生活于公元前9世纪。据《圣经》中的《列王纪上》第19章第4节记载，以利亚被悍妇耶洗别（Jezebel）追杀，"自己在旷野走了一日的路程，来到一棵罗腾树下，就坐在那里求死，说：'耶和华啊，罢了！求你取我的性命，因为我不胜于我的列祖。'"此处提及的凡·高画作《沙漠中的以利亚》已遗失。

不绝，充满激情。

我现在正忙于总结宗教改革史，那段历史非常富于启发，对我非常有吸引力。我想，如果一个人认认真真研读几本莫特利[1]、狄更斯、格鲁森[2]的书，再读几本有关十字军的书，那么，他对整个历史就会在不知不觉之中获得正确而又简明的认知。

蒙德斯[3]给我带来了希望，如果一切顺利的话，三个月的学习结束时，我们将能完成他为我们安排的学习计划，但希腊语课除外，希腊语课的授课地点是在位于阿姆斯特丹市中心的犹太区。在闷热难耐的夏日下午，我的感觉就像是要面对由一些学识渊博然而却工于心计的教授们所安排的许多考试一样，坦率地说，那些教授们让人觉得很压抑，远不如在布拉班特的玉米地好玩。在这样的天气里，布拉班特的玉米地是清爽美丽的。

我从家里得知，你收到科斯特[4]大夫一张总计为40盾的账单，这可不是一笔小数目。倘若我能帮上你一点忙该多好啊！但你知道我身无分文，我必须要想尽一切办法去挣钱来帮助教堂购买所需的藏书——比如，在卖香烟的小店里用邮票换点零钱——但是，我的兄弟，只要奋斗，我们就能活下去。

我渴望得到许许多多的东西。如果我有钱，我也许会立即用来买书，还会买一些其实并非非要不可的东西。这些东西可能会

1　莫特利（John Lothrop Motley，1814—1877），美国外交家和历史学家，曾出任美国驻奥地利和英国公使。对荷兰史颇有研究，出版了《荷兰共和国的兴起》（共3卷，*The Rise of the Dutch Republic*，1856）和《统一尼德兰史》（共4卷，*History of the United Netherlands*，1860，1867）。

2　格鲁森（Auguste Gruson，生卒年代不详），法国作家，因出版《重述给青年的十字军史》（*Histoire des Croisades Recontée à la Jeunesse*，1844）一书而出名。

3　蒙德斯（Maurits Benjamin Mendes da Costa，1851—1938），凡·高在阿姆斯特丹为报考神学院做复习准备时的老师。

4　科斯特（Tuimen Hendrik Blom Coster，1817—1904），海牙的一位医生，同时也是一位艺术品爱好者和收藏者，凡·高的信中多次提到他。他家就在古匹儿海牙分店隔壁，因而时常光顾该店并结识了提奥。这里指的是在提奥生病时要付的账单。

使我从最单一、最必要的学习中分心，即使现在，要使自己做到学习上不分心也非易事。如果我有了钱，情况可能会更糟。

也许有一天，我们能把钱花在比买最好的书还要有价值的事情上——那时，我们也许会有自己的家，有人需要照顾，有人需要惦记。

又一年过去了。在过去一年中，发生了许许多多的事情。我怀着一颗感恩的心回顾过去的一年。我想起了在布拉特[1]家里度过的那些日子和在这里几个月的学习生活。总的来说，这两件事情令人难以忘怀，给了我愉快美好的回忆。

父亲来过这里，我非常高兴他能来。对于他的来访，最令人愉快的回忆，就是那天早上，我们一起待在我的小房间里修改我的一些习作，并谈起好几件事情。你可以想象得到，时间过得有多快，他走时我到车站送他，我的目光依依不舍，一直追随着火车，直到连火车冒的黑烟都看不见为止。回到房间，看到父亲坐过的椅子仍立在小桌旁，桌上仍摆着昨天的书和临摹本，虽然我知道不久我们又要见面的，但我还是禁不住像个孩子似的哭了起来。

1　布拉特（Pieter Kornelis Braat，1823—1888），多德雷赫特（Dordrecht）一家书店（店名为Blussé & Van Braam Bookshop）的经理，凡·高家的好朋友，曾给予凡·高不少帮助。

科尔叔叔[1]今天问我是否不喜欢热罗姆[2]的画作《法庭上的芙丽涅》。我告诉他，我宁可看伊斯拉埃尔斯[3]或米勒[4]画的相貌平庸的女人，或者弗雷尔[5]画的老妇人，像芙丽涅这样美丽的身体究竟有什么用呢？动物也有美丽的身体，甚至胜于人体。但是，灵魂，活在伊斯拉埃尔斯、米勒或弗雷尔画的人体上的灵魂，却是动物永远也不可能拥有的东西。即使我们的外貌因为生活的磨难而显得有点儿沧桑，但是，难道不正是生活本身而使我们在精神上变得富有吗？对于热罗姆的人物，我实在不敢恭维，因为我在他的人物身上找不到精神，一双表明是做过工的手要比他画的那双手美得多。

拿一个美丽的姑娘和一个像帕克[6]或托马斯·阿·康庇斯这样的男人，或梅索尼埃[7]画的那些男人来做比较，差异就更大了。正如一个人不能同时为两个主子服务一样，他无法同时喜欢两件差

1　科尔叔叔（Cornelis Marinus van Gogh, 1824—1908），凡·高的亲叔叔，简称 Uncle Cor或C. M.，凡·高家族的又一位重要成员，是一位画商，与凡·高关系密切，曾给予凡·高许多艺术上的指导和经济上的资助。

2　热罗姆（Jean Léon Gérôme, 1824—1904），法国画家和雕塑家，其作品多取自历史题材，如希腊神话等，故有"历史题材大师"之称。《法庭上的芙丽涅》（Phryne before the Areopagus）源自希腊罗马神话。画面上，受审的美女芙丽涅处于中心突出位置，以臂遮脸表现了刚被辩护师掀开衣裳当众裸露身体的一刹那，她的姿势是典型的希腊式的，微微扭动的身子，使曲线的韵律更加丰富，艳惊四座，最后被法庭宣判无罪，体现了希腊时期所崇尚的"美"的主题——美的纯洁、美的神圣以至美的不可战胜的力量。从此信中我们可以看到，凡·高不喜欢热罗姆的画作，除了在表现手法上他认为热罗姆的画缺少"精神"以外，在主题上他不喜欢表现上流社会的人和事，他更乐意表现普普通通的劳动人民。

3　约瑟夫·伊斯拉埃尔斯（Jozef Israëls, 1824—1911），荷兰画家，是19世纪中叶在海牙形成的荷兰风景画群体"海牙画派"的领袖之一，该画派的创作宗旨是以抒情但忠实的笔触呈现荷兰风光，与法国的巴比松画派有许多相似之处，故有"荷兰的巴比松画派"之称。

4　让-弗朗索瓦·米勒（Jean-François Millet 1814—1875），法国画家，巴比松风景画派的领袖之一，以画农民题材著称，其代表作有《播种者》（1850）、《拾穗者》（1857）等。对凡·高的创作影响甚大，被称为凡·高的"精神导师"。

5　弗雷尔（Edouard Frère, 1819—1886），法国画家。

6　有很多位名人都叫"帕克"，在此处凡·高并没有给出全名，故具体指谁不能肯定。阿姆斯特丹国立凡·高博物馆的学者们根据上下文倾向于认为，这里指的是Matthew Parker, 1504—1575，英国神学家，曾任坎特伯雷大主教。

7　梅索尼埃（Ernest Meissonier, 1815—1891），法国画家，擅长风俗画和军事题材的创作，笔法细腻，富有生活情趣。

《拾穗者》 ■ 法国 ■ 米勒

异很大的东西，无法对他们都有好感。科尔叔叔接着又问我是否对漂亮的女人或姑娘毫无兴趣。我对他说，我更感兴趣更愿意接触的是一个或许丑陋、或许年迈、或许贫穷、或许在某些方面过得不愉快，但通过亲身经历和不幸得到了思想和灵魂的人。

上个星期天我和约翰伯伯在一起，这天我过得十分愉快。上午我起得很早，主要是为了去一家法国教堂。从里昂来的一位牧师在该教堂里布道，他是来为福音传道进行募捐活动的，他在布道中讲述了许多有关里昂地区工厂里工人的故事。虽然他讲得有点费劲，但他的话还是很有感染力的，因为他说的都是肺腑之言，只有肺腑之言才有足够的力量去打动人心。

埃顿 1878年7月[1]

此刻我正伏在一盏小灯的烛光下给你写信，蜡烛越烧越短了。父亲和我上星期陪同来自伦敦艾尔沃思的牧师琼斯先生去了布鲁塞尔，我们拜访了牧师德荣先生和佛兰芒语培训学校的勃克马校长。这所学校只需学习三年，而你知道，在荷兰最短也要学习六年甚至更长，而且，他们不要求你在谋得一个福音传教士的职位之前就修完课程。他们追求的是一种能给大众做通俗易懂、引人入胜的演讲的天赋，演讲宁可短些、有趣些，而不要太长，太学究气。他们更注重培养学生对实际工作的适应能力和源自内心的信仰，要想做到这一点需克服许多障碍，除了通过长期实践，没有其他捷径。谁也无法在短时间内便获得在公众面前做严

1　1878年7月，凡·高放弃了在阿姆斯特丹的学习。他在埃顿（Etten）作短暂逗留后，于8月进入布鲁塞尔北郊的一所新教福音传道学校进行为期三个月的学习，但未能取得牧师的任命。埃顿是一个小镇，隶属于荷兰海尔德兰省（Gelderland），当时凡·高的父母寄居于此地。

肃而有感情、流利而又自如的演讲的才能。另外，他所说的话一定要有意义、有目的，且具有一定的说服力来唤醒听众，使听众努力将信仰植根于真理。

我很想开始将自己人生旅途中的所见所闻画些速写，但这样一来很可能会使我对现在的工作分心，所以最好先别画。我曾匆匆地画了一小幅素描，题为《去矿井》。画得确实一点儿也不好，但引发我作此画的原因是，在这里你会看到许许多多的人在煤矿里工作，他们是当地很有特点的群体。画面上的那间小屋离大路不远，小屋是家小酒店，与那个大的煤矿工棚相连，工人们在午饭时间来酒店里吃面包、喝啤酒。

在英格兰时，我曾申请过一个在煤矿工人中当福音传教士的职位，但他们不予理睬，说我至少必须要年满25周岁才行。一部《福音》书，乃至整部《圣经》，其基本理念都是"在黑暗中升起光明"，从黑暗走向光明，谁最需要？谁最愿意听？经验告诉我们，是那些在黑暗中摸索的人，是那些身处地球中心的人。在漆黑的煤矿里挖煤的矿工们正是这样一群人，他们对《福音》书上的话印象最深，也最深信不疑。

在比利时南部，与蒙斯[1]为邻，接近法国边境的地方，有一个叫博里纳日的地区，该地区分布着许多煤矿，在矿里工作的劳工特别多。我非常想去那儿当一个福音传教士，在那些贫苦人中间传播福音——他们最需要福音，福音对他们最合适，而在平时的工作日里，我可以专心教书。如果我能够平静地在这样一个地区工作3年

1　蒙斯（Mons），亦称为贝亨（Bergen），比利时西南部城市，邻近法国边界。公元前642年建立城堡。历史上曾多次为法国等占领。附近是比利时的重要煤区。采煤业同与煤有关的工业发达，并有机械、钢铁和水泥工业等。

左右的时间，并在工作中注意学习和观察，那么，当我从那儿回来时，我一定能告诉大家一些真正值得听的事情。我这样说，态度是谦恭的，但并非没有自信心。3年之后我就快满30岁了，届时我将是一个经过专门训练、具有一定经验的人，我将以此为起点而开始新的工作，一定能比现在做得更好，显得更成熟。

德荣牧师和皮特森牧师给我的3个月试用期终于过去了。我与德荣牧师和勃克马校长交谈时，他们对我说，我不能享受当地佛兰德人孩子入学的优惠条件。因此，为了能待在这儿，我手头必须要宽裕些，可是我现在身无分文。

所以，或许不久我得先去博里纳日工作。

如果一个人不信仰上帝，如果没有对上帝的始终如一的信任，要生活下去是很不容易的，没有这一点，一个人会失去勇气。

《背矿的女人》 ■ 荷兰 ■ 凡·高

第 3 章
谁想和烧炭人在一起，
谁就必须要有烧炭人的性格和气质

博里纳日[1] 1878年12月

在博里纳日没有画，总的说来，人们甚至不知画为何物，但是，乡间倒是处处风景如画，可以说每一件东西都是一幅画，都是那样富有个性。如最近，这里一片白雪皑皑，大地被大雪所覆盖，一切都令人想起中世纪画家布鲁格尔[2]的画，以及其他许多知道如何运用红、绿、黑、白诸颜色来取得特殊效果的画家。这里道路坑坑洼洼，路旁长满荆棘丛，多节的老树盘根错节，与德国画家丢勒的蚀刻画《骑士、死神与恶魔》所描绘的那条道路完全相像。

几天前，当我看到矿工们在临近夜晚的暮色下踏着白雪回家的情景时，我被吸引住了。矿工们都非常黑，当他们从黑暗的矿井走到阳光底下时，他们的外貌跟扫烟囱的工人毫无两样。他们的住房非常小，恐怕只能称为棚屋。棚屋星星点点地分布在坑洼不平的马路边、林子里和山坡上。在这儿人们随处可以见到被青苔覆盖着的屋顶。晚上，从小格玻璃窗里透出柔和的灯光。

如果你环顾四周，到处可见高大的烟囱和矿井入口处一堆堆的煤山。博斯布姆[3]画的那幅大型画作《绍丰泰恩露天矿场边的石

---

1 博里纳日（Borinage），比利时埃诺省的一个煤矿和工业区，从中世纪开始这里的采矿业就逐步得到发展。凡·高于1878年11月至1879年7月间在该地区担任非正式的传教士，一边从事传教活动，一边学习绘画。由于工作过于热情，救济贫困，自己穿着褴褛与工人同住，上级视察时认为他的作风与牧师身份不符，有失严谨，于是将他解雇。这段经历给他打下了深深的印记，对他日后的世界观和绘画均产生较大的影响。据2012年1月16日国内的一些网站报道，博里纳日的凡·高故居将被修缮为旅游景点向公众开放。

2 布鲁格尔（Pieter Bruegel the Elder，亦称为Peasant Bruegel，1525/1530—1569），中世纪末期的佛兰德画家。

3 博斯布姆（Johannes Bosboom，1817—1891），荷兰画家，荷兰风景画群体海牙画派的重要成员，以水彩画见长，尤以画教堂的内景而著名。与凡·高过从甚密，在艺术上曾给予凡·高许多帮助。凡·高对他很崇拜。1877年凡·高来到阿姆斯特丹，为报考神学院做准备时，曾一度在自己房间的墙壁上挂有5幅以上博斯布姆的蚀刻画。

灰窑》¹，能很好地表现这个地区的特点。只是这里全都是煤，而在那幅画中，画面上看到的全是铁矿石。

正如在布拉班特有橡树林下的灌木丛，在荷兰有柳树林一样，在这里，你在花园、田野和草地周围都可以见到黑刺李篱笆。在白雪的映衬下，看上去大地宛如一张白纸，上面黑字点点，就像《福音》书的一张张书页。

我租了一间小房，我很想使它成为我的家，但它现在只能供我作画室或书房使用。父亲和我都认为和丹尼斯²吃住在一起较好。我房间的墙上挂着一些版画。

矿工们的方言并非那么容易听懂，但如果你的日常法语说得流利和节奏快一些，他们却能听懂。因为快节奏的法语和他们的方言很相似，他们说方言时，语速很快。

我已在公开场合演讲过好几次，演讲地点是在一个相当大的专门用于宗教集会的房间里，我同时还在矿工们居住的小屋里举行的集会上演讲过。这种活动通常在晚上进行，可以称之为《圣经》辅导课。还有一次我在马厩（亦可看作是工棚）里举行的宗教仪式上当助手。从这你可以看出，这里的宗教活动虽然简单，但富有创意。在本周的一次集会上，我宣讲的经文是《使徒行传》第16章第9节："在夜间有异象现与保罗。有一个马其顿人站着求他说：'请你到马其顿来帮助我们。'"³当我试图描述那个

1　博斯布姆的画作《绍丰泰恩露天矿场边的石灰窑》（Lime—kiln by the Quarry of Chaudfontaine）并不是他的主要作品，较少人知道。当时由凡·高家的科尔叔叔私人收藏。凡·高和提奥应该在科尔叔叔的家里见到过这幅画。绍丰泰恩（Chaudfontaine）是比利时列日省（Liège）的一个城市。

2　丹尼斯（Jean Baptiste Denis，1825—1893），凡·高当时的房东。

3　译文源自《新约全书》（和合本，英汉对照），International Bible Society出版，1984，第253页。

马其顿人说话时的样子，说他十分需要和渴望《福音》书所带来的抚慰，以及关于唯一的真正的上帝的知识时，他们都听得十分入迷。我还说，我们必须要想到那个马其顿人也是一名干苦力的劳工，他的脸上刻满了忧伤、痛苦和疲惫的皱纹，他既不光鲜，也没有任何魅力，但他有着永恒不朽的灵魂，他需要的是永不腐败的精神食粮，即"上帝的教诲"。上帝要求在仿效基督的过程中，人们应当生活简朴，在自己的一生中切勿追求太高的目标，要使自己适应下层谦卑的生活，按照《福音》书中的教诲，要学得温顺谦恭，心灵纯洁。

这里的人们非常无知，没有受过任何正规教育。他们中的大多数人不能阅读，但同时他们又是聪颖的，在极其艰苦的工作中，他们表现勇敢、直率、手脚麻利。他们身材矮小，宽肩膀，深眼窝，眼神忧伤，但他们在许多事情上都是一把好手，干活特别卖力。他们都有点儿神经质，我并不是说他们怯懦，而是说他们很敏感。他们对于任何想骑在他们头上作威作福的人，都有一种天生的根深蒂固的仇恨和不信任感。谁想和烧炭人在一起，谁就必须要有烧炭人的性格和气质，绝不能骄傲自大，盛气凌人，这样才能和他们相处得好，或者赢得他们的信任。

我刚去看望了一个瘦小的老妈妈，这是一户烧炭人家，她病得很重，但她很有忍耐力，依然那么虔诚。我给她读了一章福音，并和他们全家人一起祈祷。这里的人们和曾德尔特人以及埃顿的布拉班特人一样，在性格上的一个突出特点是单纯质朴、为人友善，在这儿我有一种宾至如归的感觉。一方面，离家外出的游子思念祖国，但另一方面，思乡的游子是可以学会入乡随俗的。如果上帝保佑，让我在这儿谋得一个长期的职位，我将非常非常高兴。

这里许多人得了伤寒和恶性热病，疾病使他们做噩梦，弄得他们神志不清。有一户人家全家人都发烧病倒了，没有人来帮助，因此只能是病人照顾病人。

大多数矿工因恶性热病而骨瘦如柴，脸色苍白。他们看上去疲惫、憔悴、饱经风霜，显得过早衰老，而妇女，从整体来说，都枯瘦干瘪，憔悴不堪。矿井周围，到处可见穷矿工们居住的茅舍，附近有一些枯树，已被煤烟熏黑，还有荆棘篱笆、粪堆、垃圾堆以及煤渣堆。马里斯[1]可以据此作出一幅好画。我计划于近期画一幅小的速写。

我很感谢你能来看我，我们在一起度过的几小时时间至少使我们确信，我俩都还活在人世间。当我再次见到你，和你一起散步时，我感到已经缺失了很久的一种昔日的感觉又回来了，似乎觉得生命是美好而宝贵的，人们必须珍惜生命。我高兴，我感觉自己有生气，这种感觉在过去很长一段时间里已经离我远去，因为对我来说，生命渐渐变得不那么珍贵，渐渐变得不那么重要，变得索然无味，至少从表面上看似乎如此。

和别人一样，我感到需要亲情和友情，需要爱，需要友好的交往。我不是一个铁石心肠的人，我不会缺失这一切而无动于衷。任何一个聪明、诚实的人缺失了这些，都会感到内心空虚，都会渴望友情。我告诉你这点，是为了让你知道你的来访对我来说有多么重要。

我是一个性情中人，常常控制不住做出一些愚蠢的事来，事

1　马里斯（Matthijs Maris, 1839—1917），荷兰画家。

后多少又有点儿后悔。我常常在最好是耐心等一等的时候却快言快语，行动过于迅速。我想，其他人有时候也和我一样鲁莽。情况就是如此，如何是好？我非得据此认为自己是一个危险分子，一无是处吗？我不这样认为，关键是要尽一切努力将这种热情恰当疏导和正确使用。譬如，我对书籍的热爱几乎达到了难以抑制的程度，我渴望能不断地教育自己，这种渴望就像我想吃面包一样强烈。当我置身于绘画和艺术品世界时，我即刻对它们产生一种歇斯底里式的爱，这种爱可以说达到了激情的极限。我不为此后悔，因为现在虽然我已远离那种环境，我也还是常常思念故乡那如画的世界。

我熟悉谁是伦勃朗，谁是米勒，谁是朱尔斯·杜佩雷[1]、德拉克洛瓦[2]、米莱斯[3]和马里斯。现在，我再也没有那种环境了，但是，我还有那被称作灵魂的东西。人们都说灵魂是永远不会死的，灵魂永生，灵魂永远都在探索、探索，永不停息。所以，我没有被思乡之情所压倒。我对自己说，那片土地，或者说那片故土，四海皆是。我也没有被绝望所征服，我选择充当积极忧郁型的角色。我喜欢怀着希望孜孜求索的忧郁，使绝望望而却步。于是，我认真地学习我所能弄到的书籍，譬如《圣经》，还有米什莱的《法国大革命》等。去年冬天，我读了莎士比亚、雨果、狄更斯和哈丽特·比

---

1 朱尔斯·杜佩雷（Jules Dupré，1811—1889），法国画家，巴比松风景画派的重要成员。

2 德拉克洛瓦（Eugène Delacroix，1798—1863），法国画家，浪漫主义画派的代表人物，其画作对后期崛起的法国印象派画家和凡·高的画风均有很大影响。

3 约翰·埃弗里特·米莱斯（John Everett Millais，1829—1896），19世纪英国画家，是拉斐尔前派（Pre—Raphaelites）三个创始人中年龄最小、才华最高的一位，其他两位是亨特和布朗。

彻·斯托[1]的作品，最近读了埃斯库罗斯[2]以及其他几位作家的作品，有些作品虽然算不上经典，但也是伟大的"小名作"。

去年夏天你到我这儿来时，我们曾一起去那口被矿工们称作"女巫师"的废弃矿井边散步。当时，你提起我俩以前也曾一度常去雷斯维克[3]的古运河和磨坊边散步，接着，你说："我们在许多事情上看法是一致的"但你又补充道，"从那时候起，你变了许多，已经不再是原来的那个你了"。这话并不完全对，如果说有什么变化，那就是当时我的生活没有现在这么艰难，当时我的前途似乎也没有像现在显得这么黑暗。至于我的内心世界，我观察事物的方法和思维方式等，并没有发生任何变化。如果一定要说我发生了什么变化，那就是现在我更加严肃认真地思考、相信和热爱我当时曾经思考、相信和热爱过的一切。

因此，你若坚持认为我现在对伦勃朗、米勒、德拉克洛瓦或其他任何一位画家都不像以前那么有激情了，那你就大错特错了，因为情况恰恰相反。你知道，一个人会受到许多他相信和热爱的事物的影响，如在莎士比亚身上或许有伦勃朗的影子，在米什莱身上可能有柯勒乔[4]的影响，维克多·雨果可能借鉴了德拉克洛瓦的某些东西。还有，伦勃朗的作品中表现了福音书中的一些思想，或者倒过来说，福音书中包含了伦勃朗画作中的一些东西，总之随你怎

---

1 哈丽特·比彻·斯托（Harriet Beecher Stowe，1811—1896），19世纪美国女作家，著名的废奴主义者，《汤姆大伯的小屋》一书作者。

2 埃斯库罗斯（Aeschylus，公元前525？—公元前456），古希腊早期的悲剧诗人，与索福克勒斯和欧里庇得斯一起被称为古希腊最伟大的悲剧作家，有"悲剧之父"的美誉。代表作有《被缚的普罗米修斯》、《阿伽门农》等。

3 雷斯维克（Rijswijk）具体指哪里，学界没有统一的看法。一些学者认为很可能是指位于海牙南部的Rijswijkseweg。总之，凡·高对曾经和提奥到雷斯维克的磨坊附近散步，一起畅谈人生和艺术始终不能忘怀，他在信中不止一次地提起。

4 柯勒乔（Correggio，1494—1534），真名安东尼奥·阿莱格里（Antonio Allegri），16世纪早期的创新派画家，也是意大利文艺复兴时期最伟大的画家之一，擅长画圣坛画和拱形屋顶壁画。

么说。同样，班扬[1]包含有米勒的东西，哈丽特·比彻·斯托包含有阿里·谢佛尔的东西。

真希望你能因为一个人对绘画做过全面的研究而原谅他，同时也希望你能承认对书籍的热爱和对伦勃朗的热爱是同样神圣的，我认为，这两者并不矛盾，甚至是相辅相成的。我非常喜欢法布里蒂厄斯[2]画的一幅人物肖像画，我记得那天我们参观哈尔莱姆博物馆时，在这幅画前驻足良久，不过，我同样喜欢狄更斯《双城记》中的主人公悉尼·卡尔顿。我的上帝，莎士比亚的文笔多美啊！谁像他那样神秘？他的语言和风格实际上可以比作一个画家的笔，因热情和激动而颤抖。总之，一个人既要学会和观察生活，也要学会读书。

我近来都在忙于临摹米勒的大幅画作，已经完成了《白昼时刻》和《播种者》两幅。哦，如果你看了我的临摹，你不会完全不满意的。我手头已经收集了20多幅米勒的画作。你知道，如果你能再给我多一些米勒的画，我会立即临摹的，因为目前我正全神贯注地研究和学习这位绘画大师的技法。我知道那张大幅的蚀刻画《挖地者》很少见到，请留意帮我找找，如果发现了，请告诉我买下它得花多少钱。总有一天我会用自己描绘矿工的画挣几个小钱的，我一定要把这幅画买下来。

我现在正在临摹《农活》，我一直非常认真地去做，我总共画了10页纸的草图。我本来可以画得更多的，但我想把特斯蒂格

---

1 班扬（John Bunyan，1628—1688），17世纪英国作家，清教徒牧师，著名的《天路历程》一书作者。

2 法布里蒂厄斯（Carel Fabritius，1622—1654），荷兰巴洛克肖像、风俗和叙事题材画家。

《播种者》 ■ 荷兰 ■ 凡·高 ■ 根据米勒原作绘制

先生¹好意借给我的巴尔格²的《炭笔画练习》先学习一遍。在几乎整整两周的时间里，我从清晨一直画到深夜，我似乎觉得手中的铅笔一天天变得越来越灵活了。

我还要向米勒、布雷东³、布里翁⁴、鲍顿⁵这些大师们学习如何画人体。在布雷东的画作中，有一幅是表现拾穗者的——黑色的侧影映衬在透射出红色晚霞的天穹底下。

我完成了一幅素描，画面上表现的是矿工们，男人和女人清晨沿着荆棘篱笆边的小路，踏着白雪向矿井走去的情景，只见人影幢幢，在曙光中朦胧不清，画面的背景是矿区那巨大的建筑物和炉渣堆在天穹下灰蒙蒙的轮廓。我很想把这幅画重画一遍，使它比现在这幅更好。

我一直坚持学习巴尔格的另外一部书《绘画教程》。我打算先学完它再干别的事情，因为我发现自己一天天地变得心更灵、手更巧，这样的学习效果极佳。我还利用间歇时间读一本关于解剖学的书和一本关于透视法的书，这些书都是特斯蒂格先生寄给我的。学习是枯燥乏味的，那些书常常使人感到厌恶，不过，我仍然认为自己学得不错。

---

1 特斯蒂格（Hermanus Gijsbertus Tersteeg，在凡·高信中亦简称为H.G.T.，T.或 Mr T.，1845—1927），凡·高于1869至1876年间在古匹儿海牙分店工作时他所尊重和 交往的一位长者和好友，曾给予他许多鼓励和帮助，但后来因为一些误解和不同观点 发生激烈的争执而闹僵了关系。凡·高在后来的信中对他颇有微词。

2 巴尔格（Charles Bargue，1826/1827—1883），法国画家。凡·高在信中多次提及巴 尔格著的《炭笔画练习》，在较长的时间里他一直按照书上的技法练习炭笔画。

3 朱尔斯·布雷东（Jules Breton，1827—1906），法国著名画家。曾多次获得法国政府 奖项和画展大奖。晚年的作品越来越表现出一种自我回归和象征主义的倾向，画的多 是一些独立的个人形象。他和米勒都同样致力于农村题材，其代表作有《拾穗者》、 《田间祈祷》等，作品比较美化，不如米勒那样朴素。

4 布里翁（Gustave Brion，1824—1877），法国画家。

5 鲍顿（George Henry Boughton，1833—1905），幼年跟随家庭从英国移居美国，后 来成为著名的风景画家，广泛游历于欧美各地。

最近我在两次临摹了卢梭¹的水彩画《旷野里的窑》的基础上，使用深褐色的乌贼墨颜料成功地画完了一幅巨幅画，我也很想临摹勒伊斯达尔²的《荆棘丛》。你知道这两幅风景画风格一样，情调也一样。我已经在画这些画的草图，进步不大，但最近似乎画得好些了，我非常希望自己能画得更好，特别是特斯蒂格先生和你给了我不少好画供我临摹。我想，目前对我来说，最好是先临摹一些好画，而不是在没有任何基础的情况下就贸然轻率地去进行创作。然而我抑制不住自己，仍在画一些巨幅草图，描绘的仍然是矿工们走向竖井的情景，只是在人物的位置上做了小许改动。我希望在临摹了巴尔格的另外两本绘画练习册之后，自己能够把这儿的矿工，男的女的，画得更好些，尤其是当我碰巧遇上一些有特点的模特儿时，而这儿有特点的模特儿很多。

如果你有插页上印有米歇尔蚀刻画的书，请寄给我，我想再看看那些风景画，因为我现在欣赏画作的眼光与开始学画画时不同了。

所以，你看，我是在发狂地工作，不过不要为我担心，如果我持之以恒，最终是能掌握绘画之道的。眼下我还没能拿出什么像样的成果来，但是我相信，时候一到，荆棘总会开出白色小花的。目前这种暂时未见到成果的寒窗之苦与生孩子的情况没什么两样，都是先苦后甜。我想，你更愿意看到我总在做一些有益的工作，而不愿意看到我整日无所事事。也许，这是恢复我俩之间的同情感，使我们达到互助互利的途径。

1　西奥多·卢梭（Théodore Rousseau，1812—1867），法国巴比松风景画派的领袖之一，以直接观察自然的方法去开辟风景画领域的重要人物。其代表作有《枫丹白露之夕》等。卢梭的风景画以强烈的色彩、大胆的笔触和独特的主题而闻名。他对凡·高的创作影响较大。

2　勒伊斯达尔（Salomon van Ruysdael，1600—1670），荷兰巴洛克画家，以风景画而著名。

《铲土者》■ 荷兰 ■ 凡·高 ■ 根据米勒原作绘制

第4章
大自然是"难以捉摸"的，
必须要用强有力的手去捕捉它

布鲁塞尔[1] 1880年10月

我心里很明白，不管我生活得如何节俭或清苦，在布鲁塞尔的生活成本肯定是比较高的。另外，我也不能独来独往，总得交些朋友，以便互相学习。但我相信，只要我刻苦学习——实际上我也做到了——文森特伯伯或科尔叔叔一定不会袖手旁观的。如果他们不是直接资助我，至少也会帮助父亲的。

这儿有几个年轻人也是刚开始学画，经济上也和我一样处于并不富裕的境况。在这种情况下，闭门独处会使情况更糟。真正能给人以力量的，是与处境相同的人多联系、多来往。我想和某个画家交朋友，以便使我能在一个好的画室里学画。我认为，能看到好的作品，能观察其他画家如何作画是绝对必要的。只有这样，我才能更好地找到自己的不足，同时学会如何画得更好。

即使从水平相对较差的画家那里，一个人也可以间接地学到许多东西。譬如，毛弗[2]从弗斯丘尔[3]那里就学到了许多关于马厩和马车的透视方法，以及关于马的解剖知识，但毛弗的水平远在弗斯丘尔之上。

我已经有很长一段时间没有机会接触和欣赏到好画了。在布鲁塞尔看到的一些好画给了我新的灵感，也使我一定要用自己的双手进行创作的欲望更加强烈。

至于你提到的那些荷兰画家，能否从他们那里得到有关透视

1　布鲁塞尔（Brussels），比利时首都。凡·高从1880年10月起，在此地居住了约半年时间，专心学习和研究绘画技巧。

2　毛弗（Anton Rudolf Mauve，1838—1888），荷兰画家，海牙画派的代表人物。他与凡·高过从甚密，凡·高曾得到他许多指导和帮助，但他们之间也闹过许多矛盾，发生过激烈的冲突。他同时也是凡·高的表妹夫，他的妻子是凡·高的表妹，他妻子的母亲与凡·高的母亲是亲姐妹。

3　弗斯丘尔（Wouterus Verschuur，1812—1874），荷兰画家，擅长画马。

法难点的任何明确的建议，我表示怀疑。对于透视法，我正处于艰难的探索之中。像海尔达尔[1]那样的画家，由于他多才多艺，比起许多不善于解释自己画法的人要略胜一筹，因此他擅长对初学者进行必要的指导和讲授。你把海尔达尔看作是一个不辞辛劳、努力探索构图比例的人，这正是我所需要的。许多自认为不错的画家，对于什么是构图比例根本不懂或者知之甚少，他们也弄不清楚什么是美的线条、有特点的构思、思想和诗意等。

画的比例、明暗度、透视法等都有一定的规律，一个人要想作好画，必须懂得这些规律。如果没有这方面的知识，你的一切努力很可能是徒劳无益的，永远不会有什么建树。今年冬天，我计划要好好钻研和积累解剖学方面的知识，这事我不能再拖延了。拖延的结果将是付出更沉重的代价，因为要损失时间。

我曾去拜访过鲁洛夫斯[2]先生。他对我说，他认为从现在起，我必须以写生为主，即以画自然景物或人物模特为主，但他建议一定要请精于此道的人给予指导。他和其他人都如此认真地建议我到专门的美术学校去学习，以至于我自己都觉得应当尽力去做准备，以获得美术学校的录取，尽管我认为这类学校让人感到不愉快。在布鲁塞尔，上学是免费的。人们可以在供暖充足、灯光明亮的教室里学习。这是一件好事，尤其是在冬天。

我相信，你思考的时间越长，你就越能看出我多么迫切需要更加充满艺术氛围的环境。如果没有人指点你如何画，你又怎么能学会画画呢？如果不与水平更高的画家接触，一个人纵使踌

1　海尔达尔（Hans Olaf Heyerdahl, 1857—1913），挪威画家，提奥曾经销他的画，他和提奥是朋友。

2　鲁洛夫斯（Willem Roelofs, 1822—1897），荷兰画家。

十八岁左右的凡·高

踌满志，也是不能成功的。仅有好的志向是不够的，还要有发展才能的机会。至于那些你认为我不应该与之为伍的平庸的画家，我还能说些什么呢？我自己只能尽力而为。但如果平庸意味着简单，我一点也不小看它。人们不可能对简单的东西不屑一顾而获得很高的成就。依我看，人们必须从尊重简单的东西开始，必须懂得简单其实是有意义的，要想做到简单也是很不容易的。

我画了另一幅钢笔画，是临摹米勒的《砍柴人》。我认为，如果你将来想学习蚀刻画的话，钢笔画是一种很好的练习，而且钢笔在突出铅笔画中的某些地方很有用处，但要学会此道并非一朝一夕之功。不过，现在我学习的目的暂时只能是尽快拿出一些能够出卖赚钱的画，以使我能直接依靠自己的绘画作品来挣点小钱。一旦掌握了铅笔画、水彩画或者蚀刻画的绘画技巧，我就可以重返矿工或织工们居住的乡间，画出比现在更好的写生作品来，但我首先得学习更多的绘画技巧。

最近我忙得不亦乐乎，一直在画画，但我很高兴自己完成了计划。我用钢笔和墨水在五张安格尔纸[1]上画了一幅很大的人体骨骼图。我是在读了察恩[2]著的《画家解剖学实用手册》之后受到启发，才产生画这幅图的想法的。依我看，书中有一些图画得很好，这些图中手和脚都画得很清晰。我现在要做的就是画上肌肉——躯干和大腿部分的肌肉——它们和其他部分合起来就构成了完整的人体。接下来，我要画人体的背部和侧面。你看，我是有决心一步一步地走下去的。

1　安格尔纸（Ingres paper），法国的一种绘画纸，以法国古典主义画家安格尔（Jean Auguste Dominique Ingres，1780—1867）的名字命名。

2　察恩（Albert Von Zahn，1836—1873），德国画家。他著的《画家解剖学实用手册》出版于1865年。

我用铅笔、钢笔和墨水至少完成了十多幅画，或者倒不如叫速写。我觉得这些画比以前的有进步。粗略看上去，这些画有点儿像朗松[1]作的一些英国木版画，但实际上仍属幼稚笨拙之作。它们画的是一些搬运工、矿工、铲雪者、雪中行走者、老妇人和老翁等。我心里十分清楚这些画画得并不好，但开始有点儿样子了。

几乎每一天我都有一个模特儿——或者是个老搬运工，或者是个工人，或者是个孩子。总之，他们前来为我摆姿势。下个星期天，可能会有一两个士兵来为我摆姿势。我必须要逐渐收集一些工人的服装以提供给我的模特儿穿。例如，布拉班特的蓝色工作服，矿工穿的灰色亚麻布套装，矿工戴的皮帽子，还有草帽和木鞋，渔民穿的油布外套和防水帽等。当然，还有那种别具一格的黑色或褐色的灯芯绒套装，红色法兰绒衬衣或内衣。同时，还要有几件妇女的衣裳。譬如，肯片[2]地区妇女穿的那种衣服，安特卫普[3]地区妇女的服装并配以布拉班特女帽。还有，布兰肯伯格[4]、斯赫维宁根[5]、卡特韦克[6]等地区的妇女服装。对我来说，唯一的成功之路是画那些使用了必要的服装道具的模特儿。

1　朗松（Auguste André Lançon，1836—1885），法国画家。

2　肯片（Kempen），比利时北部一地区。

3　安特卫普(Antwerp)，比利时的一个省。

4　布兰肯伯格（Blankenberg），比利时西北部的一个滨海城镇。

5　斯赫维宁根（Scheveningen），亦译为席凡宁根，为海牙下属8个区中的一个，濒临大海，是一个旅游度假胜地。1653年8月8日至10日曾在此处的海面上爆发荷兰和英国之间的斯赫维宁根战役。这次海战以荷兰的惨败而告终，荷军损失了15艘战舰，伤亡4000多人，而英军仅损失了2艘军舰，伤亡1000多人。斯赫维宁根海滩是凡·高最喜欢去也是他得最多的绘画写生的地方之一。

6　卡特韦克（Katwijk），荷兰的一个滨海城市，隶属于南荷兰省，位于海牙北部约16公里。

《农妇像》 ■ 荷兰 ■ 凡·高

埃顿　1881年4月[1]

我回到家里已有数日。外面阳光灿烂、天气晴朗。我很满意家里对我的照顾和安排，使我能够在这儿不受打扰地画上一段时间。我希望尽可能多画一些习作，因为习作是产生作品的种子。

不下雨时，我每天都外出到田野里去，通常是去石南荒原。我的绘画习作覆盖的范围很广，可以说是应有尽有。譬如，石南荒原上的茅草屋，通往鲁曾达尔道路旁边的茅草顶谷仓。当地人把这种谷仓称之为新教徒谷仓。还有草地上正对着谷仓的磨坊，以及庭院里的榆树。有一幅习作画的是在一片原野上忙碌的伐木工人们，只见那里的一大片松树林已被砍倒。此外，我还试着画一些农具，包括马车、犁、耙、手推车等。这些农具画和那幅伐木工人画是所有画中最好的，我想你会喜欢的。

我买了一本卡萨涅[2]著的《水彩画技法》，目前正在学习。即使我不画水彩画，我也有可能从中学到许多东西。例如，关于乌贼墨和墨水的知识等。迄今为止，我一直专注于画铅笔画，需要突出的地方就辅以钢笔，有时也辅以芦苇笔，这种笔的笔画更粗。我最近正在作的画需要用这种方法，因为我要画的物体需要反复填笔，同时要运用透视法。我画的物体包括村子里的作坊、铁匠铺、木工铺和木底鞋匠的工厂等。

我想，园丁皮艾特·考夫曼将有可能成为我在这儿找到的一位好模特儿。不过我认为最好让他拿着铁锹或犁耙一类的农具摆

1　凡·高于1881年4月离开布鲁塞尔，回到当时父母的寄居地埃顿。在埃顿，凡·高与父母同住了近8个月的时间。在此期间凡·高过得并不快乐，他先是爱上了新近失去丈夫的表姐凯·沃斯，但遭到她的拒绝。后来又因父亲反对他当画家而与他发生冲突。最后，凡·高于1881年12月离开埃顿赴海牙。

2　卡萨涅（Armand Théophile Cassagne，1823—1907），法国画家。他的《水彩画技法》是一本教科书，出版于1875年。

姿势，不是在我们家里，而是在庭园里，或在他自己的家里，或在田野里。但是，要教会人们如何正确地摆姿势却是一件棘手的事情。他们在这方面往往非常固执，很难接受你的意见。他们只想穿着最好的衣服来摆姿势，结果膝部、肘部、肩胛部和身体其他任何一个部位，都显示不出能反映他们特征的凹凸变化。

我有好消息要告诉你，我的绘画在技巧和成果方面都有了可喜的进步。针对毛弗对我提出的一些建议和意见，我又开始练习画模特儿了。通过对《炭笔画练习》的认真学习，以及对其中的画一遍又一遍的反复临摹，使我更深刻地了解了人物画的画法。我学会了观察和测量，学会了寻找重要的线条。所以，感谢上帝，以前对我来说似乎不可能的事情，现在都渐渐地变得可能了。

最近我共画了五张铲土者的画，画中的男人手握铁锹，每一张的姿势都有所不同。我还画了两张播种者和两张手拿扫帚的姑娘。接着，我画了一个头戴白帽、手削土豆的妇女和一个倚竿而立的牧羊人。最后，我画了一个坐在靠近炉边椅子上的生病的老农。他的胳膊撑在膝盖上，双手捧住头。当然，我不会就此停笔辍画。当几只头羊过了桥，接着就会跟来一大群羊。挖地者、播种者、犁地者、男人和女人，所有这些我都要继续不断地画下去。我必须要观察和描绘一切属于乡村生活的东西，正如其他画家曾经做过和现在正在做的那样。

我不再像过去那样，在自然面前显得束手无策。在开始时自然总是抵抗画家，对画家说"不"字。但只要你认真对待此事，你就不会让自然牵着你的鼻子走，导致你迷失方向。相反，自然是你前进的催化剂，促使你更加努力地为自己的胜利而奋斗。在最基本的方面，自然和真正的艺术家并不相悖，但大自然肯定是"难以捉摸"的。因此，人们必须要掌握它，用强有力的手去捕捉它。我并不是说我已经达到了那样的程度。任何一个习画者对这一点的思考都不会比我少。但不管怎样，我感觉自己在一天天地进步。

我越来越觉得画人物画颇为受益，因为人物画对风景画有着间接的正面的影响。如果一个人把柳树当作一个有生命的人物来画，实际上它也是一个有生命的物体。如果他全神贯注于同一棵树，不把这棵树画活誓不罢休，那么，当他接下来画树周围的环境时，就能很自然地将它们画活了。正如我对德博克[1]所说的那样，如果他和我花上一整年的时间来画人物，一年之后我们的水平就会和现在大不一样。如果我们不潜心于此道，而是听任其自然而然地发展，不去钻研新东西，那么，我们不仅不能保持现有的水平，甚至还会倒退。如果我们不画人物画，或者不把树当作有生命的人物来画，我们就成了没有脊梁骨或脊骨软弱的人。他不得不同意我的观点。

当然，我必须要给为我摆姿势的人们付酬。虽然酬金不高，但是由于每天都要做这方面的支付，要是我的画还卖不出去，日积月累就是一笔不小的开销。不过，我画的人体画鲜有完全失败的情况。因此我想，花在模特儿身上的钱应该很快会赚回来的。因为在当前对任何已经具备了人物画基础，并能在纸上画好的人，市场是有一定需求的。

一次偶然的机会，博斯布姆看了我的绘画习作，他对我的习作做了一些点评。我希望能有更多的机会接受这样的指点。博斯布姆属于那种善于把知识传授给别人，并能把问题讲得清清楚楚

---

1 德博克（Théophile Emile Achille de Bock, 1851—1904），荷兰画家。

的天才人物。

我从海牙带回来了一些木壳蜡笔，它们看上去挺像铅笔，我目前用得最多的就是这种笔。我还开始用毛笔和锥形擦笔，用一点乌贼墨和印度墨，间或还用一点颜料来对习作进行加工润色。事实上，我最近作的画和过去作的画很少有相同之处。

我的内心备受感情煎熬。

今年夏天，我对表姐凯[1]产生了深深的爱。当我向她表白时，她却说，她的过去和将来是一个统一体，因此，她永远也不可能回报我的感情。

我心里难受极了，不知道如何是好。我是否应该接受她的"不，永远不，永远不"的回答，还是应该继续抱有希望而不放弃呢？我选择了后者——我也不后悔自己的这一决定。当然，从那时起，我遭遇了许多"人生中的小小的痛苦"。但是，爱情带来的小小的痛苦也是有一定价值的。有时，一个人处于绝望之中，某些时刻他似乎被打入了地狱。但是，苦中有乐，也总会有与这种痛苦相联系的美好的东西。

我的立场已经很明确了。我觉得最难对付的是长辈们，他们认为问题已经解决，应该画上句号，他们设法迫使我放弃这段感情。目前，他们对我是小心翼翼的。在十二月举行斯特里克姨父和姨母的银婚纪念会之前，他们可能都会用好听的诺言来搪塞我。再往后，我担心他们将采取措施使我不能与凯来往了。

---

1 凯·沃斯 (Cornelia Kee Adriana Vos—Stricker、简称Kee Vos, Kee 或 K.V.、1846—1918)，凡·高的亲表姐，斯特里克姨父 (Johannes Paulus Stricker) 的女儿。凯·沃斯的丈夫去世后，寄居于凡·高家。凡·高追求她，但遭到拒绝，也遭到家人的反对。

凯本人认为她绝不会改变自己的立场。长辈们一边努力想使我相信她是不可能改变主意的，一边又担心事情会发生变化。他们是不会转变态度的，除非凯先改变主意，这恐怕得等我成了一个每年至少挣1,000法郎的人物之后。请原谅我用如此粗鲁的话来描述这一切。你也许听到人们在议论我，说我想强求和凯……诸如此类。但谁不明白，强求在爱情中是荒唐的！不，我没有，我绝对没有强求的意思。但是，希望凯能和我见见面，在一起说说话，互相通通信，以求相互间有更好的了解，从而进一步看出我们之间是否合适，这样的愿望并非没有道理，并非是不正当的要求。

有个好管闲事的人偷偷地告诉我说，如果我勤奋学习，取得成功，可能仍有些机会。这个人不是别人，正是文森特伯伯，我压根儿就没想到他会这么对我说。他倒是挺喜欢我接受凯的"不，永远不，永远不"的方式——不是把它看得特别严重，而是以幽默的方式对待它。我希望自己能够继续这样做，同时能够努力学习。自从遇见凯，我的学习进步很快。

只要能够使我和她接近，任何一件小事我都愿意去做。我的愿望是：

爱她到永远，

直至她最终也爱我。

许多人反对我的这种感情，使我觉得十分难过。但我不想因此而闷闷不乐失去勇气。绝不！

如果这件事情或多或少给你留下了某种奇怪的印象，我是不会感到吃惊的。但我希望你如果不是全部，至少也是部分地了解整个事情的来龙去脉。打个比方，在绘画时我会先用炭笔画几道长而直的线条，粗略勾勒出图画的比例和平面。当必要的辅助线条画好之后，我们就用手帕或刮板将炭迹擦掉，然后才开始画那更为精确的轮廓。

首先，我必须发问，如果有一种爱情，认真、炽热到了这样一种程度：许多次"不，永远不，永远不"也不能使它冷却下来，这会不会使你一点儿也不感到惊讶了呢？我想，你绝不会为之惊讶，因为这看来是非常自然而又合乎情理的。爱是一种正当行为，它如此强烈、如此真实，以至于要让一个正在爱的人收回自己的感情是不可能的，因为这等同于自杀。

我不认为自己属于这种有极端倾向的人。生命对我来说已经变得非常宝贵，我非常高兴自己在爱着别人。现在，我把"不，永远不，永远不"看成是一块冰块，我要把它放在自己的胸口，使它融化。哪一方会赢？冰块的冰冷，还是我这颗炽热的心？这是一个微妙的问题。我不希望听到别人对此乱发表意见，说什么"我们当然是出于好意，是为你好"，还有"冰是不会融化的"，"愚蠢"等。他们是从哪门子物理学里学到冰是不能融化的？我简直感到莫名其妙。

凯爱过另外一个人[1]，想到可能产生的新的爱情，她有一种良心上的不安和自责。我看得出来，她总在回忆过去，沉溺于过去而不能自拔。我在心里暗自想：我虽然尊重她的这份感情，虽然这种感情令我十分感动，但我总觉得在她那深沉的悲哀中带有一些宿命论的成分。因此，她的痛苦不应当使我软弱。我要努力唤起"某种新的感情"，虽然它不能完全取代旧的感情，但它也有争取自己地位的权利。

1　这里指凯对已故丈夫的爱情。

于是，我开始求爱了——最初是粗鲁的、笨拙的，但同时也是坚决的。最后，我说了这句话："凯，我爱你如同爱我自己。"接着她回答道："不，永远不，永远不！"

这件事情就发生在今年夏天，起初我感到如雷轰顶，犹如被宣判了死刑一般，她的回答一下就把我击垮了。然而，在我那无法言喻的心灵的痛苦中，升腾起一种想法，犹如一道明亮的闪光划破夜空：谁要放弃，就让他放弃，但谁有信仰，就让他笃信不疑！我又重新站了起来，决定不放弃，我要坚持。当我坚定地决定不离开她时，即使这样做开始时会引起她的不快；当我一心只想着"她，而不是别人"时，我感到有一种坚定重新回到了我的身上。于是，一切对我又变得新鲜起来，我感到自己的力量在增加。

为了画画，为了成为一名画家，一个人需要爱情。至少，一个人如果要想使自己的作品有感情，他首先自己必须要有情感方面的亲身感受，带着一颗真诚的心去生活。我想，她开始认识到，我既不是贼也不是罪犯，相反，我的内心比我的表面更为安详，更为审慎。她一开始并没有认识到这一点——起初，她的确对我印象不好。可是现在，我不知道为什么，一方面由于争吵和诅咒，天空显得多云而阴沉，另一方面光明却开始在她那一边出现。

但是，父亲和母亲在他们称作"谋生手段"的问题上，态度之坚决，胜过顽石。如果我面临马上就要完婚的问题，我肯定会同意他们的观点。但这完全是另外一码事，这是情感方面的问题。因此，她和我必须互相见面，互相通信，互相交谈，这再也清楚不过了，既简单又合情。

看在老天的分上，但愿他们能做一次让步。如果一个年轻人为了一个老年人的偏见而虚耗自己的精力，那就太愚蠢了。在这件事情上，父亲和母亲确实抱有偏见。

不奋斗，不做艰苦劳动的人焉能成为画家？如要立足，除了奋斗和艰苦劳动，难道还有别的路可走？从什么时候开始，一个画家没有了谋生的机会？

我重新开始画一个在田里挖马铃薯的人。我在画面上添加了一些背景，有几丛灌木，还有一片天空。我难以用语言告诉你那片田野有多美！当我能挣一点钱，能够将多一些钱花在模特儿身上时，告诉你，我将画完全不同的内容。模特儿的工作也不好做，尤其是我雇佣的模特儿，因为他们都不是职业模特儿。或许，这样倒更好。

你对我的画看法上多有溢美之词，我受之有愧。请继续来信谈谈我的作品，不必担心你的话会刺伤我。我把批评看作是比恭维价值高出一千倍的同情。你谈的都是一些很实际的事情，我一定要向你学习，变得实际一些。所以，请多多向我布道，因为我并不拒绝"信奉"，我非常需要"信奉"实际。

如果有机会，请多向别人推荐我，以其引起他们对我的作品的兴趣。我想刚开始介绍我时你可以夸张一些。但是为了画出更好的画，我不得不在模特儿身上花更多的钱。现在，我每天大约花两角、两角五分或三角，但我不能天天这样花钱。实际上花这么多钱也并不够。在这方面如果我能花更多的钱，我会进步得更快。

你知道，我绝不是那种有意要伤父亲和母亲心的人。其实，当我必须做某些违背他们意愿的事情，而这常常会无缘无故地伤他们的心的时候，我自己为此也感到非常难过。但是，你可别以为最近出现的令人遗憾的场面，是由于父亲的脾气不好而引起

《两个翻地的农妇》■ 荷兰·凡·高

的。先前当我宣布我不愿意继续留在阿姆斯特丹，后来是不愿意留在博里纳日学习时，当我拒绝做那里的牧师们要我做的事情时，父亲也说过同样的话。所以，实际上父亲与我之间的误解由来已久、根深蒂固。我认为，误解永远不可能完全消除。但是，我们双方可以做到互相尊重。因为尽管有时我们观点不同，甚至针锋相对，但我们对许多问题的看法还是一致的。

我想，如果父亲理解我的真实意图，他会发现其实我对他来说常常是有帮助的，甚至能够帮助他布道，因为我有时能从不同的角度来阐释《圣经》中的经文。但是，父亲总认为我的见解完全错了，逻辑混乱，常常把它整个儿推翻。

非常感激你给我寄来的10盾车票钱，这是真正的雪中送炭，因为一想到如果我必须要去阿姆斯特丹而又没有钱买车票时，我就受不了。我已给斯特里克姨父[1]寄了一封挂号信，在信中我试图提醒他注意一些我担心他会忽视的问题。其实，再也没有什么人比牧师，尤其是牧师的妻子，更难以令人相信，更铁石心肠，更俗不可耐的了（这个规则亦有例外）。但即便是牧师，他有时在三层钢铁铠甲之下也会有一颗人心的。

"贪婪"是一个非常丑陋的字眼，但是这个魔鬼是不会放过任何人的。如果"贪婪"没有诱惑你和我，我倒是会感到非常惊讶的。即使如此，我们暂且还是倾向于赞同这种说法："有钱能使鬼推磨。"并非你我真的崇拜财神爷玛门[2]，愿意做他的奴仆，而是他实实在在地给你我带来无数的烦恼：我，多年来被贫穷所

1　斯特里克姨父是凡·高追求的表姐凯·沃斯的父亲，居住在阿姆斯特丹，是一位神学家。

2　玛门（Mammon），《圣经》中的财神，贪欲之神。源自《圣经》马太福音第6章第24节。参看《新约全书》（和合本，英汉对照），International Bible Society出版，1984，第11页。

困扰；而你，多年来却被高薪所搅乱。这两个极端有共同之处，都诱惑人们向金钱的力量低头。现在，金钱之鬼还不至于这样作弄人，让你觉得挣很多很多的钱是一种罪恶，而让我认为贫困潦倒也有它的优点。不！说实在的，像我这样迟迟不能挣钱，什么优点也没有。我必须要对此进行补救，为了做到这一点，我希望你能给我多出一些有用的点子。

我正努力从许多方面来改变自己，你可以放心。目前，努力学画是使我的经济状况好转的最好和最有效的办法。但是，仅仅这样是不够的，我还有许多别的事情必须要做。我似乎在"地下"生活了太长时间，以至于已成了一个"穷困潦倒的人"，也许这并非不好。现在，我不必担心自己会跌回那个深渊。我认为，消除一切忧郁情绪，以一种更加开阔、更加乐观的眼光来看待生活，重新回到地面上来行走才是正道。我还认为，要和别人多沟通，尽可能地恢复旧关系，建立新关系，这或许对我有帮助。我将四处碰壁——情况可能就是如此——但我一定要坚持到底，争取挣扎着回到地面上来。

我给毛弗寄去了一幅画，画的是一个在田野里挖马铃薯的人。我想从我这里给他传递一些生活的气息。

我常考虑去海牙待上一段时间是否可行或者有无益处。我一直把描绘在埃顿接触到的人和物，以及描绘典型的布拉班特人看作是我真正的工作。但是不管怎样，我必须牢牢把握当下，既然我已经渐渐熟悉了这里的生活，我可以年复一年地在这里挖掘绘画的主题。但坚持画典型的布拉班特人不应该妨碍自己到各处走走，去建立新的人际关系，甚至在某一个地方住上一段时间。所有的艺术家和画家都是这样做的。

《凡·高自画像》■ 荷兰 ■ 凡·高

《海牙小景》 ■ 荷兰 ■ 凡·高

第 5 章
只有当你还在画画时，
你才是一个画家

海牙　1881年12月[1]

　　我已完成了约12幅人物素描，画的是挖地者和在马铃薯田里干活儿的男人。我想，或许我能从中创作出几幅好画来。要知道，在这里的沙丘上很适合画大地和天空，然后我可以大胆地在画面上添几个人物，但是我仍然不把这些习作看得太重要。当然，我希望把它们画得别具风格，画得更好，但我先前积累的布拉班特人的形象是独特的，谁知道是否会有助于现在的创作？

　　毛弗现在教我一种新的画法，就是如何画水彩画。我现在已经迷于此道了，整天坐在那儿涂抹水彩，然后又将它们洗掉。我已经画了几幅小水彩画和一幅大水彩画，但是，提奥，请你相信，当我第一次带着自己的钢笔素描习作去找毛弗时，他说："你现在必须试着用炭笔、粉笔、毛笔和锥形擦笔来画画"。当时面对着这些全新的绘画工具，我遇到了不少麻烦，尽管我一直很有耐心，但看来耐心也无济于事。我有时也会急，竟用脚踩炭笔，完全丧失信心，不过，等我练习了一段时间后，我会寄一幅用毛笔画的炭画粉笔素描给你的。同时，我还带上自己的全部习作去找毛弗。当然啰，他一一挑出这些画中的毛病，批评得头头是道，但不管怎样，我还是向前迈进了一步。

　　现在，我又处于一种耐心和焦虑相互交织的状态。毛弗说，我至少要画坏10幅画才有可能学会如何运用毛笔来作画，但在失败之后便是光明的未来，所以现在我作画时尽量沉着冷静，即使出了差错也不心灰意冷。

　　另一个不利因素是这里的天气很不好，所以今年冬季对我来

1　凡·高于1881年12月离开埃顿赴海牙。在海牙他住了近两年时间，一直住到1883年9月。在此期间他给提奥写了许多信件。

说将是不太轻松的，不过，我还是喜欢这里的生活，尤其是我能拥有一间自己的画室，这给了我难以用语言来形容的快乐。

他们告诉我今天有人来找过我。我想可能是特斯蒂格，我希望是他，因为我有一些事情想和他谈一谈。那个来访者留下话说他明天早上会再来的。

我画的小水彩画中有一张是描绘我画室的一个角落的，画面上一个小姑娘正在那儿磨咖啡豆。我力求突出色调，画面上显现明亮而充满活力的头部和小手，衬托在傍晚昏暗沉寂的背景中，与画中人物形成鲜明对比的还有烟囱和炉灶、铁器和石头，还有木地板。如果按照自己的设想来作这幅画，那么，我将用绿皂色调来处理画中四分之三的画面，只有那个小姑娘坐着的角落，我要小心翼翼地用一种柔和、充满感情的手法来处理，不过你明白，我将无法完全按照自己的感觉来表达每一样事物。现在的问题是还要克服一些困难，如用绿皂色调处理的那部分显得还不够绿，另一方面，柔和的那个角落也还显得不够柔和，但无论如何，我已在画纸上初步勾勒出了草稿，它表达了我的思想，我觉得这是一张好画。

又一个星期过去了，现在我终于有了一个固定的模特儿，他每天从早上一直工作到晚上，这个模特儿很不错。我一直在练习水彩画，而且越来越喜欢它了。明天将有一个老妇人来为我摆姿势。

与此同时，我打算继续画那些小幅的钢笔画，不过是用一种同今年夏天画那幅大钢笔画时相较完全不同的手法，这种手法多了一些粗犷和朴实。我外出时，常到赈济施粥所、三等候车室，以及其他类似的地方画素描，但室外极冷，尤其是对像我这样的人，因为我不能像高水平的画家那样画得很快，而且我必须要画更多的细节，以便使这些素描日后真正对我有点儿用处。

所以你看，我并非整天无所事事地坐在这里打发时间，而是努力在这里站稳脚跟。毛弗和特斯蒂格先生都来看过我，对此我很高兴。我不断取得进步，我将学会画水彩画，我相信用不了多久，我的作品就能卖出去了。特斯蒂格先生本人也说过类似的话，他还说，如果我的那些小幅水彩画画得不错的话，也许连他自己都要买一些。我已完成了那张老妇人肖像画的润色加工，先前我曾给你寄过一幅画她的素描，总有一天，这张画能找到买主的。

相信我，我整天都在埋头苦干，而且乐在其中，但是如果我不能继续努力，不能比现在更加努力地工作，我就会感到十分沮丧。至于画的大小或者画什么题材，我将乐于听特斯蒂格先生和毛弗的意见。最近我已开始画几张大幅画。昨天晚上毛弗对我说："它开始像一幅水彩画了。"如果我真的取得了这么大的进步，我就会觉得自己没有白白浪费时间和金钱。既然我已经在大幅画纸上小试了毛笔和颜色的威力，我又可以冒险画些小张的水彩画了。

我感觉，提奥，在我的身上有着某种潜能，我要尽可能地把它发挥出来，把它释放出来。现在的一切费用都需要依靠你来支付，这真是糟糕透了，不过，现在的情况比起去年冬天来说要好多了。我将努力画画，一旦我的毛笔获得更大的表现力，我就会比现在更加努力地工作。只要我们现在将满腔的热忱都投入到工作中去，用不了多久你就不再需要给我寄钱了。

我以前担心过的事情发生了，我最近一直感到不太舒服，特别难受，于是干脆上床睡觉，我不时地感到头疼、牙疼，因焦虑

凡·高的弟弟提奥

而发烧，因为我特别担心这一周，不知道该如何撑过去。后来我起床，接着又躺下，由于发烧和神经紧张，我在床上躺了差不多有三天整的时间。这时我清醒地意识到，自己的体力恐怕暂时撑不住了，但我的热情和勇气并没有消失。

如果我继续一心一意地工作，用不了多久我就能靠出售一些画来赚钱了，但实际上我不得不分心，去想想自己那么多的不顺心的事情。譬如我站在模特儿面前，却不知道我将如何付他工钱，不知道第二天我还能不能继续画下去。为了画画，我必须做到心平气和，但是真难啊！我认为一幅画成功与否，在很大程度上也取决于画家的心态和处境。因此，我尽可能保持愉快的心情和清醒的头脑，但有时，譬如现在，一种沉重的抑郁感控制了我，接着我就好像是被打入了十八层地狱，感到糟糕极了，这时唯一能做的事情就是继续工作。毛弗和伊斯拉埃尔斯，还有其他许多人，他们是我们这些人的榜样，他们懂得如何利用各种心境来创作。

噢，我的青春消逝了，我的意思是，感到轻松愉快、无忧无虑的美好时光一去不复返了，但是我对生活的热爱和我的精力并未消逝。我真心要说的是：还有更加美好的未来在等待着我们。

我希望在我的身体恢复之后，事情会做得比原来的好。毛弗说一切都会好起来的，不过，我现在画的那些水彩画还达不到出售的水平。当我的画作看上去显得色彩不那么明亮，有点儿厚重、暗淡和沉闷时，毛弗就安慰我说："假如你的作品现在是明亮的，那么它只是显得有点'时髦'而已，以后它或许会变得厚重暗淡。现在由于你不断地在上面添加色彩，作品看上去显得有点儿厚重暗淡，但随后它会很快褪色，画面就会渐渐地变得明亮起来。"如果真是这么回事，我不反对这种看法。你可以从我将要寄给你的一幅小水彩画中看出这一点。这幅画我从开始到结束只用了短短的15分钟，但仅仅当我画完另外一幅大水彩画后，它的色彩就已经显得有点儿厚重暗淡了。当时我正专注于画那幅大水彩画，突然，那位模特儿不经意地站起来摆了一个姿势，我即刻见缝插针用一张小纸片———一张瓦特曼纸[1]的边角料——来作这幅画，但练习水彩画的代价是相当昂贵的——纸张、颜料、毛笔、模特儿，还有时间。

最近，我有时和一个名叫布赖特纳[2]的年轻画家到户外去画画，布赖特纳画得极好，与我的风格迥然不同。我们常常一起到施粥所或候车室去画素描，他常到我的画室来看木版画，我也时常去拜访他。

昨天毛弗给我上了一课，主要是讲在画人的手和脸时如何才能保持色调透明。我必须设法忘掉自己过去学过的某些东西，而要学会用完全不同的方法来观察物体。画家要下大功夫才能准确地把握住物体的比例关系，我觉得在我最近画的几幅素描中，比例关系比过去处理得好多了。到目前为止，物体的比例关系一直是我画中最严重的缺陷。感谢上帝，这方面正在改变，而我现在什么也不害怕了。

1　瓦特曼纸（Whatman paper），一种适合于水彩画的高级图画纸，由18世纪英国造纸业者James Whatman发明，因而得名。

2　布赖特纳（George Hendrik Breitner，1857—1923），荷兰画家，凡·高在海牙学画时的一位朋友。

眼下韦森布吕赫[1]是唯一能见到毛弗的人，我想我得去找找他，跟他谈谈，所以我今天去了他的画室。他一见我就笑起来了，说："我敢打赌你是来找我谈毛弗的。"然后他告诉我，那天他过来看我，是因为毛弗最近对我的绘画才能产生了怀疑，于是把他叫过去，想听听他对我作品的看法。回去后韦森布吕赫对毛弗说："他画得好极了，连我都能以他的习作来作为创作的基础。"

韦森布吕赫接着说："他们称我为'冷酷无情的剑'，我的确如此。假如我在你的习作中根本没有发现什么优点，我就不会对毛弗那样说了。"现在，如果毛弗病了，或者是忙于创作自己的那张大幅画，当我需要时就可以去登门向韦森布吕赫求教。韦森布吕赫要我不必为毛弗对我的态度有所改变而担忧。接着我问他，他认为我的钢笔画怎么样。"它们是最好的。"他说。

当我告诉他"我所看见的事物就像是一张张钢笔画"时，他说："那么你一定要画钢笔画了。"接着我告诉他特斯蒂格批评了我的钢笔画。"别在意，"他说，"当毛弗说你天生是一个画家时，特斯蒂格说你不是。毛弗是站在你这一边反对特斯蒂格的，我当时也在场。如果再发生这种事，我会支持你的，因为我已经看过你的作品了。"

我并不在乎别人是否"站在我这一边"，但我必须要说，有时我觉得特别难以容忍的是，特斯蒂格总是一遍又一遍地对我说："你必须要开始想想如何挣钱养活自己了"。我想这是一种多么可怕的表达，我只能沉默以对，我已经尽到自己最大的努力

---

1 韦森布吕赫（Johan Hendrik Weissenbruch，1824—1903），荷兰画家，海牙画派的代表人物之一。与凡·高过从甚密，对凡·高帮助很大，可以说是凡·高的良师益友。

来工作，一点儿也不敢松懈怠慢，他们不应该因为我暂时还没有卖出自己的作品而责备我。

我觉得能够不时拜访像韦森布吕赫这样聪明的人是一种极大的荣幸，特别是他们不嫌麻烦地——就像今天早晨韦森布吕赫所做的那样——向我讲解他们正在创作、但尚未完成的作品，以及解释他们打算如何完成它，这正是我所需要的。不管什么时候，只要你有机会看别人画画或写生，就得好好观察，因为我觉得很多画商如果知道作品是如何被创作出来的，就会对这些作品做出不同的评价了。不错，人们多少可以凭借自己的直觉来理解一幅作品，但是我很清楚，如果你看过其他画家是如何作画的，而且亲身经历过一些绘画实践之后，你对许多事情就会看得更全面更透彻了。

当然，如果能卖出一两幅画我会十分高兴的，但如果听到像韦森布吕赫这样真正的艺术家在谈到一幅卖不出去的习作或素描时说："这幅画很逼真，连我都能以它作为创作的基础。"我会更加高兴。虽然金钱对我来说很重要，尤其是现在，但对我来说，首要的任务仍然是创作出真正有品位的画作。

韦森布吕赫在评价一幅描绘草地的风景画时也说过同样的话，毛弗也一样，他在谈到一张人物画时说道，画中的老农坐在炉边沉思，他似乎看见了历历往事从火焰和烟雾中冉冉升起。一幅画，其存在的时间或长或短，但其存在的价值一定是在于它能深刻反映生活的本质。

对于结交其他人，不管是画商还是画家，我都越来越没兴趣，我唯一有兴趣的，是结交更多的模特儿，因为我相信，不去画模特儿，至少对我来说是绝对错误的。

提奥，当黎明的曙光开始显现时是令人愉快的，而我现在也确实是看见了一缕曙光。画人物、画有生命的东西是一件美妙的事情，虽然相当困难，但毕竟其乐无穷。你说你很快就要到荷兰来，对此我感到很高兴，你来了以后，我希望我们能在画室里共度一段安静的时光。

自从收到你的来信和汇款后，我每天都请一个模特儿，每天都一头扎在绘画里。我现在请的是一个新模特儿，实际上不止一个新模特儿，因为我共有三个来自同一个家庭的成员来做我的模特儿。一个是45岁的妇女，她有点儿像弗雷尔画的人物，然后是她约30岁的女儿，还有一个10岁或12岁的小孩。她们是穷人，我必须说，她们非常愿意当模特儿。那个年轻女子并不漂亮，但她的体形非常好，对我具有一种吸引力。她们的衣服搭配得当，黑色美利奴羊毛衫，式样精美的帽子和美丽的披肩。你不必为付给他们工钱少而觉得心里不安，因为我从一开始就和她们谈妥了，现在我付给她们的工钱太少，但以后我会补给她们的。

明天有两个孩子来我这儿，我必须一边逗他们玩儿，一边画他们。下个星期天将有一个孤儿院的男孩来做模特儿，是一个极好的模特儿。

我的画室需要增添一些生气。我在社区里结识了各种各样的人。也许我真的和那些传统守旧的人合不来，但是，另一方面，我也许能较好地和穷人或者所谓的普通人相处。我虽然失之东隅，却收之桑榆。我顺其自然，并对自己说：毕竟作为一个画家，我希望生活在一个我所理解而且愿意和别人交流的环境中，这是正常和合理的。和模特儿打交道，使我有一种特别愉快的感觉，你可以从他们身上学到很多东西。今年冬天我画过的模特儿

《女子画像》 ■ 荷兰 ■ 凡·高

中，有几个是令人难以忘怀的。

又是月初了。

布赖特纳在忙着创作一幅大型的画，画面上是一个熙熙攘攘、人来人往的集市。昨天傍晚我和他一起出去溜达，到街上寻找各种类型的人物，以便回到家里画模特儿时借鉴。用这个方法我画了一张在基斯特[1]街见到的老妇人的速描，在那儿有一家精神病院。

到目前为止，毛弗所要表达的要旨是："文森特，只有当你还在画画时，你才是一个画家。"所以，连续几个星期我都在练习画画，钻研比例关系和透视法，而特斯蒂格却不欣赏这一点，他只热衷于谈那些"卖不出去的画"。当我花了很长时间才找到索价不高的模特儿时，他却说："少画点模特儿，这样开销小些。"我很想知道画家们对他的这种观点有什么看法。找到合适的模特儿，并让他们坐在我面前摆好姿势，这不是一件容易的事情。这种情况常使大多数画家感到沮丧，尤其是当一个人必须要节衣缩食才付得起钱给模特儿时，没有模特儿作为基础的人物画，肯定是失败之作。

特斯蒂格甚至这样来数落我的素描："那只是一服麻醉剂，你服用它是为了暂时忘却痛苦，忘却自己画不出水彩画的痛苦。"噢，这种分析可真是细微缜密，但是这句话说得太轻率、太肤浅，而且不着边际。我暂时不画水彩画的主要原因是因为我必须要更认真地画素描，需要更多地学习比例关系和透视法。

1　基斯特（Geest），海牙的一条老街道，那里居住着许多穷苦人家。凡·高常到那儿及其邻近的街区写生，对那儿的一草一木都很熟悉，有很深的感情。他在给提奥的信中一再提到这一点。

　　我真希望特斯蒂格也像我一样，靠这点钱过上一个星期，同时也做我不得不做的这些事情，这样他就会明白，这不是一个幻想、沉思或者吸食麻醉剂的问题，而是你必须要打起十二万分的精神才能克服如此多的困难的问题。如果人们理解一无所有就是指什么都没有，理解身无分文的日子是多么难熬，我想他们就不会妒忌我从你那儿得到的那一点点钱，用以帮助我度过这段艰难的时光了。如果他们责备我用你的钱，我会感到焦躁不安的。难道我不配得到这些钱，使我能够维持自己的工作吗？我只是希望，弟弟，你能很快到这儿来，亲眼看看我是否在欺骗你。

　　说这么多已经够了，他批评我的画不好，实际上这些画有许多优点，但我并不指望他这么想。至于他是否买这些画，我认为那完全是另外一码事，它与个人间的争论或对某个问题的看法毫不相干。我觉得他买或不买应取决于我的画，而不是取决于我本人。

　　所以，我觉得自己还是老老实实地临摹模特儿较为实际，这比他那关于哪些画好卖哪些画不好卖的言论要实际得多。对于这个老掉牙的话题我其实并不像他想的那样，需要别人的谆谆教导，因为我自己就卖过各种各样的画。

　　在我最近完成的几张素描和习作中，我个人的特点开始有点儿显露出来了，但特斯蒂格却严厉批评这些画。在这件事情上，我宁愿失去他的友谊也不愿意向他让步。也许你会觉得我的这些话有点儿刺耳，但我不打算收回，不过，我必须告诉你，我并不是反对他或者是与他为敌。一想到我和他之间的隔阂和紧张关系，我心里就觉得难受和不安。

　　现在已经是凌晨两点钟了，我还有些事情要做。尽管有时我被焦虑所压倒，但我仍然保持镇静，而我的镇静是建立在严肃的工作方法和认真的思考之上的。虽然有时我的气质使我极易冲动，但我还是冷静的。在艺术中，你不能有太多的耐性——耐性这个词与艺术是不相容的。

相信我，在艺术领域里，只有下面这句话才道出真理：唯有诚实才是上策。我宁愿多花一些时间和精力在严肃的习作上，而不愿意用时髦的画作来迎合公众的趣味。有时候烦起来，我也渴望那种时髦，但再一想，我就会说："啊，不，还是让我忠实于自己吧，让我用一种粗犷的手法来表达严肃、原始然而却是真实的东西吧。"

如果我非常努力地工作，也许，只是也许，我能成功，甚至现在就能创作出有买主的水彩画，但这很可能是拔苗助长，是在温室里催生水彩画。特斯蒂格和你必须要等候自然丰收季节的到来。我对他说，时候一到，你自然会看到你想要的水彩画，但不是现在——它们还没有成熟——请耐心点。这就是我必须要说的话。我不会盲目跟风，被一些业余画家或画商牵着鼻子走，让那些欣赏我的人来找我好了。只要我们不倒下，到一定时候自然会迎来丰收的季节。

科尔叔叔请我给他画12张小幅的钢笔画，要描绘海牙的风景。

他似乎在来看我之前就和特斯蒂格谈过了，因为他也用"你要自食其力"之类的话来开始我们的聊天。我不假思索地马上回答说："自食其力，你这是什么意思？去挣面包，还是享有面包？——不该享有自己的面包，或者说不配享有它，那肯定是一种犯罪，因为每一个诚实的人都应该享有属于自己的那份面包，但遗憾的是，他虽该享有，但却无能力去挣面包，这是一种不幸。"所以，如果你对我说："你不配享有你的那份面包。"那你就是在侮辱我，但是如果你公平地说我并非总能挣到自己的那份面包，因为有时候我什么也没挣到，这或许是符合事实的，但说这些话有什么用？这一话题无助于我的进步。当时科尔叔叔除了"自食其力"之类的话，别的压根儿就没提及。

接着新的风暴又起了，在谈到表现手法时，我不经意地提到德格罗[1]的名字，科尔叔叔突然说："难道你不知道在私生活方面德格罗的名声不好吗？"我忍受不了听到勇敢的先驱德格罗被人非议，因此我回答说："对这类个人隐私我一直坚持这样一种看法，即当一位画家向公众展示他的作品时，他有权将自己在私生活方面的内心斗争作为秘密不告诉别人（这种内心斗争必然与创作一件作品时所遇到的特殊困难有着直接的重大的关系）。当一位画家的作品无可指责时，批评家就对他的私生活刨根问底、横加指责，这是十分不妥的。像米勒一样，德格罗也是一位大师级的人物。"

明天早上我要外出寻找画素描的题材。

噢，对了，我刚刚遇到毛弗，他很高兴，他已经完成了那张大幅画，他答应不久后便来看我。

还有一件事情深深地感动了我。我告诉我的模特儿今天不用来了，然而这个贫穷的妇人还是来了，于是我批评她。"可我不是来给你摆姿势的，我只是来看看你中午有没有东西吃。"——可不，她给我带来了一盘蚕豆和马铃薯。

毕竟有一些东西使生活变得更有意义了。

噢，提奥，我要说，米勒是个多么了不起的人啊。我从德博

1　德格罗（Charles Camille Auguste Degroux，1825—1870），比利时画家。

克那里借来森希尔[1]的那部杰作，我对它如此感兴趣，竟夜不能寐，起床掌灯夜读，因为白天我必须创作。

只是到了昨天，我才读到米勒的那句名言：艺术就是一场战斗。

今晚我在海牙艺术家协会的普尔奇里画室里看托尼·奥弗曼斯[2]导演的舞台造型和一出滑稽戏，但我没有留下来看滑稽戏，因为我不太喜欢它们。我也受不了挤满观众的大厅，里边的空气使人感到窒息，但我想看舞台造型，尤其是因为其中有一个造型是模仿尼古拉斯·马斯[3]的蚀刻画《伯利恒的马厩》，我以前给过毛弗同样一幅画。造型的色调和色彩都很好，但人物的表情明显搞错了。我曾在现实中看过这个场面，当然不是看基督的诞生，而是看一头小牛犊的出生。我清楚地记得当事者的表情是什么样的，那天晚上在马厩里有一个小姑娘——在博里纳日——一个褐色皮肤、头戴白色睡帽的农家姑娘，眼里饱含着同情的泪花，她那条可怜的母牛难产，正经历着分娩的阵痛。姑娘的表情是纯洁、神圣和美好的，酷似柯勒乔、米勒和伊斯拉埃尔斯作品中的人物表情。

在今年的当代画家作品展上，有一张毛弗的大幅画，它描绘了尖尾小渔船被拖上海边沙丘的情景，那是一幅杰作。我从来没有听过一次好的关于宣扬顺从的训诫，也想象不出什么好的类似的布道，除了毛弗的这幅画和米勒的作品。

那是一种真正的顺从，而不是教士们宣扬的那种顺从。那

1　森希尔（Alfred Jean Philippe Auguste Sensier, 1815—1877），法国诗人。

2　托尼·奥弗曼斯（Tony Lodewijk George Offermans, 1854—1911），荷兰艺术家。

3　尼古拉斯·马斯（Nicolaes Maes, 1634—1693），荷兰巴洛克风俗画和肖像画家。

些马，那些可怜的饱受虐待的老马，黑色、白色和栗色，它们站在那里，忍受、顺从、心甘情愿、沉默平静。它们还要把那条沉重的船最后往上拉一点儿，活儿就要干完了。它们站在那里暂时休息一会儿，鼻孔往外喷着粗气，浑身冒汗，湿漉漉的，但它们不吱声，不反抗，不抱怨，它们什么也不抱怨。它们很久很久以前，很多年很多年以前就已经超脱了那种苦难。它们温顺地活着，顺从地干着，但是假如明天就把它们送到皮革商那里去宰杀剥皮，噢，剥皮就剥皮呗，反正它们早已经准备好了。从这幅画中我看到了一种深刻、实用、沉默的哲学，它似乎在说："要懂得毫无怨言的忍耐，因为这是唯一现实的方法，是一门大学问，一门需要学习的课程，是解决人生问题的法宝。"我想毛弗的这幅画是一张稀世之作。米勒或许会在画前驻足良久，喃喃自语地说："那个画家，啊，他有一颗心。"

噢，提奥，你为什么不放弃一切，自己也成为一个画家？如果你愿意，你会成为一个好画家的。我有时怀疑，一个出色的风景画家是否隐藏在你身上。我想，你会画出很美的白桦树，还有田野中的犁沟，以及白雪和天空。

提奥，到目前为止，你都可以做自己所喜欢做的事情，但是如果你和古匹儿公司的先生们签一个合同，如果你答应终生都在他们公司工作，那你再也不是一个自由人了。依我看，在人的一生中很可能会有这样的时刻，即他后悔就这样把自己束缚了起来。你肯定会说，在人的一生中也会有这样的时候，他后悔自己成了一个画家，但不管怎样，那些满怀信念和爱，能在别人觉得枯燥无味的领域中寻找乐趣——即研究人体解剖、透视法和比例关系的人——他将生存下来，而且一定会慢慢地成熟起来。关于你现在的这种商人地位，除非你有真正的手艺，能用自己的双手创作出一些作品来，否则我很怀疑这种地位的稳固性。譬如，我认为雅各布·马里斯[1]的社会地位就比特斯蒂格的地位更稳固、更独立。

唉，我为什么要担心？我为什么要计较特斯蒂格所说的 "卖不出去"或"没有魅力"之类的话？有时当我情绪低落时，我就看看米勒的《掘地者》和德格罗的《穷人的板凳》。这时我感到特斯蒂格是那样的渺小，那样的微不足道，他所说的那些话是那样的浅薄，于是我重新振作起来，点燃烟斗，又开始作画。

提奥，你会问，我说的这些话是否也适用于你，我的回答是："提奥，是谁供给我面包，是谁帮助了我？那些话当然不适用于你。"但有时候我会产生一个念头，为什么提奥不是一位画家？"文明"最终不会使他动心吗？

至于特斯蒂格，我是在他人生中一个非常特殊的阶段里认识他的，他当时恰逢常言所说的"上升"时期。那时他给我留下了很深的印象——他是一个讲究实际的人，极聪明而又极乐观，无论做大事小事都干劲十足。当时我对他充满敬意，以至于我总是和他保持着一段距离，认为他是属于那种地位远在我之上的人，但渐渐地我开始怀疑——而且越来越怀疑——但我从来没有勇气拿起分析的解剖刀，去仔细地研究他。我过去认为他是那样一种人，即从外表上看像是一个商人或精通世故的人，而实际上他是将自己的真实感情和同情心隐藏在那貌似冰冷的铁甲下面的人，但后来我发现他的铁甲居然如此之厚实，我真不知道他是不是整个人都是由生铁铸成

1　雅各布·马里斯 (Jacob Hendrik Maris, 1837—1899)，荷兰风景画家，擅长描绘荷兰农村景色。

的，或者在那块生铁的深处是否仍然保留着一个小小的角落，在那里仍然跳动着一颗人心。

当我听他说到"魅力"和"卖得出去"时，我只是想：一幅作品，画家付出了辛勤的劳动，并试图赋予它性格和感情，它不会不具有魅力，也不会卖不出去。提奥，千万不要变成像特斯蒂格那样的物质主义者。

真的，提奥，最近我因为定居海牙，每月的开销超过了一百法郎，但是假如我不这样，我就不能请模特儿，我的画也不会有什么进步。在其他画家的身上我看到了这一点：他们不敢经常请模特儿，他们画得少，而且画得慢，同时也并不总是很认真地画。英国的画家们，尤其是给《画刊》供稿的画家们，几乎每天都临摹模特儿。当一个画家对人体进行了大量的研究之后，他就会根据多年以来积累的经验，凭借记忆来画人体，这样做是无可非议的，但长期凭借记忆来作画，在我看来是太危险了。伊斯拉埃尔斯、布洛默斯[1]和纳赫伊斯[2]等人都不敢这么做。

今天我给你寄了一幅画，我把它寄给你，以感谢你为我所做的一切，若没有你的帮助，这会是一个十分艰难的冬天。去年夏天你给我看米勒的大幅木版画《牧羊女》时，我想：一根简单的线条可以表达多少内容啊！当然，我并不是自称我能像米勒那样用一根简单的线条表达出那么多的东西，但我努力赋予画上的这个人体以某种思想感情。我只希望这张画能使你高兴，我自己觉得，这张

---

1 布洛默斯（Bernardus Johannes Blommers，1845—1914），荷兰风景画家。

2 纳赫伊斯，在此处指的是以下两个同名的荷兰画家中的一个：Jozef Hendrikus Neuhuys（1841—1889），或Johannes Albert Neuhuys（1844—1914）。

《牧羊女》 ■ 法国 ■ 米勒

　　《悲哀》[1]是迄今为止我画的最好的一张人体画，所以我想应该把它寄给你，我想画中的人物映衬在灰色的土丘中显得很协调。

　　当然，我并不总是用这种风格来画画，但我很喜欢这种格调的英国画，所以我自己也尝试一下，而且因为它是为你画的，而你特别能理解这一类事情，所以我毫不犹豫地使画面呈现出一种忧郁伤感的气氛。如果我没有使画面的颜色固着，致使出现令人讨厌的光斑，那么请朝画上泼一大杯牛奶或掺水的牛奶，待它干透，你就会看到一种经水渗透之后产生的特殊的黑色，比通常看到的铅笔画效果更佳。

　　我在一定程度上同意你所说的，即有些画具有某种特点，它们看上去酷像没有修平的铜版画。画面上的这种特殊效果，业余爱好者也能正确地鉴赏。然而我认为这种效果是由于画家进行创作时，过于激动而导致手有些颤抖而引起的，而不是因为画家使用的颜料引起的（当然蚀刻画另当别论，蚀刻画上的这种效果是由于画板上没有修平的细毛引起的）。我自己的习作中也有几张这样的画，颇像我所说的没有修平的版画。为了得到这种特殊效果，我认为画家应该使用在油彩中浸泡过的炭笔，而不是用粉笔。

　　画家可以用浸过油彩的炭笔表现很多东西，我在韦森布吕赫的画中看到了这一点。油彩可以使炭色固着在画纸上，同时黑色也变得更柔和、更厚实，但我对自己说：我最好是一年以后而不是现在就开始使用这种方法，因为我要让画面的美不是出自颜料，而是出自我内心。当我的绘画水平上了一个新的台阶以后，我要不时地给自己的画打扮打扮，也就是说，我将使用质量更好效果更佳的颜

1　《悲哀》（Sorrow）是凡·高的精心和得意之作，他为此下了很大功夫，先后共画了四张不同版本的《悲哀》。

料。如果到那时我拥有了某种力量，我的事业就会进展顺利，事半功倍，结果可能比预期的更好，但在取得任何成功之前，必须首先要与自然界的各种事物进行短兵相接的肉搏战。

科尔叔叔付了钱给我，接着他又给我下了新的订单，但是这次订单的难度非常大，他要我画的是六张能反映城市细节的风景画。不管怎样，我都将竭尽全力去做，因为如果我没有理解错的话，我画这六张画将会得到与上次给他画的那十二张小幅钢笔画一样多的钱。

绘画是一种职业，画家可以以此为生，但不管从哪方面来说，画家都与那种以固定收入为生的人截然不同。如果人们想做一番比较的话，画家与铁匠或者与内科医生有很多相类似的地方。我记得很清楚，当你说到要我将来成为一个画家时，我当时认为这很不现实，不愿意接受。使我不再怀疑这一点的是在我读了一本简单易懂的关于透视法的书之后，那本书是卡萨涅的《绘画入门指导》。一周后我画了一张厨房内景图，画面上有窗户和炉子，以及带腿的椅子和桌子，它们摆设得井井有条，而在读那本书之前，在我看来，画画时若要得到景深和正确的透视似乎是靠魔法或纯粹靠运气。只要你画对了一件小东西，你就会有一种难以抑制的渴望，想再画一千件别的东西。我必须再继续画上一年或者至少几个月时间，直到我的手变得沉稳，目光不再飘移，那时我画许多能出售的画就应该没有什么障碍了，正因为如此，我需要几个月时间的练习，我不能进展过快，耐心一点会画出好作品。如果我的文件夹里装满了习作，它们日后一定会用金钱来回报我的，现在我宁愿先好好学习绘画的技巧，而不愿求人可怜，匆忙将我的一张小画卖出去。

是的，现在我知道妈妈病了，我还知道其他许多令人伤心的事，有我们自家的，也有别家的。我并非对此麻木不仁，我想，要是我对此没有感觉，我就不可能画出《悲哀》这幅画，但是自从夏天以来，我已经很清楚，父亲、母亲和我之间关系的不融洽已经发展成为一种旷日持久的痛苦，因为我们之间的误解和隔阂历时太久了。现在它已经发展到了这样一种程度，以至于我们双方都要为此而遭受痛苦。

我的意思是，如果很久以前我们双方都尽力建立一种更为亲密的互相理解的关系，同甘共苦，时刻牢记父母和子女一定要团结如一人，我们就有可能给对方更多的帮助。我们并不是有意犯这样的过错，在更大程度上，这要归咎于困难环境和忙乱生活的不可抗拒的力量。

不过，父亲和母亲在他们的工作中找到了安慰，我也一样。一个人与他的工作有着某种亲密的关系，但要说清楚这种关系是什么却并非易事，在这个问题上不少人都判断错了。弟弟，尽管我有那些琐碎的令人痛苦的事情，但我工作起来仍然干劲十足。

今天我又画了一张跪着的裸体女子的习作，昨天画了一张正在编织的少女，也是裸体的。我还完成了一张像《悲哀》那样的女子人物形象素描，不过这张画要大些，我认为比第一张画得好。

有时我想，假如我的生活不这样艰难，那么我的创作会更丰富，我的画也会更好，但是我确确实实在搞创作，而且你肯定能在我最近的画中注意到，那一道将驱散一切阴霾的黎明前的曙光就在眼前。但是你知道，除了作画的艰辛以外，我几乎没有一天不出现这样或那样的困难，这些困难本身就让人难以忍受。

我最近很烦躁，因为那些我过去认为可以指望得到他们同情的人，如毛弗和特斯蒂格，对我开始变得冷淡或怀有敌意。一月底，毛弗对我突然一反常态，他对我不友好的程度正如他过去对我的友好程度一样，我觉得这是因为他对我的画不满意，这使我十分焦虑，焦虑得都生病了。

这时毛弗来看我，他安慰和鼓励我，又一次使我相信一切都会好起来的，但紧接着，在这之后不久的一个晚上，他又开始用另外一种不同的方式来和我说话，就好像站在我面前的是另外一个与先前不同的、我根本不认识的毛弗。我对自己说："我亲爱的朋友，看来人们用诽谤和中伤毒害了你的耳朵，但我不知道那股阴风究竟是从何处刮来的。"除了别的不友好的举动外，毛弗还开始模仿我的言谈和举止，他说："你的脸看上去像这样……你说话像这样。"这些话都是带着一种敌意说出来的，毛弗很擅长这类事情。我必须要说，这很像是勾勒我形象的一幅讽刺漫画，不过是怀着敌意画出来的。我回答说："我亲爱的朋友，假如你曾在伦敦的雨夜中露宿街头，或在博里纳日的寒夜里饥肠辘辘，无家可归，发着高烧，你的脸上可能也会出现这些难看的皱纹，你的声音可能也会变得嘶哑的。"

现在虽然我仍然偶尔去拜访毛弗，但他喜怒无常，不太友善。有几次我被告知他不在家。因而我去看他的次数越来越少，而他再也没有到我的住所来。

毛弗在谈话中也显得心胸狭窄，如果我能这样说的话，因为他过去是宽宏大量的，他说我必须照着模型作画，这是最重要的事情。我讨厌按照模型来作画，不过我的画室里挂着几个石膏的手和脚。有一次，他用一种哪怕是美术学院里最糟糕的老师也不会用的方式对我说话，当时我保持沉默，但回到家里我大发脾气，竟将那些可怜的石膏模子扔进煤筐，摔成了碎片。我暗自说："只有到了没有活人的手和脚可以临摹时，我才会照着模子画。"后来我对毛弗说："朋友，别再对我说石膏模子了，因为我无法忍受。"

不久我接到了他的一张便条，说今后两个月内他不准备和我有任何来往，现在两个月早已过去了，而他还是没有来看我。自那以来，又爆发了与特斯蒂格的矛盾，从而促使我写信给毛弗："让我们握手言和吧，不要互相仇视或者互相怨恨。对你来说，指导我是太难了，而对我来说，要接受你的指导也是太难了，如果你要求我对你所说的一切要'绝对服从'的话。所以，我们之间的这种指导与被指导的关系应该结束了，但这并不改变我对你的欠负和感恩之情。"

毛弗没有回信，从那以后，我再也没有见到他。

提奥，我是一个有缺点、有错误、有感情的人，但我从未夺走过任何人的面包或者朋友。虽然有时我和人们激烈争吵，但因为观点不同就企图不让人活下去，这不是正人君子所为，至少不是什么光明正大之举。当你抛弃了某个人，接着又企图从他口中夺食，那就太不体谅人、太粗鲁、太不懂礼貌、太不近人情了，而我是什么人？我只不过是一个面临重重困难而仍在工作的人，为了创作，我需要安静、和睦以及一点同情，否则创作是不可能的。

今年冬天，我一直在排除干扰，努力工作，但你知道吗，上述一切对我是一个无情的打击，有时候我的心似乎都要碎了。因为——你是知道的——我爱毛弗，这个打击太大了，以至于他为我描绘的所有幸福蓝图都化为泡影。

特斯蒂格对我说："你以前失败过，现在你也将再次失败，同样的故事会一再重复。"且慢——不！现在情况不同了，那样一种推理只不过是一种诡辩而已。我或许不适合做生意，我或许也不适合在学校里学习专业知识，但单凭这一点证明不了我不能做一个画家。相反，如果我有能力做一个牧师或者画商的话，也许我就不适合画画了，我也就不会像现在这样被迫辞职和被解雇了。

我担心自己画得越好，所遇到的困难和反对就会越多，我将不得不吃很多苦头，尤其是为自己那些无法改变的怪癖而吃苦头。首先是我的外貌、穿衣和说话的方式。其次，即便我以后挣钱多了，我的活动范围也总与绝大多数画家不同，因为我对各种事物的观念以及我想画的主题与众不同，我无可挽回的只得这么做。

现在，比如说，让特斯蒂格自己站在基斯特街上的一个沙坑前，在那里工人们正忙着往坑里铺设水管或煤气管，我倒想看看特斯蒂格此时会是一副什么样的表情，据此他会画出一幅什么样的素描。漫步于码头、大街小巷、民居、候车室以及酒吧之间——那并不是一种愉快的消遣，除非他是一个画家。作为一个画家，他宁愿待在最脏的地方，也不愿意待在有漂亮女人的茶话会上，因为在那儿有东西可画，除非他想画女人。

我想说的是：寻找合适的主题，生活在劳动人民之中，在事件发生的地点写生，这经常是一种粗活，甚至是一种肮脏的工作。真的，一个推销员的举止和衣着并不适合我，我不是一个适合与有钱的绅士以及淑女打交道，以便向他们推销贵重商品从中赚钱的人，像我这种人，需要做的事情就是画基斯特街沙坑中的挖掘者。假如我能做特斯蒂格所能做的事情，假如我适合做那些事情，我也就不适合干我自己的这一行了，而要干好这一行，最好是让我保持原样。

假如我穿上考究的衣服，出现在高档的商店里，我会感到不

8ᵉ volume. Nᵒ 390 — 10 c. Un an : 6 fr.

LES ꞪOMMES D'AUJOURD'HUI

TEXTE ET DESSIN D'EMILE BERNARD

Bureaux : Librairie Vanier, 19, quai Saint-Michel, Paris.

VINCENT VAN GOGH

《凡·高像》■ 佚名 ■ 依据凡·高的一幅自画像绘制

自在的。我现在尤其不能这么做，这样做使自己烦恼，还会烦恼别人。当我在基斯特街上，在石南丛生的荒地上，或在海边的沙丘上作画时，我就变成了完全不同的一个人。那时我丑陋的面孔和破旧的衣服与周围的环境十分协调，我感到很自在，工作起来也愉快。当我穿着考究时，给我当模特儿的穷哥们就会害怕我，不信任我，或者要我付给他们更多的钱。

我和我所描绘的劳动人民生活在一起是否就降低了我的身份？当我踏进那些苦力和穷人的家门，当我在自己的画室里接待他们，我是否就降低了自己的身份？

从另一种意义上说，我是不是缺乏教养，也就是说不懂礼貌或举止粗鲁呢？请注意，依我看，礼貌是建立在对他人友善，建立在人们从内心里感到需要礼貌的基础上。一个人需要帮助别人，对别人有用，他需要生活在集体中，而不是孤独地生活，因此，我尽自己最大的努力去做。我画画，不给人们添麻烦，而且使他们愉快，或者使他们看那些值得观看的事物，而这些事物并非人人都注意到的。

提奥，我真不敢相信，我居然成为如此不懂礼貌和举止如此粗鲁的怪物，以至于有人认为应该把我从这个社会隔离开来，或者用特斯蒂格的话来说："不应该被允许居住在海牙。"

今天我遇见了毛弗——是在海边的沙丘上，我们之间进行了一次非常痛苦的谈话，这使我清楚地意识到，他和我缘分已尽，恐怕要永远分道扬镳了。毛弗做得这么绝，使他已经没有任何退路。我当时想请他到我的画室来看看我的作品，然后顺便谈谈近来发生的这些事情，他直截了当地拒绝了："我肯定不会去看你了，一切都已经结束。"

最后他说："你这个人品质恶劣。"

听了这话，我一扭头独自走路回了家。

毛弗之所以生气，是因为我说了一句"我是一个画家"——但我拒绝收回这句话，因为"画家"这个词当然包含了这样的意义：永无休止的探索，永无止境的认识。就我的理解，"画家"一词的意思是："我探索，我奋斗，我全身心投入。"它与以下的说法正好相反："我知道，我已经找到了答案。"

《怀念埃顿的花园》 ■ 荷兰 ■ 凡·高

第6章
爱情与在春天里采集草莓毫不相干

海牙　1882年2月

今年冬天我遇到了一个孕妇，她被自己的男人抛弃了，而她腹中的胎儿就是那个男人的。一个孕妇冬天要在街上四处奔走，挣钱糊口，你明白是怎样一种状况，于是我请她来给我当模特儿，整个冬天我都雇用她。我无法全额支付她一个模特儿的工钱，但我帮她付房租。感谢上帝，我和她能共同分享我的面包，这样使她和她的孩子免受饥饿和寒冷的困扰。

我开始过一种全新的生活，我并非刻意去追求这种新生活，而是因为我碰巧有机会，而且我没有拒绝。

至于我对凯的感情，我坚定地说："她，而不是别人。"她的回答"不，永远不，永远不"也不足以使我放弃她。我仍然怀着希望，我对她的爱仍然活着，但我却无法平静。这变成了一种无法忍受的痛苦，因为她总是保持沉默，我从来没有得到过她一句话的答复。后来，我去了阿姆斯特丹她的家。在那儿她的家人告诉我："对于你所说的'她，而不是别人'，她的回答是：'他，肯定不是。'你的固执令人讨厌。"于是我把手放在汽灯的火苗上，说："让我见见她，见面的时间不会长，只要同我的手在火苗上能坚持的时间一样长便可以了。"怪不得特斯蒂格后来注意到了我的手有点异样，但我记得他们当时把汽灯关掉了，说："你不能见她。"啊，这对我来说太过分了。对于他们那些具有摧毁性的话我无言以答，我只觉得自己的一番真情——"她，而不是别人"已经被扼杀了。

接着，虽然不是立刻，但很快我感到心中爱的火焰熄灭了，取而代之的是一种空虚的感觉，一种无边无际的空虚。你知道我相信上帝，我不怀疑爱的力量，但那时我体验到这样一种感觉：

《黑猫》 ■ 英国 ■ 比亚兹莱

"我的上帝，我的上帝，你为什么抛弃我？"然后是一片空寂。我扪心自问：我一直在自己欺骗自己吗？……"噢，上帝，上帝并不存在！"内心的空虚和难以形容的痛苦使我想：是的，我能够理解有些人为什么会投河自尽，但我绝不赞成这种做法。我在老前辈米勒的话中找到了力量，他说："我永远认为自杀是一个不诚实的人的举动。"

后来我从毛弗那里得到鼓励，摆脱了心理阴影，又投入到创作中去，然后，我被毛弗抛弃，生了几天病。到了一月底，我遇到了克里斯蒂[1]。当我从阿姆斯特丹回来后，我感到我的爱情——它曾经是那样的真实，那样的纯洁，那样的炽热——在理论上来说已经被扼杀了，但是，死亡之后则是重生。

很快，这个女人就变得像一只听话的小鸽子那样温顺，当然这并不是由于我这方面的强势，而是因为她看出我并不粗鲁，这个女人懂得这一点。她对我说："我知道你并不富有，但即便你的钱再少一些，我也能忍受一切，只要你和我在一起，只要你能够接纳我。我是那样地依附于你，我再也不想一个人孤独地生活了。"如果一个人对我说这些话，并且以实际行动而不仅仅是语言来表示，那就表明她是真诚的，难怪在她面前我能够扔掉那副我戴了那么久的冷漠到近乎粗鲁的假面具。

而现在，在我们认识之后，这个女人的情况变得更糟了吗？我的情况变得更糟了吗？不。我惊奇地发现，她一天天变得越来越光鲜，越来越快乐。她的变化如此之大，看上去竟和我冬天遇

1　克里斯蒂（Clasina Maria Hoornik, 1850—1904），亦称为Christien或西恩（Sien），凡·高在海牙时交的女朋友，是继表姐凯之后凡·高爱上的另一个女人，同时也是他的模特儿。凡·高对她有很深的感情，多次与他弟弟提奥探讨与她结婚的可能性。但克里斯蒂出身贫寒，且曾在街头做过妓女，又怀有别人的孩子，所以凡·高的家人和朋友大多反对他交这位他们认为有损体面、与凡·高家的身份和地位不相配的女朋友。

到的那个病弱、苍白的女子判若两人，不过我可没为她做多少事情。我不过告诉她：做这个，做那个，你就会好起来的，而她也没有把我的建议当作耳旁风。当我看见她没有按照我的话去做时，我就下更大的力气来帮助她。这个冬天她很虚弱，我当初遇见这个女人时，是她的病容引起了我的注意。现在，通过吃简单的食物，多到户外散步，多洗澡等方法，使她变得健康强壮起来了，但怀孕期却是一段困难的时期。

你还记得我们在曾德尔特的老保姆利恩·费尔曼吗？西恩就是这种人。她的头形，她身体的轮廓线条，颇像郎代勒[1]画的《受难的天使》，因此显得很不寻常，很高贵，但这并不总是一下就能引起人们的注意的。当然，她并不完全像那样，我那样说只是想使你对她的脸部轮廓有一个基本概念。她脸上有点儿雀斑，所以她并不算漂亮，但她身体的曲线突出，而且优雅。如果你看过弗兰克·霍尔[2]的那幅大型画《逃亡者》，我敢说，她颇像那幅画中的女人。

我欣赏她的地方是，她对我并不矫揉造作卖弄风情。她默默地按照自己的方式行事，她很节俭，很乐意使自己适应周围的环境，而且乐于学习，因此在许多方面她对我的创作是有所补益的。

也许我比任何人都更理解她，因为她有些怪癖，可能会使许多人反感。首先是她的语言，她的语音很难听，那是她患病的结果。比如说，她常说的一些名称或常使用的一些习语，我们的妹妹威廉敏娜[3]就不会使用，因为威廉敏娜是在不同的环境中长大的，但我宁愿她说话粗俗，但心地善良，而不愿她说话显得有教养，但却心

1　郎代勒（Charles Zacharie Landelle，1821—1908），法国画家。

2　弗兰克·霍尔（Frank Montague Holl，1845—1888），英国画家。

3　威廉敏娜（Willemina Jacoba van Gogh，1862—1941），凡·高最小的妹妹，他共有三个妹妹。

怀叵测，她确实有一颗诚实善良的心。其次是她的脾气，她的神经质性情有时会使她大发脾气，让大多数人无法忍受。

我理解那些事情，它们并不使我烦恼，到目前为止，我始终处理得很好。她也很了解我的脾气，如果我因她做模特儿时摆的姿势不好，或其他什么事情而发火，她知道如何处理，并能使紧张的气氛很快过去。同样，当我为某件事情不能成功而感到烦恼时，她往往知道如何使我平静下来，这正是我自己无法做到的。我们之间好像有一种心照不宣的默契和理解，互相从不挑剔对方的缺点。

她不再漂亮，不再年轻，不再轻佻，不再愚蠢——而这正是她对我能有所帮助的原因。对我来说她不是麻烦，不是累赘，她与我一道工作，她不要这也不要那，当有时我们只剩下面包和咖啡时，她也能忍受，从不抱怨。对她来说，摆弄姿势相当困难，但每一天她都有新的进步，这对于我来说是相当重要的。我因为有了一个好模特儿，而在绘画方面取得进步。我给你寄去几张习作，从中你可以看出，她为我做模特儿以来，给了我多大的帮助。画上戴白帽子的那个女人是她的母亲。这几张习作是用白描的手法来画的，如果我当时追求色彩效果，这些画以后对我的用处就要少些了。

如果我告诉你的这些有关她的情况是令人沮丧的，那是因为我想从一开始就表明，我现在并不是站在充满浪漫色彩的玫瑰园里，而是生活在实实在在的现实世界当中，是因为我想从一开始就防止感情用事。父亲和母亲知道这事后一定会质疑我是否感情用事的。

关于恋爱这种事，我不知道你是否已经略知一二，你是否会觉得我有点儿矫揉造作？我的意思是，当一个人坐在病床前，口袋里分文没有的时候，他最能体会爱情是什么。那与在春天里采集草莓毫不相干，大部分的时间都是灰暗而郁闷的，但在那种郁闷中，一个人能够学到某种新的东西。

提奥，我打算娶这个女人，我依恋她，她也依恋我。我想体验家庭生活的喜怒哀乐，以便能从自己的亲身体验中画出此类题材的作品。我了解世俗的偏见，我明白我必须要做的事情就是脱离原来我自己所属的那个阶级。不管怎么说，这个阶级抛弃我已经很久了，但这就是他们所能做的一切。到了这一步，在我和他们之间形成了一道鸿沟。如他们所说，我很显然是"降低"了自己的身份，但我这么做并没有错，虽然世人都这么说。我像一个体力劳动者那样生活，作为一个体力劳动者，我在劳动者阶层中感到如鱼得水，我过去就想这样过日子，但当时未能如愿。

我特别欣赏你曾说过的一句话："一个人，如果他绝对喜爱一个阶层的人而排斥另一个阶层的人，他必定是一个心胸狭窄或者固执己见的人。"但世人不是这样看问题的，他们看不见或不尊重人的"人性"，而只看重一个人所获得的财富的价值，虽然这种财富只是当他还活在世上时才能拥有。世人对身后之事是不加考虑的，因此，他们目光短浅，走一步看一步。相反，当我同情或者厌恶一个人时，我是把他当作人来看待的，至于他所处的环境对我来说无关紧要。

如果我不打算娶克里斯蒂，那么就让她独自一人过生活，这样会更好些，这是唯一能帮助她的方法，而如果她独自生活，苦难将会迫使她重回通向绝境的老路上去。一个女人一定不要独自生活在我们现在所处的社会和时代，这个社会和时代并不同情弱者，而是把他们踩在脚下。因为我目睹了那么多的弱者遭到践踏，我十分怀疑这种所谓的文明和进步的诚意，我信仰文明，但那必须是建立在真正的人性的基础之上的，对于那种践踏人类生命的文明，我视为粪土，我不会尊重它。

我常常听任周围的事情自然而然地发展，心想，我不要去多管闲事，以免得罪别人，但在那些真正需要严肃对待的事情上，一个人绝不能受公众舆论的左右，也不能凭感情行事，而必须遵循道德规范的基本原则，即你的行为要对得起上帝。克里斯蒂第一个孩子的父亲虽然对她很好，但却没有娶她，甚至当克里斯蒂怀上他的孩子以后也没有过想要娶她的打算，用他的话来说，这样做是为了维护他的地位和家庭。那时克里斯蒂还年轻，当时还不懂她今天已经懂得的事情。那个男人的行为在上帝面前是有罪的，但在世人的眼里，他是可以原谅的——"他已经付过钱给她了"。

然而在这个世界上，与这类人相反，碰巧还有一些像我这样的人。我对世人的议论颇不以为然，正如那个男人对正确的道德观不在意一样。对他来说，表面上像个正人君子就足够了，但我认为最重要的是不能欺骗或者抛弃一个女人。

我喜欢克里斯蒂，尽管目前我还没有打算马上娶她，但我心里很清楚，当我对她有了更多了解的时候，如果我仍想帮助她，我就必须要认真考虑结婚这件事。所以我坦率地对她说："我对事物的看法就是这样，在这方面我理解你和我的地位。我穷，但我绝不是一个勾引女人的家伙，你认为你能与我相处得好吗？如果不能，我们现在就结束这种关系。"她听完之后说："尽管你很穷，但我愿意和你一起过日子。"

现在，我想为自己铺设一条笔直的道路，只要我们能结婚，我们将尽可能地省吃俭用。慢慢地我会挣到足够的钱来养家糊口，使这个女人能和我一起过日子。我最希望的是，我能像任何一个体力劳动者一样，每周都有固定的工资收入，如果有这样的机会，我一定会竭尽全力去工作的。我现在已经30岁了，而她已经32岁，我们都不是孩子了。至于她的孩子，我觉得孩子帮助母亲洗去了身上所有的污点，我尊重做了母亲的妇女。

我们各自都接受对方的过去，并不是每一个女人都适合做画家的妻子，她必须是心甘情愿，而且每天都在学习新东西。对我来说，我只能结一次婚，难道还有比娶她更好的选择吗？

不过你会发现，任何事情我都可以做，只要不损害我对克里斯蒂的忠诚。如果你反对我住在海牙，我也接受，我并非一定要待在海牙，我可以在你喜欢的任何地方找到适合我活动的场所，不管是在乡下还是在城里。机遇总会使某些人物和美景呈现在我面前，它们将永远使我产生足够的兴趣，我将尽力画它们。至于在对克里斯蒂保持忠诚的问题上，我将恪守"我不会违背婚约的诺言"。

如果凯去年夏天听得进我的话，在阿姆斯特丹她就不会那样无礼地对我避而不见，如果她肯见我，事情的发展也许就会完全不同了。现在生活的激流在推动着我，催促我奋发向前。工作，寻找和发现新事物，一切都时不我待，如果我想在残酷的斗争中占上风，就必须果断地把握住方向。消极的等待属于过去，因为我已经找到了适合自己的工作和职业，我现在需要做的就是赶紧行动，并保持清醒的头脑。

生活如同绘画，有时你出手必须要快，行动要果断，要全身心投入，闪电般地迅速勾勒出轮廓。这种时刻不能犹豫或怀疑，手不能颤抖，眼不能走神，要盯住你眼前的东西。你必须全神贯注于此，这样你才能在短暂的时间内，迅速地在先前还是空白的纸上画上东西，以至于事后你几乎不知道它是如何画成的。

动作敏捷是一个男子天生的本能，但他必须在经历过许多事情之后才能做到这一点。导航员有时能够成功地利用暴风雨来推动船只前进，而不是让暴风雨毁掉船只。当然这并不是我要追求的境界，但我在生活中也碰到过类似情况，我没有被困难挡住。

我现在看得越来越清楚，我正在采取的步骤将为我日后的绘画和找模特儿开辟出一片新天地，同时，人们也会因此而对我说三道四。我的职业与这门婚事是匹配的，如果我自己不是处于现在的这种社会地位，恐怕这门婚事就得告吹了。

没有人关心她、需要她，她孤身一人，遭到遗弃，我将她扶起来，并将我全部的爱、全部的体贴、全部的关心都给了她。她感觉到了这一切，她获得了新生，或者说她正处于新生的过程中。

我将只做一件事——绘画，而她将只有一件固定的工作——摆姿势。她知道贫穷意味着什么，我也知道。贫穷有好的一面，也有坏的一面，但自知贫穷，我们也就冒险豁出去了。渔民们都知道大海危险，暴风可怕，但他们从来不会把这些危险看作是待在岸边不出海的理由，他们将这种懦夫的人生哲学留给那些喜欢它的人。让暴风来吧，让黑夜降临！哪一个更糟糕，是危险本身还是惧怕危险？对我来说，我选择面对现实，即面对危险。

此刻已是深夜，我还在写信。克里斯蒂感觉不好，她去莱顿[1]的时候就要到了，那里有一家妇产科医院。

1　莱顿（Leiden或者Leyden），荷兰南荷兰省的一个城市。

《圣马利的渔船》■ 荷兰 ■ 凡 · 高

现在，危机时刻到了。我对克里斯蒂说："姑娘，在你动身去莱顿之前我都可以帮助你，但当你从莱顿回来时，我不知道你将会发现我变成了什么样子。到那时不知道我还有没有面包，但不管怎样，我都将与你和孩子分享我所拥有的一切。"至少在第一年，我和她的面包都得依靠你。所以，我日复一日地怀着一种十分压抑的恐惧感过日子，同时，我也日复一日地工作着，但不敢购买超出我经济承受能力的画具和颜料，在事业上也不敢推进过快。

提奥，这些事情会使我们之间的关系发生变化或者出现裂痕吗？假如事情不会发生改变，假如我们不顾"世俗者"的反对继续携手前进，假如你继续给予我帮助，那对我来说将是一种宽慰，一种出乎意料、不敢奢望的祝福，它会使我欣喜若狂。我竭尽全力压住自己，不去想这件事情，甚至此刻在我用沉稳的手握着笔写信给你谈论此事时也是如此，为的是不显露自己的懦弱。

如果不幸这件事情改变了你对我的感情，我希望你在停止接济我之前，能够提前一段时间通知我，同时我希望你能永远坦诚地将自己的想法告诉我。

我相信，或者更确切地说，我隐隐约约地感觉到，"提奥将终止他的帮助"这一想法可能只是杞人忧天，但是提奥，这种事情我见得实在是太多了。假如你这样做，我也不会不尊重你，不会对你生气，因为我应该这样想：他并不比别人更明事理，世人都如此行事，他们只是考虑不够周全，而不是出于恶意。

今年冬天，我和毛弗打交道的经验对我来说是一个教训。就我这方面来说，仅从字面上去理解毛弗一开始所说的那些话，或者认为特斯蒂格应该会记得我已经有了这么多的麻烦和困难了，这些想法是一个错误，也说明我目光短浅。我觉得毛弗拒绝来看我的真正原因是：当一个人没有钱时，他当然就无足轻重了。在当今这个时代，金钱是强者所拥有的特权。反驳一个人会招来严重的后果，谁要是反驳了，他并不能使对方因此而进行反思，而反倒使自己遭到一顿拳头的猛烈回击。我在这里想说的是，对方反击的形式是威胁说"我将不再买他的画"或"我将不再帮助他"。

现实情况就是这样，所以当我反驳你时，我是冒着当头棒喝的风险的。我的生活依赖于你的帮助，我绘画的未来也掌握在你的手中，因为你看到，我在尽自己最大的努力来画画。我具备一些画素描的能力，我想还有一些画油画的能力，这些都将会渐渐地显露出来。我现在真是左右为难：如果我回答"我将放弃克里斯蒂"，那么我无异是在干一件卑鄙可耻的事情，而隐瞒真相在我看来又是一种偷偷摸摸的行为。如果这种可怕的命运铁定要降落到我的头上，那就这样处理吧："砍掉我的脑袋！"但我不愿意失去脑袋，为了绘画事业，我还非常非常需要它。

我希望那些对我好的人能理解，我的行为是出自深厚的感情和对爱的需要，鲁莽、傲慢和冷漠并不是能使机器转动的万能发条，我迈出了这一步，证明我深深地植根于大地。我并不认为通过追求较高的社会地位，或者通过改变自己的性格，就能把事情做得更好。我觉得自己的作品是要活在人们心中的，因此我必须要把握住生活的真谛。

我没有别的选择，也不想选择别的道路，我理解不了其他的选择。如果我能使你理解我，那么克里斯蒂、她的孩子，还有我自己也就都平安无事了。

我收到了你寄来的一百法郎，为此我十分感谢你，我盼望着你的来信。或许你迟早也会发现，当你和一个孕妇在一起时，一天就等于一周，一周就等于一个月，真是度日如年啊！如果我对你的理解是正确的话，此刻我唯一需要做的就是继续默默地作画，而不要像过去那样过多地考虑有关克里斯蒂的事情。如果对此事想得太多，我会头昏眼花的。这种感觉就像你曾说过的，一个人没有学过透视法，当他在画一幅风景画时无法捕捉稍纵即逝的线条时，即会产生这样的眩晕。

为了忘却忧虑，我躺在一棵老树干旁边的沙土上画这棵老树的素描。我穿着亚麻布罩衫，叼着烟斗，望着深蓝色的天空，或者望着沼泽和草地，这一切使我心平气和。这种平静，就像克里斯蒂或她母亲给我摆姿势时，我估量着人体的比例，然后想象一件黑色衣服的褶皱包裹下人体那细长的曲线时所感觉的一样。在这种时刻，我往往是处于远离尘世的千里之外。

现在我已完成了两张素描。第一张是新的《悲哀》，比先前画的《悲哀》尺寸大些，但只有人物，没有任何背景。人体的姿势做了一点小改动：头发披在肩上，部分头发编成了辫子，我对这个人物比先前的人物画得更精细。另一张是《根》，画的是沙地上的一些老树根，在此画中，我试图将前一张人物画中同样的感情赋予这张自然风景画，只见画中的树根痉挛似的疯狂扎进土壤，却几乎被暴风拔了起来。在那个苍白而纤弱的女子的形体中，在这些扭曲多节的黑色的树根中，我想表达为生存而斗争的主题，或者更确切地说，我想努力忠实于我所看到的大自然，而不对它做任何哲学上的评判。在这两幅画中，这种惊心动魄的斗争是悄无声色地表达出来的。虽然《根》只是一张铅笔速写而已，但我先用铅笔画好，然后又刮掉一些色彩，就好像我在作油画一样。

《悲哀》■ 荷兰 ■ 凡 · 高 ■ 以西恩为模特

如果你喜欢这两幅画，它们也许适合挂在你的新居里，这两幅画我是为你的生日而作的。

韦森布吕赫已看过了那张大幅的《悲哀》，并且告诉了我一些使我高兴的事，因此对这幅画我也敢于评论它，正如我敢于画它一样。在这里，大家都批评我的技巧，但他们大多是重弹一些过时陈腐的老调，比如说，拿英国绘画来做比较。一开始我也不理解英国绘画，但经过努力我逐渐认识了它们。对我来说，最高水平和最高的艺术表达方式之一永远是英国式的表达方法，例如，密莱斯、赫克默[1]和弗兰克·霍尔就是其中的代表人物。

我根本说不上别人给了我什么"指导或教诲"。我是自学的，难怪有人认为我技法肤浅，不同于其他画家的技法，但这并不是我的画卖不出去的原因。我面前放着一张穿黑色美利奴羊毛衫的女子的画像，我知道，假如这幅画在你身边多放几天，你也会十分赞同这幅画的技法的，而不希望用其他不同的技巧来画它。我敢肯定，这张大幅的《悲哀》、《基斯特街上的老妪》、《老翁》，以及我的一些其他画作，总有一天会找到买主的。当别人拒绝提供帮助时，你却开始帮助我，而且并不知道这种帮助将来会有什么样的结果。假如日后你能理直气壮地对那些觉得你傻的人说，你的帮助没有白白付诸东流，那我会高兴的，这也促使我更加努力地创作。

过去，画家之间的感情一般都比较和谐，而现在他们互相倾轧，他们成了社会名流，有自己的乡间别墅和过小日子的计划。我宁愿到基斯特街，或到任何灰暗、凄惨、泥泞和阴郁的小巷子

1　赫克默(Hubert Von Herkomer, 1849—1914)，英国画家。

里去，我在那里从来不感到厌烦，而在这些豪宅里我却感到厌烦，厌烦的感觉是不好受的，所以我说："那不是我待的地方，我再也不到那里去了。"

我很不理解毛弗，如果他从来没有干涉过我的事情，那就好了。

感谢上帝，我有了自己的工作，但我的工作不挣钱，为了工作反倒需要补贴钱，这便是困难所在。我觉得在我的工作中没有任何迹象表明我将会失败，我不是那种干起活来慢悠悠、磨洋工的人，我对绘画有一种强烈的爱好，我越来越被它所吸引。对于将来，我并没有什么宏伟的计划。有时我感到自己的内心深处产生了一种莫名地对无忧无虑生活、对发家致富的渴望，但每次我又愚蠢地把自己拉回到烦恼和忧虑之中，拉回到充满艰辛的生活中，自己想，最好就这样吧。从这种生活中我能学到更多，进步更大，这毕竟不是一条让人毁灭的道路。此刻我仅希望这种烦恼和忧虑不要超出我的承受能力，我相信我将来一定能够挣到足够的钱来养活我自己，我追求的不是那种奢华的生活，而是依靠辛勤的汗水自食其力的生活。

这两周来我一直感到很虚弱，有好几个晚上我都无法入睡，一直发烧，而且感到精神紧张，但我强迫自己继续工作，因为现在不是我病倒的时候。克里斯蒂和她母亲搬到一间较小的房子里去住，因为待克里斯蒂从莱顿回来时，她将和我住在一起，不管那时我身在何处。她们住的是一座带有庭院的小房子，我希望这星期能画一张这座小房子的素描。

在三月份时，医生还不能确切说出克里斯蒂分娩的日子，但现在他说分娩时间可能在六月下旬。这次他询问了克里斯蒂很多问题，包括她过去曾和谁住在一起。从医生的话中我确切地知道，这也是我过去曾经猜到的，假如她不得不再去街头做妓女，那可能会要了她的命。今年冬天我遇到她时，正是她最需要帮助的时候，我当时对她的帮助可以说是雪中送炭。医生发现她比三月份时好些了。婴儿的衣服已经准备妥当——当然是最简单的。

我并非生活在空中楼阁，而是生活在世俗的现实里，在现实中你的行为必须要坚定。如果今年我能够每月收到一百五十法郎，那么我就有勇气继续干下去。如果我确实知道你将中止对我的资助，那将是一件悲惨的事情。这会给你或者其他人带来什么满足吗？而我将会失去勇气，这也将会使克里斯蒂的生活更加艰难。

非常感谢你的来信及寄来的东西，我很高兴你能坦率地告诉我你对西恩的看法：即她是在玩弄阴谋诡计，而我则听任自己受她欺骗。我能理解你为什么会有这样的想法，因为这种事情时常发生。你说克里斯蒂和我之间所发生的一切并不等于说我就一定要娶她。事实上我们是这样想的：我们俩都渴望家庭生活，在每天的工作中我们都需要彼此，而且我们现在也是每天都在一起。如果我们不结婚，人们在背后一定会说三道四，会说我们是非法同居，而如果我们真的结婚了，我们会十分贫穷，而且得放弃所有讲究社会门第的伪装，然而，我们的行为是光明正大的。

关于西恩，我确实钟情于她，而她对我也一样。我对她的感情不像去年我对凯那样热烈，但是对西恩的这种爱却是我目前唯一所能付出的爱。我和她是两个不幸的人，我们相依为命，共同承担生活的重担，这样，生活中的不幸变成了愉快，而那些无法承受的事也变得可以忍受了。她母亲是一个矮小的老妇人，很像弗雷尔画的那种妇人，她的精力非常充沛，多年来撑持着一个有八个孩子的家庭，她不想依赖任何人，她靠给别人打杂来维持生计。

现在你明白，我也不会很在意结婚这种形式，如果父母也不在意的话，只要我对她保持忠诚就行，但我敢肯定，父亲很看重这一点。虽然他不同意我娶西恩，但在他看来我和西恩住在一起却又不结婚那就更糟糕，他们会说："你的婚姻门不当户不对。另外，你实在太穷了。"我对此的回答是：如果我想过奢侈的生活，这种婚姻的结果将是很糟糕的，但因为我的生活方式很简单，所以这种婚姻是可行的，而且两人生活在一起，开销要比一个人独自生活小些。

父亲的劝告是再等一等。我已经是一个三十岁的人了，额头和脸上已有皱纹，看上去好像有四十岁，我的手粗糙，布满了皱纹，但父亲总是透过他的有色眼镜来看我，仍把我看成是一个小孩。就在一年半前，他写信给我说："你还是个年少的青年。"

好了，弟弟，我希望所有这些"戏剧性"的场面都不会发生，但愿那些聪明过头的人不要为了阻止我和西恩共同生活而横加干涉。无论如何，假如在我对克里斯蒂的态度中有什么地方值得称道的话，功劳更应该归于你而不是我，因为我无论过去还是现在，都只不过是一个工具而已，离开你的帮助，我一切都无能为力。

西恩和我已经一连几天从早到晚都在海边的沙丘上搭帐篷生活，就像真正的波希米亚人那样。我们自带面包，一小包咖啡，从斯海弗宁恩一家小店的女主人那儿要来一点热水，那个女人和她的小店好极了，难以用语言来形容。我清晨五点钟就来到这里，这时清洁工们到这个小店来喝咖啡，这可真是个能入画的场面！太能入画了！让所有这些人来为你摆姿势要花费不少钱，但我很想这么做。

假如你的衣柜里有你已经不穿、但又适合我穿的旧衣服，譬如一件外衣或一条裤子等，我会十分高兴的。因为我买东西时，总是尽量选那些适合我在沙丘或画室中工作的衣服，我出门上街穿的衣服都已经很破旧了。虽然我外出画画时身穿普通的衣服并不感到羞耻，但我实在羞于在交际场合穿一身破旧寒碜的绅士衣服。但是我的工作服却一点也不显邋遢，这完全得益于西恩帮我收拾这些衣服，必要时她会做一些小小的缝补工作。

我很想知道西恩会给你留下什么样的印象，她没有什么特别之处，只不过是人群中的一位普通女子，然而，我认为她有着高尚的情操。尽管我们的生活中存在着阴暗面，但不管是谁，只要他爱上一个普通女子而又被她所爱，那他就是一个最幸福的人了。

假如当初我没有遇见西恩，我可能已变得冷漠和多疑，但西恩以及我的工作使我充满活力。还有一点我必须要补充：因为西恩能够忍受一个画家生活中所有全部的困难和烦恼，而且很乐意为我摆姿势，我觉得我和她结合会比当初我和凯结婚更能帮助我成为一个好画家。

现在，海尔达尔已经看过《悲哀》这幅画了，但我希望有一个画家，比如说亨利·皮尔[1]，能看看我最近画的这三张画。我想知道这些画是否给他留下了什么印象，他是否觉得它们画得不错。

关于使用木匠铅笔来作画的问题，我是这样想的，过去的那些大师们，他们用什么材料来作画？肯定不是法贝尔[2]牌的1B、2B或3B型铅笔，而是一种粗制的石墨，也许米开朗琪罗[3]和丢勒

---

1 亨利·皮尔（Charles Henri Pille，1844—1897），法国画家，曾为塞万提斯和雨果等著名作家创作了不少插图作品。

2 法贝尔（Faber），德国著名的铅笔及其他文化美术用品生产商。

3 米开朗琪罗（Michelangelo Buonarroti，1475—1564），意大利文艺复兴时期伟大的绘画家、雕塑家、建筑师和诗人，文艺复兴时期雕塑艺术最高峰的代表，与拉斐尔和达·芬奇并称为美术三杰。

用的画笔多少有点像木匠铅笔。我只知道，用一支木匠铅笔，你得到的效果与那种细小而昂贵的法贝尔牌铅笔所得到的效果是不同的。我宁愿用未经加工的石墨，而不喜欢用那种加工得很精细的画笔，在画上泼一点儿牛奶，石墨的光泽就会消失。在室外用炭精笔作画时，强烈的光线刺眼，使画家看不清楚他正在画的东西，当他看清楚时，往往已经画得过黑了。但石墨更接近灰色，而不是黑色，过后你总可以随时再用钢笔来给画加重色调，结果是，画面上原来哪怕是石墨最显强烈效果的地方，与后来添上的墨水的效果比起来，也还是显得淡些。

用炭笔作画很好，但当你使用炭笔连续不断地画的时候，它会失去其新鲜的色泽，为了留住其脆弱的新鲜度，你必须要立刻将画面的色彩固定住。在风景画中也是一样的，譬如勒伊斯达尔、范霍延[1]、鲁洛夫斯等现代画家，也常常使用炭笔作画。不过假如有人发明一种适合于室外作画的好钢笔，配以墨水台，也许世界上就可能会产生更多的钢笔画了。

近来我常常想念你，也常常想起很久以前在海牙，有一次你来看我，我们一起沿着雷斯维克路散步，在那里的磨坊喝牛奶。这一记忆也许对我多少产生了一些影响，因此你看到在我画的这几张画中，我尽可能将事物原汁原味地描绘出来，与它们当初呈现在我眼前的情况一模一样。

回顾在磨坊的那段时光，对我来说那是多么令人惬意的一段时光啊！但对我来说，要把当时我所看见的和所感觉到的东西在画纸上描绘出来，却是不可能的，所以我说，时间的流逝所带来

1　范霍延（Jan van Goyen，1596—1656），荷兰油画家和铜版画家，17世纪早期尼德兰最有才华的风景画家之一。

的变化并不能改变我内心深处的感情！我觉得这种感情只不过是发展成了另一种形式而已。我此刻的生活并不像那时的生活那样充满阳光，但我不会走回头路，因为正是通过这些困扰和逆境，我看见了某种美好的东西出现，这就是：让这种感情得到表达。

三个星期以来，我一直失眠、发低烧、膀胱发炎，所以我必须安静地躺在医院的病床上。

西恩在医院的探视日来看我，她还照看我的画室，她正在收拾东西准备动身去莱顿，因为我觉得她还是尽早住进医院里比较好。由于我的缘故，她想待在这里，但我不同意，我常常想念她——我希望她能安然渡过难关。

我一直在竭尽全力与疾病拼搏，而且一直在坚持工作，但最后我才感到必须立刻去看医生。我必须要预付两个星期的住院费，总共是10个半法郎，一个病房住有10个病人，我必须告诉你，这里各方面的治疗都是相当好的，我一点儿也不觉得厌烦，这里全面的对症下药的治疗使我恢复很快。

父亲在我住院最初的几天中曾来看过我，那不过是一次短暂而匆忙的探视，我无法和他认真严肃地谈一谈，我倒宁愿他在另一个时候来看我。整个事情十分奇怪，这多少像是一个梦，怎么此刻我忽然间就躺在了病床上了呢？近来很少有什么事情像收到家信这样给我带来这么大的愉快，家信使我宽心，不再担心亲人们对我的感情。

但在来这里之前，我的感觉要比现在糟得多。今天早晨医生又一次告诉我，说我很快就会好转的。

我来的前一天收到科尔叔叔的一封信，在信中他谈了许多他对我的所谓的"关心"，他还说特斯蒂格先生也对我表示了类似的关心，但科尔叔叔不赞成我对特斯蒂格先生的关心不领情。提奥，虽然此刻我十分平静地躺在病床上，但我可以告诉你，假如某个人来看我，对我表示类似特斯蒂格先生在某些场合对我所表示的那种假惺惺的关心的话，我肯定会大发脾气的。

我带了几本关于透视法的书来，还有几卷狄更斯的作品，其中包括他的《艾德温·德鲁德之谜》。其实在狄更斯的作品中也有透视法，天哪，他是一位多么出色的艺术大师！我希望这次卧床休息将对自己的绘画产生一些好的影响，因为有时当你相隔一段时间不去做某件事情的时候，你对这件事情就会产生一些新的想法，因为当你重新去观察它们时，它们看上去会变得新鲜，与以前不同。

从病房的窗户向外看，是一片极美的景色：运河的船坞边，停泊着满载马铃薯的船；后边是工人们正在拆除的房屋，以及一个花园的一角；再远一些是码头，码头边上有一排排树木和街灯，一个错落有致的庭院以及与它相连的几个花园；最后是一排排屋顶。这一切构成了一幅鸟瞰图，尤其是在夕阳和晨曦的薄雾中，更透出神秘的气氛，像是勒伊斯达尔或范德米尔的画。我或许还不打算画它，但尽管我被困在病榻上，每天黄昏我还是忍不住起来观赏这幅美景。

卧床休息对我的健康很有好处，使我平静了许多，也驱散了近来一直困扰我的神经紧张顽疾，在这里的病房里，比在三等候车室里还要有趣。

告诉你，我特别渴望能看见一些绿色，呼吸一些新鲜空气。我待在这儿已有两个多星期了，我必须得预付下两个星期的住院费。虽然如果一切顺利的话，我也许再有八到十天时间就可以出院了，但我恢复的速度没有像医生所预料的那样快。今天早上我问他，是否有什么并发症使我的病情加重了，他说没有，但休息和住院是必要的。

我可以读书，但我手头已经没有什么书可读了，对我来说，无所事事，眼看着大好时光白白流逝，总有一种很怪诞的感觉。

西恩已经到了莱顿，我想，当初她不得不离开我时，我神经太紧张了，以至于旧病复发，但一个人总有失控不能保持平静的时候。她在那里很孤单，我很想去看望她，在那里她的日子一定很难熬。与妇女分娩时所经受的那种巨大痛苦相比，我们男人的痛苦又算得了什么呢？在忍受痛苦方面，她们是我们的老师。直到她走的那天为止，她都一直按时来看望和照料我，给我带来一些熏牛肉、糖或面包等。我现在已经没有这些好东西吃了，这使我感到头晕眼花，同时我也感到很难过，因为我不能亲自到莱顿去，给她捎带点儿她可能需要的好东西去。在莱顿，人们得到的食物并不太好。

住院以来，除了西恩、西恩母亲和我们的父亲以外，我还没有见到过其他任何人，这真是再好不过了，可是忽然有一天，来了一位不速之客——特斯蒂格，这在某种程度上使我感到非常高兴，虽然我们并没有谈到任何特别的事情。我常常情不自禁地想，与今年冬天我第一次去看望毛弗时相比，现在我的境况是多么的令人郁闷！每每想到此，我总感到很压抑，虽然我一直努力压着自己不去想，只当它是一块无用的压舱物将它抛出船外，但心里总像是被别人刺了一刀似的难受。

这么多天以来我第一次重新坐了起来，要是此刻我身体健康那该有多好！要是可能，我是多么愿意在病房里画一些习作啊！病房里有一位老年男子，其相貌酷似圣热罗尼莫[1]：身材修长，肌肉发达，皮肤黝黑，布满皱纹，关节突出，我为自己不能拥有像他那样的一位模特儿而感到遗憾。至于治疗我的那位医生，他正是我所希望的那种类型：头形有点儿像伦勃朗笔下的那种头——突出的前额和极富同情心的表情。我希望向这位医生学习，使我将来可以像他对待他的病人那样来对待我的模特儿，这位医生在消除病人的顾虑以及按照自己的意愿来安排他的病人方面，做得非常出色。我相信，这个病房里的医生和那些收费昂贵的病房里的医生相比，稍微显得有点儿粗鲁，不那么文雅，或许在这种病房里的医生并不那么在意偶尔伤害一下病人的感情，噢，我想这样可能更好。

此刻我刚刚回到我的画室里。我无法向你形容重新恢复了健康是多么令人高兴，我也无法形容从医院回家的路上，一切对我来说是多么美好：阳光更加明媚，天地更加广阔，每一件物体和人影也更显其重要性。然而康复给我带来的最大鼓舞却是使我对绘画的热爱又复活了，同时复活的还有我对周围事物的感觉，这种感觉似乎已经熄灭了很长一段时间了，以至于在我的心中留下了一块空缺。还有，我已经将近一个月没有吸烟斗了，它像是一位我重新找回来的老朋友。我无法用语言告诉你，在摆满了便壶的病房中度过一些时日后，重新回到自己的画室里，是多么的幸福。当然，医院也美，而且可以说非常美，尤其是那座花园，处于康复期的病人们——男人、女人和儿童——常常在里边散步。

1　圣热罗尼莫（Saint Jerome，347—420），著名的教会圣师，圣经学权威。其最伟大的成就就是把希伯来文的《圣经》翻译成"拉丁通行本"《圣经》。其形象后来成为众多画家最喜欢描绘的主题之一。

但还有一件麻烦事，因为下星期二我得去医院，告诉医生我感觉如何。他警告过我，说我也许还得再多住两个星期医院。唉，这是人生的一点小小的苦难。不管怎么说，如果我不用再次回去住院，那可真是一种幸运。

我已经去过莱顿了，我和西恩的母亲、妹妹一块儿去的。你可以想象，我们不知道等待我们的将是什么消息，因此多么担心，你也能想象，当我们听到"她是昨天夜里生的……但不要和她谈得太久"时，我们是多么高兴。我永远不会忘记医生的那句"你可以和她说话了"，这句话本来可能是"你永远也不可能再对她说话了"。我看见西恩时真是太高兴了，她的病床临窗，从那儿可以俯瞰下面充满阳光和绿色的花园。她看见我们特别高兴，立刻完全醒过来了。我们正好在她分娩后12小时来到了她的身边，难道这不是很幸运的事情吗？医院每周只有一个小时允许家属探视。婴儿是个男孩，很逗人爱，他躺在摇篮里，小脸蛋露出精于世故的神态。

西恩为生孩子吃了不少苦头，当时她的情况十分危急，那些医生多么聪明啊！尽管如此，当她看见我们时却忘记了这一切，她甚至还对我说，我们应该尽快重新开始画画。我一点儿也不在乎她说的这些话是否能很快实现。生活中常有这样的时刻，苦难会极其不公平地落在人们头上，在这种时刻我宁愿自己多遭受一些磨难，而不愿意健康无恙地在一旁站着。不管怎样，让这些不幸统统见鬼去吧！此刻我还是感到十分欣慰的。不过忧郁的阴影还在步步紧逼，当丢勒大师在他那幅美丽的蚀刻画中将死神置于一对年轻夫妇的身后时，他对此知道得再清楚不过了。

啊，提奥，假如没有你的帮助，西恩恐怕已经不在人世了，多年来那种动荡和忧虑的生活早已压垮了她的身体。现在，她无须再过那种生活了，一切都会好起来的，当她摆脱了过去的一切痛苦之后，她的生活将开始崭新的一页。虽然她已不可能唤回她生命的春天，因为她的过去本来就是荒芜一片，而且也一去不复返了，但她复活的青春将更加充满活力。你知道，经历了仲夏盛暑之后的树枝是如何长出嫩绿的新芽——一层层新绿覆盖在经受过风雨吹打的老枝上面。

西恩分娩两星期后必须出院，这迫使我考虑得另租一间新房，好让她在经历了这么大的痛苦之后能够找到一个温馨的小巢。因此我和房东商定：第一，他立刻帮我搬家，他负责在木工厂里找几个帮手为我搬一个下午的家具，因为有些家具太重，我自己搬不动；第二，在我自己或西恩最终决定是否在这里长住下去之前，我先不付房租——因为她有可能在我办妥这一切之前就出院了，这样我需要听听她的意见。

假如当初是由我来设计这间房子，尤其是如果我把它设计成一间画室的话，我不可能把它弄得像现在这么好。这条街上的所有房子从外表上看都一样，但实际上在室内布置方面没有一间房子和我这间一样。

近日我感觉身体比以前好多了，所以我希望能很快康复，我的手指已经痒痒了，想要重新开始画画。

我现在做事的风格与去年不同，我不太想事先征求父母的意见了。请你注意，提奥，父亲和母亲不是那种能理解我的人——他们既不理解我犯的错误，也不理解我的优点，他们无法体会我的感情。我的请求是这样：我希望下个月自己能省出10或15个盾，然后恳请父亲再来看我一次，费用由我出，和我一起住上几天。我希望父亲对我的未来能有一个新鲜、明晰的印象，希望他因此而受到鼓舞，同时，我希望他能领会和深信我对他的感情。你看，提奥，我真不知道除此之外还有什么更简捷、更诚实的方法，能够迅速有效地恢复父亲和我之间的相互理解。

我想让父亲看看西恩和她的小宝贝，这是父亲所不情愿的，还要让他看看我们整洁的房间，还有摆满我正在画的习作的画室。我想简要地告诉他，今年冬天西恩和我是怎样克服困难度过她那段艰难的妊娠期的；告诉他你是如何真诚地帮助我们的；告诉他西恩对我来说是多么宝贵，首先是因为生活环境促成了我们之间的爱情，其次是因为她心地善良，通情达理，竭尽全力帮助我从事绘画。因此我和她都衷心希望父亲能同意我接受她为妻子。

我不能不用"接受她"这几个字眼，因为举办婚礼并不是可以使她成为我妻子的仪式。我们的结合是建立在互相爱慕和互相帮助的坚实的基础之上的。我已经告诉过你我想正式娶西恩为妻，而且越快越好。关于结婚这件事，你说不要娶她，因为你觉得西恩是在玩弄我。我不想直截了当地反驳你，因为我过去相信，现在仍然相信，总有一天，你会喜欢西恩的。我只能告诉你：我和她之间已经许下结婚的诺言，我不希望你仅仅把她看作是我的一个情妇，或者是与男人私通，不考虑后果的那种女人。这种婚姻的诺言有两重含义：首先，这是一种对世俗婚姻的承诺；其次，这同时也是一种双方同舟共济、互相帮助的承诺。对于建立一个家庭来说，世俗婚姻可能是头等重要的，但对我和她来说，世俗婚姻则是其次的。

和西恩在一起，使我有一种放松自在的感觉，感到她使我有了自己的家，感到我们的生命紧紧相连。这是一种发自肺腑的深

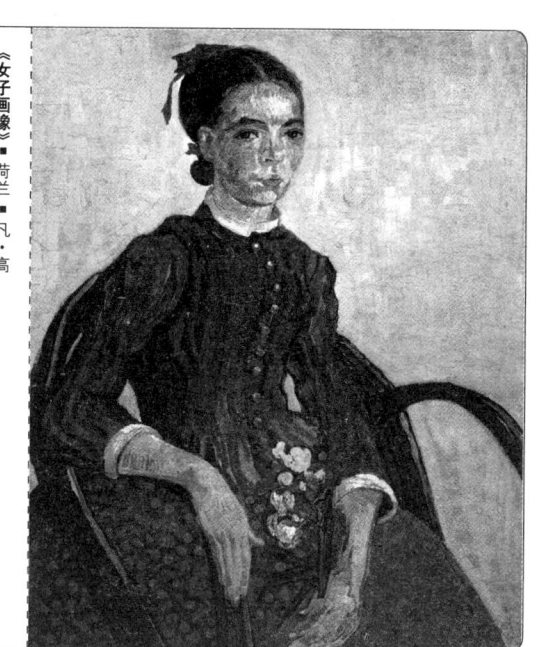

《女子画像》 ■ 荷兰 ■ 凡·高

沉的感情，这种感情是严肃的，然而，它又始终摆脱不了笼罩在西恩和我头上的过去那种暗淡生活的阴影，好像某个魔鬼始终在威胁着我们，我们必须要毕生与之抗争。与此同时，想到西恩的未来，我感到很平静，心中充满光明和快乐，至于我自己，我看到的是一条笔直的康庄大道。

把我去年经历的那次爱情看作是一种幻觉，就像父亲和母亲所认为的那样，实在是太困难太困难了，唉，这是不可能的。我对他们说："或许这永远不会再发生了，但它一定曾经发生过。"幻觉，它绝对不是，至于观点，我们倒确实有分歧。但愿我能弄清楚当时凯为什么会那样对待我，明白我们的父母和她的父母为什么会那样坚决、那样邪恶地反对这件事。他们的反对与其说是通过语言，倒不如说是通过他们那种完全缺乏同情心的冷冰冰的态度来表现出来的。其结果是，那次经历给我留下了一道深深的伤痕。伤口虽已愈合，但永远使人觉得一触就痛。

那么，今年冬天我是否会立刻体验到一种全新的"爱情"呢？肯定不会，但是深藏于我内心的人类感情并未完全熄灭或死亡，我自己的悲伤唤起了一种对他人的同情，难道这错了吗？最初西恩对我来说只不过是一个同伴，这个同伴就像我一样孤独和不幸，然而，因为我并没有对生活完全丧失信心，所以我能够给她一些实际的帮助。这同时对我来说也是一种激励，使我不至于陷入沉沦之中。

但是渐渐地，我们的感情变成了互相需要，我们忍受不了互相分离——接着便产生了爱情。西恩和我之间的感情是真实的，它不是梦，而是活生生的现实。你来看我们时将会发现，我没有气馁，没有消沉，你将置身于一种感染吸引你的氛围中——一间新画室，一个生气勃勃的新家，画室里没有一丝一毫的神秘色彩，而是充满着生活的气息。这里有摇篮，有婴儿用的高脚椅，这里没有滞闷的空气，这里的一切都激发你的活力，所有这些花费了你不少钱。即使到了现在，我仍然离不开你的帮助，但是你的钱是不会白花的，它将帮助我创作出越来越多的画。

你不要想象我自认为是完美无瑕的，或者想象当别人把我看作是一个难以相处的人时，我认为自己一点儿错都没有。我常处于一种极端忧郁、烦躁的情绪之中，我渴望得到同情，而当自己得不到同情时，便对周围的事情冷淡，说话也很刻薄，我甚至常常干那种火上浇油的事情。我不愿与人为伍，和别人在一起，和他们交谈，对我来说常常是一件痛苦而又困难的事情，但是你知道原因吗？假如不是全部，至少是大部分的原因吗？这不过是神经紧张而引起的。我这样一个身心两方面都十分敏感的人，在过去那段艰难的岁月里，身体垮了，因而变得神经过敏。随便问哪个医生，他立刻会明白，在寒冷的街上度过的那些夜晚，渴望得到面包，还有失业给精神上带来的持久压力，朋友和家人的疏远，这些至少是引起我脾气古怪的主要原因，我那些令人讨厌的情绪和不时出现的抑郁感也肯定与此有关，但我也有好的一面，难道人们不能多从好的方面来看我吗？

这是我回医院去的前一天夜晚，夜已经深了，此刻我的画室里一片寂静，但外面却是狂风暴雨，这更显出室内的宁静。提奥，在这寂静的时刻，我多么希望你能和我在一起啊！我多想让你看看我最近的作品！

提奥，这些天来我是多么想念你，可以说几乎是每时每刻都在想念你。首先，我的一切，我现在真实拥有的一切，都属于你，甚至我的精力和对生活的热爱也属于你，因为正是由于有了你的帮助，我才能够继续前进，我感到自己身上的那种渴求工作的能量正在日益积聚，但我之所以如此想念你，还有另外一个原因。就在不久之前，我还在饱尝着如何回到一间小屋里，但那却不是你的家的孤独的感觉，没有妻子，没有孩子。我不知道你是否经历过类似的感觉，那种感觉迫使人在孤独的时候发出呻吟或叹息：上帝啊，我的妻子在哪儿？上帝啊，我的孩子在哪儿？人孤独地生活值得吗？

在这里也许真的没有上帝，但在不远处一定会有上帝存在的。在这样的时刻，一个人是会感觉到上帝的存在的，这样的话就等于说（我乐于做这种真诚的信仰表白）：我信仰上帝，在正常的情况下，人不应该孤独地生活，而应该与他的妻子和孩子生活在一起，这是上帝的意愿。

我希望你能理解我所做的一切，把这一切都看作是天经地义的事情。兄弟，你只需把西恩看作是一位母亲和一个普通的家庭主妇，而不是别的什么，因为那正是她真正的角色。我觉得正因为她知道"事情的反面"，所以她才对自己的地位理解得如此深刻。

我相信你，而且我也知道，尽管我有时有些神经紧张，但在我们两人的性格当中依然有着共同的因子——从容淡定，所以我们两人之中没有谁是过得不愉快的。那种从容淡定的因子源自我们对自己事业真诚的爱，艺术在我们心中占据着重要的地位，它使生活充满乐趣。

啊，提奥，如果你来到这样一个朝气蓬勃充满活力的家，并且知道你就是它的缔造者，你一定会觉得心满意足的。你知道，我的生活并不总是幸福的，而现在，依靠你的帮助，我又焕发了青春，真正的自我得到发展。我只希望你心中记着这些巨大的变化，即使别人仍然觉得你帮助我是在做一件蠢事，我希望你能从我现在的画作中看到下一批画的萌芽。

你在信中描述巴黎夜景的那段话深深地感动了我，因为它使我回忆起了我所看见的"灰色的巴黎"。我在住院期间，偶然读到一个艺术家的著作，给我留下了深刻的印象，他用天才的笔触描绘出了那样一种效果。这位艺术家就是爱弥尔·左拉，在他的《爱的一页》中，我发现作者用十分高明的技法勾勒出了这座城市的某些美景。这本小书诱发我去读左拉的所有作品，而至今，我对左拉还只知道他的一些短篇，他是一位高明的艺术家。

兄弟，在你身上具有某种独特的艺术感知能力，你要培植它，使它生根发芽，茁壮成长，不要将它免费拱手奉送给每一个人，而是要把它珍藏留给自己使用。还有，在你那段短短的描述中，有一种我能明显感知的"色彩"，虽然你没有将你的印象一气呵成地描述下来，使它具有一种更强有力的形式，让每一个人都能感知它。创造的真正难点和痛苦始于你停笔的地方，但你具有强大的创造潜能。你知道用语言来描绘也是一种艺术吗？有时它可以揭示出沉睡潜藏的力量，正如在石南丛荒地上冒出的一缕青烟预示着一场大火一样。

西恩回家了，现在她就在施恩韦格这里，到目前为止，她和婴儿一切都好，她可以喂奶，婴儿也很安静。我本来担心她可能要吃昂贵的食品，但医生开出的食谱再便宜不过了，所以我真的认为我们每个月有一百五十法郎就能过得去了。

幸运的是，这里气候温暖，天气晴朗。这次西恩回家真令人

《左拉肖像》 ■ 法国 ■ 马奈

愉快，她对每件事情都兴致勃勃，但使她特别高兴的是又见到了她的小妹妹。我特地为她妹妹买了一双新靴子，她穿上显得特别漂亮。

我恨不得你今天就能见到西恩！我向你保证，今冬以来她的外表有了很大的变化，这个变化是全方位的，这主要得归功于为她治疗的医生。另一个重要因素是由于我和西恩两人之间强烈的爱情对她所产生的正面影响。当一个女人在恋爱或者被爱时，她会发生变化，而当没有人关心她时，她会萎靡不振，黯然失色，爱情使她焕发青春，她个人的发展也取决于爱情。自然的天性，必须得到畅通无阻的发展，一定要顺其自然，一个女人所需要的是与一个男人在一起，永不分离。世间的事情并不总是这样，但如果不能如此，那就违背了常理。因此现在西恩的脸上是另一种表情，她的眼神看上去和以前不同，目光温柔而平静，脸上洋溢着幸福和恬静，疾病的折磨使她更显妩媚。她比过去更有精神，更敏感，可以看出，受苦和艰难的日子磨炼了她，使她更加成熟和美丽。

从医生和护士长对她的特别照料中你可以看出，她是那种得到正派人士同情的人，他们对她如此细心的照顾，真是十分难得。我希望你对和她见面一事不要有什么顾虑。

现在，这里有一种"家"的气氛，一种"拥有自己的热炕"的感觉，我能够理解米什莱的名言"妻子是神圣的"。

谈到艺术，我有时候有一种非常强烈的渴望，渴望重拾画笔。现在我的画室比以前的画室要宽敞和明亮。我想，由于西恩和我住在一起，不再像以前那样需要两间单独的屋子，我将有可能从现在每月的一百五十法郎中匀出比以前多一些的钱来购买绘画材料。这同时还要取决于我的身体状况，一旦我的病情稳定下来没有复发的危险，使我能够外出坐在露天里作画，我就打算重新开始工作，而且要加倍努力。待西恩康复之后，她也将开始认真地为我摆姿势，我向你保证，届时她的形象肯定是能上画的，待她重新适合做裸体模特之后，我将多花一些时间画裸体画，因为一个画家可以从中学到许多东西。即便暂时我还不适宜在户外写生，晚上在家里我也能够找到足够的题材来作画，我是肯定不会游手好闲的。

最近我作的两幅画都是水彩画，因为我想在这方面一试身手。前一阵我之所以一度放弃作油画和水彩画，那是因为毛弗抛弃我这件事伤透了我的心，以至于我连毛笔都不敢碰。因为它使我神经紧张。现在我觉得我必须要把更多的精力放回到真正的画作上来，但是我现在还只是尝试性地在画纸上一点点地添上色彩。等我掌握了初步的技巧以后，我将尝试在哈丁纸上作一幅完整的水彩画，因为这种纸在正式上水彩之前，你可以先打一层较厚的黑白底色，而不会影响后来再涂抹上去的水彩的原有特性，在这方面其性能要优于瓦特曼纸。

几天前，我参观了梅斯达赫和波斯特的法国艺术藏品展[1]，其中有许多精美的作品。我特别欣赏的是卢梭的一张大幅画，描绘的是阿尔卑斯山坡上的一群奶牛，以及库尔贝[2]的一张风景画。杜佩

1　该展览展出了荷兰画家梅斯达赫（Hendrik Willem Mesdag，1831—1915）和海牙银行家兼艺术品收藏家波斯特（Franciscus Hermanus Marinus Post，1829—1894）的私人收藏品。

2　库尔贝（Gustave Courbet，1819—1877），法国画家，19世纪中期现实主义绘画的创始人之一。巴黎公社成立后，积极参加革命活动被选为公社委员。

雷的画也极美，还有多比尼[1]的一幅画（对这幅画我感到还没有看够），画面上只见巨大的茅草屋顶，衬托着缓缓的山坡。还有柯罗的一张小画，画的是夏天清晨四点钟左右的一个池塘和林边美景，画面上只见一小片粉红色的云朵，表明太阳即将升起，一切是那样静谧、安宁、平和，使人陶醉。我很高兴看到了所有这些画。

我并不想保持我的社会地位，也不企图过得舒适些。西恩所需要的只不过是购买一些生活必需品而已，这无须依靠从外部获得更多的钱来解决，而主要依靠我们自己的精打细算。节俭对我们来说不成其为困难，而是一种乐趣，因为我们互相相爱。大病初愈的感觉使西恩激动，正如渴望重新创作，渴望全身心投入绘画使我感到激动一样。

和这个女人一起生活使我受到鼓舞，我说：你的钱将使我成为一个好画家。西恩变成了一位年轻的母亲，十分迷人，就像是佩林[2]的一幅蚀刻画、素描或油画。我渴望能很快再次为她画素描，我渴望她和我尽快康复，渴望安静与平和。

我特别盼望你来看我，因为我十分需要同情和爱。我很想再和你一起去散步，尽管雷斯维克磨坊已不在那里了。

提奥，对我来说，虽然那个磨坊已不复存在，虽然我美好的青春年华已经一去不复返，但我在自己的内心深处却找回了一种久违的感觉，即生活中还是有美好的东西的，我们应该为此而努力，应该严肃认真地对待生活。与过去缺乏经验时相比，现在这种思想也许，更确切地说是肯定，在我心中更牢固地扎下了根。

---

1 多比尼（Charles—Francois Daubigny，1817—1878），法国巴比松派的风景画家，被认为是印象派的重要先驱之一。

2 佩林（Francois Nicolas Auguste Feyen—Perrin，1826—1888），法国画家。

对我来说，现在的问题是如何将生活中富有诗意的东西在我的绘画中呈现出来。

我对自己说，我这次的病，或者说尚未痊愈的病，就看作是已经彻底治好了。艺术女神是嫉妒的，她不希望我们选择疾病而冷落她，所以我就按照她的意愿去做。我失去的时间已经够多了，我的双手已经变得又白又嫩。可以说像我这样的人是不允许生病的，所以我又开始从早到晚正常地外出作画了。我不想听到别人对我说："噢，那些画是旧的。"

因为我现在对艺术，以及由艺术作为其精髓的生活本身，具有一种深沉和丰富的感情，所以那些试图制约我发展的人们所说的话，听起来既刺耳又虚伪。我所要求和追求的东西是很难得到的，然而，我并不认为我的目标定得太高。

我想创作出一些能够感动人的作品，《悲哀》是一个初步的尝试。也许像《米德乌尔特林荫道》、《雷斯维克草地》和《晾鱼仓》这样一些小幅的景物画也算是一种不起眼的开端吧。在这些画中，至少有一些直接源自我内心的东西。

不管是通过人体画还是通过风景画，我想要表达的都不是那种无病呻吟、故作多情的忧郁，而是一种真正的悲哀。简言之，我想要达到这样一种境界，人们看了我的作品以后会说：他真的体会得很深、很细腻——尽管人们指责我的画中有某种所谓的粗俗，或许正是因为这种粗俗才感动人们。

这样说似乎是有点儿自命不凡，但这正是鞭策我全力以赴、奋发向上的动力，我在大多数人的眼中是一个什么人？一个毫无价值的人，一个古怪而令人讨厌的人，一个现在没有而且将来也永远不会有社会地位的人。妙极了，即便这是真的，我也愿意用我的画来表达这样一个古怪、微不足道的小人物的内心世界和情感。

这就是我的抱负，它更多的是建立在爱而不是建立在愤怒的基础之上，是建立在淡泊宁静而不是激情狂暴之上。的确，我常常处于极度的痛苦之中，但我的内心深处仍然保留着一种宁静，一种和谐，一种美妙。在那最破烂的棚屋里，在那最肮脏的角落里，我看到了素描和油画，我的心智被一种不可抗拒的力量引向这些东西。真的，有时我会开怀大笑，因为人们指责我行为荒唐，怀疑我有邪恶之心，对此我丝毫感觉不到自己有什么罪——我，只不过是大自然的朋友，是学习与工作的朋友，尤其是人的朋友。

我在许多当代绘画作品中发现了古典大师们的作品中所不具备的一种特殊的魅力。说到古典大师和当代画家之间的不同，我的意思是，也许当代的画家们是更深刻的思想家。看看密莱斯的《寒冷的十月》、勒伊斯达尔的《欧沃维恩的漂白作坊》、霍尔的《爱尔兰移民》，以及伦勃朗的《宣讲圣经》等，你会发现它们之间所表达的审美趣味有着巨大的差异。伦勃朗和勒伊斯达尔的作品对我们以及他们的同代人来说，具有一种宏大的崇高美。然而，当代画家的作品中却有某种新东西，对我们来说更具个性化和亲和力。

最近我读了《娜娜》。我要对你说，左拉真是第二个巴尔扎克。巴尔扎克是描绘1815至1848年间的社会的第一人。左拉从巴尔扎克停笔的地方开始，一直续写到色当战役[1]，或更确切地说，

---

1 色当战役，发生于1870年9月1日普法战争时期。战斗的结果是普军俘虏了法皇拿破仑三世及其麾下的军队，虽然普军仍需要与新成立的法国政府作战，但此战实际上已经决定了在普法战争中普鲁士及其盟友的胜利。

《娜娜》 ■ 法国 ■ 马奈

一直续写到今天。我觉得这本书写得好极了。请你尽可能多读读左拉的作品，左拉的作品对读者有益，使人们更明事理。

左拉多么出色地描绘了那些市场！在整部作品中，以这些市场为背景，那个弗朗索瓦夫人显得如此镇静、高贵而富有同情心，和其他女人那种残忍的利己主义形成了鲜明的对照。我认为弗朗索瓦夫人是真正仁慈的人。对于西恩，我为她所做的和将要做的，与弗朗索瓦夫人对弗洛朗所做的是完全相同的事情。注意，这种仁慈是生命的精华所在，没有它我宁愿不活，就这么简单。

《画展落选》 ■ 法国 ■ 杜米埃

28

第 7 章
我需要多些灵魂，多些爱，多些感情

海牙　1882年10月

我觉得自己还要画大量的人体习作。一个画家画的各种人体习作越多，日后他画一幅真正的画时就越容易。总之，我把习作看成是种子，播种越多，丰收的可能性就越大。

在过去几天里，我除了完成几幅水彩画外，别的什么也没干。你也许还记得位于斯平斯特拉特街尽头处的那间莫门国家彩票交易所吧？在一个雨天的早晨，当我经过那儿时，我看到一群人站在那儿，等着买彩票。他们绝大多数是老年妇女，属于人们说不出他们在干什么和怎样生活的那种人。对于你我来说，那些对"今天的绘画"有着极大兴趣的人显得肤浅和可笑，但是那一小群人——他们等待的神情——却给我留下了深刻的印象，当我速写下这情景时，它给予了我更大、更深刻的意义。

人们在这里看到的是：穷人和金钱。这些人平时缺衣少食、穷困潦倒，却用本应用于购买食品的最后几个钱来购买彩票，他们平日里的痛苦与购买彩票时的疯狂形成鲜明对比，借此你便可知道，他们对彩票致富的幻想是认真的。所以，这样的情景常常包括了各种人物。有时候人们先得动脑筋想一想，才能够理解其全部意义。

我正在画一幅这一情景的大型水彩画，同时，我还以教堂的长凳为素材作另一幅画。这是我在基斯特街的一个小教堂里见到的，救济院的人都到那儿去做礼拜，这里的人们都富有意味地把他们称为"孤男寡女"。我想，你会喜欢这组有的穿节日盛装、有的穿普通服装的老人画像的。

刚谈到这些孤男寡女，我的模特儿来了，只得暂时搁笔。我和他一直工作到天黑。他穿着一件宽大的旧大衣，这使他的体形显得出奇的肥大。我还作了一张他坐着吸烟斗的画像。他耳聋，头秃得很厉害，长着两只大耳朵，留着白色的连鬓胡子。

我相信你会喜欢我现在正在作的画的，你马上就会注意到，正如我已经注意到的，我还需要多多练习画人物肖像，所以，我正竭尽全力工作，几乎每天都请一位模特儿来。我越来越注意到，使我的习作尽量保持模特儿的原样是多么有用和必要。画家在自己的画中重现模特儿，它们形象地提醒他想到自己的不足。这个星期，我还希望能有一位来自救济院的女模特儿，但是我非常需要钱。我得买一些瓦特曼纸和画笔。你简直想象不出有时候一个人需要多少东西！

近来大自然实在太美了，我必须要把它画在我的画里。这是真正秋天的天气，凉爽多雨，但又充满感情。画上几个站在户外的人物，背后反衬着可见天空倒影的湿漉漉的街道和马路，是多么令人惬意。

我完全赞同你的说法，即有时我们似乎听不到大自然的声音，或者有时大自然似乎不再愿意对我们说话。我也常有那样的感觉。有时候一个人毫无办法，只好等待着，让这种时刻过去，但我经常通过改变创作主题成功地摆脱那种毫无创作冲动的困境。不管怎样，我现在对肖像画越来越有兴趣。

我记得，一幅光线效果好或者有诗情画意般风景的画或素描，曾一度能给我留下更深的印象。人物画家通常只能使我产生一种冷冷的敬意，而不是热烈的共鸣，然而，我却清晰地记得杜米埃[1]画的一幅肖像画，画的是一位老人在香榭丽舍大道旁的一棵栗树下（为巴尔扎克作的一幅插图）。那幅画虽然不是他的重要作品，但我记得杜米埃的构图具有某种非常强烈的充满男子气概的东西，给我留下了非常深刻的印象。当时我想：如果能够像他那样去思考和感觉，把许多无关紧要的事物统统抛开，以便更能集中精力在能为思想提供食粮，比草地和云彩更能打动人的物体上去，肯定会取得好的效果。

同样，我总感到之所以英国画家和作家所塑造的人物具有极大的魅力，这是因为他们有着经过周末休息之后星期一早晨所具有的那种清醒，他们质朴、求实，并富有哲理。我感到他们属于这样一种强有力的东西：当我们觉得软弱无力的时候，他们会给予我们力量。在法国作家中，巴尔扎克和左拉的作品也具有同样的魅力。

你买得到便宜的杜米埃的复制画吗？最近我看到他的《一个酒徒的五个时期》，如果他有更多和这幅画画得一样美，或者是像他画的那幅老人像那样美的作品的话，那么，他比我原先想象的更为重要。我记得去年在去普林孙哈格的路上，我们曾谈到过杜，你当时说在杜米埃和加瓦尔尼[2]两人之中，你更喜欢杜米埃。现在我开始怀疑我所看到的只是他作品中的一小部分，而在我没有见到的那部分中或许还有使我更感兴趣的作品。

我刚才从我的画室窗户往外看，看到了一幅美丽的景色。整座城市的尖塔、房顶和烟囱，矗立于光亮的地平线上，显现出其

---

1 杜米埃（Honoré Daumier, 1808—1879），法国著名画家、讽刺漫画家、雕塑家和版画家。

2 加瓦尔尼（Hippolyte Sulpice Guillaume Chevalier，亦名Paul Gavarni, 1804—1866），法国油画家兼版画家，其作品着眼细密，富于情趣。

《酒徒》 ■ 荷兰 ■ 凡·高 ■ 根据杜米埃原作绘制

黑色、阴沉的轮廓。这光其实只不过是一条宽宽的光带罢了，黑色的云层悬挂其上，云层的底部显得厚实，云层的顶部为秋风所驱赶，被扯为一绺一绺的，然而，这道光带给这黑幽幽的城市轮廓抹上星星点点的金辉，不时在湿漉漉的房顶上闪烁着。

要不是我整个下午都忙于画挑泥炭的人像，全部心思都放在这上面而无暇顾及别的东西，我本应画下这景色的，或者说得确切些，我本应努力画下这美景的。

我经常想到你，你曾对我说起过在巴黎的一些艺术家的情况，他们和女人住在一起，他们不像别的艺术家那样心胸狭窄，他们也许竭力想保持青春活力。我想你的观察是很对的，这样的人到处都有。在巴黎，人们也许比在这儿更难保持家庭生活中的某种新鲜感，因为在那儿生活更像是逆水行舟，不进则退。在巴黎不知有多少人已经绝望了——冷静地、理智地、合乎逻辑地、恰当地绝望了！

我相信一个人总有一天会成功的，即使他到处受挫，也不应当绝望，即使有时候他会感到精疲力竭，而且事物的发展往往又出乎意料，这时，他也必须重新鼓起勇气，振作精神。伟大的事业并非一蹴而就的，而是由许多平凡的小事积蓄而成的，伟大的事业不是靠侥幸取得的，而必须有坚强的意志才能成就。什么是绘画？一个人怎样才能学会画画？画画就是要设法穿过一堵看不见的铁墙，这堵铁墙应该是矗立在一个人能感觉到的和他所能表达的事物之间。

我们俩都有一个共同的爱好，那就是喜欢寻找隐藏于幕后的东西，换一句话来说，我们都喜欢分析事物。我相信这正是一个学习绘画的人所需要的气质——在绘画时他必须要运用分析能力。在某种程度上也许是大自然赠予了我们这一礼物。也许我们应该感谢在布拉班特度过的童年，感谢那教会我们思索的非同一般的生活环境，但是我们的艺术感受力则是在后来的工作实践中才获得发展和变得成熟的。

明天我将要和一位模特儿工作几个小时，这是一位扛铲子的男孩。他以挑灰浆、砖瓦等为职业，是一个非常奇怪的人物——扁鼻子，厚嘴唇，头发又粗又直，不过，他走动起来体态优美，具有其特有的风度和特点。

我试图画得更快一些，因为必须那样。在斯赫维宁根海滩上，我曾经让两个男孩或男人站立一会儿让我画，他们把这叫作"站立一会儿"。结果是我总希望他们站久一些，一个人或一匹马只站立一会儿满足不了我的需要。一幅真正有收获的习作，至少需要模特儿摆好姿势站半个小时。

除了画模特儿外，我看学画没有别的捷径。我认为有两点仍然是正确的，而且我认为它们是互相补充、缺一不可的，即一个人不可能控制自己的想象力，但是通过不断地探索自然，与自然做斗争，人的想象力会变得更丰富、更正确。狄更斯说："朋友，模特儿并不是你们的终极目标，他们只不过是使你们的思想和灵感获得形式和力量的工具。"

我想今年冬天我将会有一些很好的模特儿。院子的主人已经答应介绍一些寻找工作的人到我这儿来，这种情况在工作淡季是常有的。我也很乐意付给他们几个钱就可以画一个下午或一个上午，因为那正是我所需要的。

今天又是星期天，和往常一样下雨。这星期还下了一场暴雨，树上的叶子几乎全被刮光了。即使这样，大自然也同样是美的，譬如，莱茵火车站就很美。在车站的上方，是一片灰蒙蒙但又夹带着淡黄色的天空，压得低低的，显得非常寒冷。从那儿不时降下一阵阵雨来，有许多饥饿的乌鸦在那儿盘旋。使我高兴的是，火炉正在燃烧。因为寒冷已经侵入到房里来了，当你点烟斗时，你好像觉得烟斗已被那细雨弄潮湿了一般。

正是在这样的日子里，一个人最想去看望朋友。当一个人没有地方可去，也没有朋友来看他时，他就会有一种空虚的感觉。在这种时候，我感觉到工作对我意味着什么，工作是怎样给生活定调子的，不管你是赞同抑或反对，一个人会因为心中有所追求而感到欣慰，而不会感到沮丧。我相信，如果一个人要想画好肖像画，就必须要有炽热的感情，《笨拙周刊》[1]在其圣诞画中把这叫作"对所有的人友好"——其意思是，一个人对其同类必须怀有真正的爱。至少我尽最大努力使自己尽量具有这样一种精神。也正是为了这个缘故，我对自己不能和其他画家交往而感到遗憾，为在像今天这样的雨天里，我们不能舒适地围着火炉坐在一起，看看绘画或雕塑并互相激励而深感遗憾。

现在到户外作画已不可能——我是指静静地坐下来作画。我欣然迎接冬天的来临，这是一个人们可以有规律地工作的季节。我希望自己将会一切顺利。今年的春天和夏天过得真快！有时候我似乎感觉去年秋天和今年秋天之间没有间隔，这也许是由于我在这期间生病的缘故。现在除了非常疲倦之时，我感觉自己完全正常了。长距离的散步，譬如去斯赫维宁根或其他地方，通常可帮助我消除疲劳。

真想不到，这星期我收到一件从家里寄来的包裹，这真令我

1　《笨拙周刊》（Punch），又名《伦敦的胡闹音乐》，英国插图期刊，创刊于1841年。以刊登讽刺性幽默、漫画和卡通著称。

大吃一惊。里面有一件冬天穿的大衣、一条很暖和的裤子和一件暖和的女大衣，这使我很感动。

我同意你对那幅小小的长板凳画的评论：那更多的是以旧方法绘成的，但我或多或少是故意这样做的。不管我可能会怎样地喜欢那些既有明丽的风景，又有淡灰色的柔和色彩和地方色调的画，我仍相信，许多不太介意这一点并被称为墨守成规的画家们，将能永葆其青春和魅力。因为他们的绘画方法有着而且将会继续保持其存在的理由。

说实在的，我认为旧的绘画方法和新的绘画方法各有所长。以这两种方法绘制的画均有许多成功之作，所以我很难完全倾向于哪一边。现代生活给艺术带来的变化并不是在各个方面都是好的，并非现代的一切都意味着进步，不管是艺术家们还是他们的作品。依我看，许多艺术家常常失去他们原先的出发点和目标。人们将不得不承认，许多在开始时被认为是进步的东西，到头来证明实际上还比不上旧的好。结果，就需要有强有力的人物出来加以纠正。

我终于读完了维克多·雨果著的《九三年》。这本书就像一幅德康[1]或朱尔斯·杜佩雷所作的画（我的意思是指写作）。书里描写的那种感情现在是越来越难感受到了，在新的作品中，我实在找不到比这更高尚的了。

我记得有一次，你向梅斯达赫推销一幅海尔达尔仿照缪利罗[2]或伦勃朗的风格而作的画，但他不想买，于是他说："哦，那是

1 德康（Alexandre—Gabriel Decamps, 1803—1860），法国浪漫主义油画家、石版画家。

2 缪利罗（Bartholomé Esteban Murillo, 1618—1682），17世纪西班牙最受欢迎的巴洛克宗教画家，以其理想化但有时却是过分讲究的风格而著名。

《雨果漫画像》 ■ 法国 ■ 杜米埃

过时的风格，我们再也不需要这种东西啦。"说这样的话，当然要比切实创造出某种与旧风格同样好的东西容易得多，更不用说要创造出某种比旧风格更好的东西来了。现在有许多人也持与梅斯达赫同样的观点，但他们并没有对这个问题进行认真的思考。假如别人对我们在这个世界上到底应该破坏还是建设这个问题进行反思，我看是不会有任何坏处的。"我们再也不需要这种东西啦！"这句话说出来是多么轻松，然而又是多么愚蠢和可怕！我想，安徒生在他的一篇童话里也说过同样的话，只不过不是出自人类之口，而是出自一头老猪的嘴罢了。

那些自以为是的人将会自食其果。提奥，我看那些为了刻意求新而牺牲传统的人终将会后悔不已的，尤其是在艺术这个殿堂里。简言之，曾有那样一群画家、作家和艺术家，尽管他们之间有分歧，但他们团结了起来，拧成一股绳。他们并非在黑暗中摸索，而是有自己的见解。他们一定知道自己需要什么，而且对此毫不怀疑。在这里，我指的是年轻时的柯罗、米勒、多比尼、雅克[1]、布雷东等人。在荷兰，则有伊斯拉埃尔斯、毛弗、马里斯弟兄[2]等人。

他们互相支持，有某种力量在激励着他们。当时的美术陈列馆虽然很小，但画室的内容却比现在丰富。那些塞得满满当当的画室，那些小小的橱窗，尤其是艺术家们纯真的信仰，他们的坦诚，他们的热忱，他们的激情，这一切是多么崇高啊！

尽管你我都没有目睹这一切，但对这一时期的热爱却缩短了我们与它的距离，让我们记住这一切吧。

1　雅克(Charles Emile Jacques，1813—1894)，法国画家。
2　马里斯弟兄三人均为荷兰19世纪的风景画家。

假如我能经常见到你，能多和你谈谈我的工作，我会创作出更多的画的。我相信，它们可以用我现有的习作加工而成。我正在画大约有12幅水彩画，但我相信假如我有时候能够征求你的意见的话，我会画得更多、更好，可以使它们更具有实用价值，然而，不管怎样，这些天来我干得非常愉快，我希望最后我的画能有些使你高兴的东西。

这星期我收到一封拉帕德[1]的来信，他对这里的许多画家很少画模特儿的现象很是吃惊，他的画被阿蒂美术展览会拒绝了。试问，难道他和我都被看成一无是处了吗?

伙计，等你下一次到这儿来的时候，有一件事我可以向你保证：除了那些水彩画和那些着色习作以外，我将请你耐心地把我放在一个箱子里的一百多幅素描看一遍。今早当我随意整理我的素描，即自从你上次来过后我画模特儿的习作（不包括旧的习作和我在速写本里画的习作），我数了一下，大约有一百多幅。我不知道所有的画家，包括那些瞧不起我、自认为我比他们低得多，因而对我的画不屑一顾的人，是否有我画得这么多。

最近几天，我被一本赫克默关于现代木刻的谈话录深深地迷住了。赫克默说，画商们需要有效益的作品，合乎一般准则的真正的绘画已不再有人问津。一幅难看的只占据版面一角的"小玩意"，就是人们所需要的全部作品。画商们宣称，人们需要的是对公众事件的反映，如果反映得正确并给予人们以乐趣，公众就会感到满意，他们毫不在乎作品艺术上的品位如何。接着赫克默谈到了艺术家，他说，使他深感遗憾的是，今天书本装帧工作

1　拉帕德（Anthon van Rappard, 1858—1892），荷兰画家，凡·高的好朋友，常和凡·高切磋绘画技巧，并在经济上接济凡·高。

更多的是由木刻家而不是由画家来做。他说画家们对此不应当容忍，要他们严肃、努力地画，使木刻家恢复其原本的身份：他只是作品的阐释者，而不是作品的主人。

依我看，在这里还没能产生最适合一般公众口味的艺术的那种激情，这是令人深感遗憾的。如果画家们联合起来，努力使自己的作品（我认为不管怎样，这些作品毕竟是为人民而作的，我想这至少是每一个艺术家的最崇高、最高尚的天职）为每一个人所接受，那么，他们也许会获得像《图画周刊》创刊早期那样相同的好效果。

《图画周刊》使我想起多雾的伦敦和那间小小的印刷车间里的嘈杂声。我见到密莱斯拿着第一期《图画周刊》，跑去见查尔斯·狄更斯，当时的狄更斯已到了晚年。密莱斯边给他看卢克·法尔兹[1]的画《无家可归和饥饿的人》——画的是在一个救济院门前的穷人和流浪汉——边说道："叫他给你的《艾德温·德鲁德之谜》配插图吧。"狄更斯说："非常好。"

《艾德温·德鲁德之谜》是狄更斯的最后一部作品，由于要为这部作品配插图，法尔兹和狄更斯有了接触。在狄更斯死的那天，他走进狄更斯的房间，看见他的椅子空空地摆在那儿，因此，后来在一期《图画周刊》中刊登了那幅使人感伤的画《空椅子》。

空椅子，现在已经有许多空椅子了，而且将会有更多空椅子！迟早在赫克默、卢克·法尔兹、弗兰克·霍尔、威廉·斯莫尔[2]等人的位置上，将会什么也没有，只剩下空椅子，然而，出版商和画商们则会继续向我们保证，一切正常，我们的名气越来越

1　卢克·法尔兹（Samuel Luke Fildes, 1844—1927），英国画家。

2　威廉·斯莫尔（William Small, 1843—1929），英国画家。

《凡·高的椅子》■ 荷兰 ■ 凡·高

大，但如果他们认为他们能使每一个人都相信物质的丰富要比精神的丰富更重要，没有后者，也照样能把事情办好的话，那么，他们就大错特错了，这只能说明他们的心是多么冷酷。《图画周刊》的情况如此，艺术领域中的其他许多事情也是如此，精神的丰富消失了，物质的丰富取而代之，以后会不会发生我们所渴望的那种变化呢？

我认为，现在画家们还不够重视这件事情。许多荷兰印刷商对"木刻是什么"这一问题的回答是："它是南荷兰一般咖啡店里供应的食品之一。"因此他们把木刻归于饮料之列，而那些创作它们的木刻家也许被归于酒徒之列了。令人奇怪的是，我们时常听到一些画家谈论被他们称之为插图画家的一些人，如加瓦尔尼或赫克默，而对这个问题的无知却构成了他们的所谓"常识"的一部分。真希望这对他们会有好处！

我热爱和尊敬伟大的画家，热爱和尊敬那些加瓦尔尼时代和现代的伟大画家，我对他们的作品了解越多，对他们就越热爱和越尊敬。我自己也在试图把每天在街道上看到的东西画出来。我之所以特别喜欢赫克默、法尔兹、霍尔，以及其他《图画周刊》的创办人，我之所以觉得他们比加瓦尔尼和杜米埃更能引起我的共鸣，是因为后者似乎对社会怀有恶意，而前者，以及米勒、布雷东、德格罗、伊斯拉埃尔斯等人，虽然选择了与加瓦尔尼和杜米埃同样真实的题材，但却有着更为严肃的感情。

我想，这样一种感情尤其需要保留。一位艺术家不必是一个牧师或教会执事，但他对他的同胞肯定必须怀有一颗赤诚的心。依我看，画家的责任是要把某种思想融进他的作品中。我想，这种做法是非常高尚的，如果没有《图画周刊》在努力唤起对穷人的同情心，寒冬就难以挨过。

在艺术领域里，人们已经攀上了顶峰。当然，将来我们还会看到很好的作品，但它们不会比我们已经见到过的更为壮观了。请想想，多少伟人已经谢世或者不久将永远离我们而去——米勒、布里翁、卢梭、多比尼、柯罗，早一些的有利斯[1]、加瓦尔尼、德格罗，更早一些的有安格尔[2]、德拉克洛瓦、席里柯[3]，请想想现代艺术已经多么古老了。对我来说，我担心过几年后在这一领域中也许会出现某种恐慌。自米勒以来，我们已经大大退步了。我认为，艺术的进步到了米勒和朱尔斯·布雷东即告终止。在过去、现在和将来，也许可以找到与他们具有同等天赋的人，但想要超过他们是不可能的。在那艺术的高峰，天才们不分上下，如果谁想登上比顶峰更高的地方，那是不可能的。

你知道一大清早的此刻，我在这里看到了什么？景色美极了——就像布里翁在卢森堡作的《暴雨之后》，只见地平线上透出一道红光，上面覆盖着积雨云。

这使我想起那些风景画家，虽然我对现在的画十分欣赏，但每当我看到旧的风景画时，仍有一种愉快的感觉。例如，曾有一度，每当我经过斯海尔夫豪特[4]的画作时，我都想那样的东西价值不大，但现代的作品不耐看，不会给人留下那种强烈、深刻的印象。当人们长久地观看新画之后，再看看天真朴实的旧画，如塞热[5]、

---

1 利斯（Henri Leys，1815—1869），比利时画家。

2 安格尔（Jean Auguste Dominique Ingres，1780—1867），法国古典主义画家，法国古典主义画派后期的代表人物。

3 席里柯（Théodore Géricault，1791—1824），法国画家，对法国浪漫主义和现实主义艺术的发展有着重要影响。

4 斯海尔夫豪特（Andreas Schelfhout，1787—1870），荷兰画家，擅长风景画。

5 塞热（Alexandre Ségé，1818—1885），法国画家。

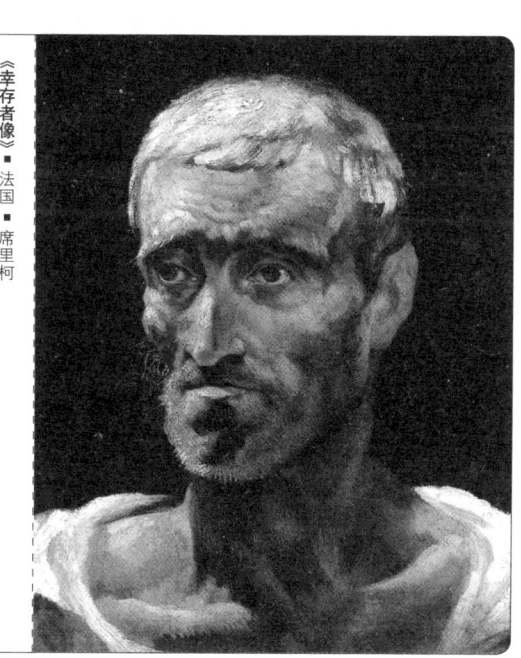

《幸存者像》 ▪ 法国 ▪ 席里柯

朱尔斯·巴克海逊[1]的作品时，往往会感到极为高兴。有时我不太喜欢进步，这并非我故意要这样做，相反，这是违背我的意愿的，但这种感觉在我的头脑中油然而生，因为我越来越感觉到现在有着某种空缺，而这种空缺无法用今天的东西来弥补。

在现今杂志刊登的许多素描里，我觉得有某种不太正常的优雅正在威胁着要取代以雅克的素描为代表的那种典型的真正的乡村气息。你不认为问题的原因同样在于艺术家的生活和性格吗？你找得到许多喜欢在阴沉的天气下散步的人吗？还有，当你与画家谈话时，在绝大多数情况下你会觉得这种谈话索然无味，这一点也给我留下了深刻的印象。毛弗在他的作品中不时表现出能以线条来描绘事物的非凡能力，使人们能够看清事物，但是现在当你和一位画家谈话时，那种特别的身处旷野的清新感觉——你认为还有过去那么强烈吗？

在海牙这儿有聪明、伟大的人物，对此我乐意承认，但在许多方面，情况却非常糟糕，充满阴谋、争吵和妒忌！在这里，以梅斯达赫为首的一些成功的艺术家，在他们身上肯定也存在以物质的豪华取代思想的崇高的现象。现今的一切都有一种我所不喜欢的忙乱和喧闹，似乎绝大多数作品都已失去了生命。但愿你的期望会成为现实——"渴望已久的变化将会来到"，但这种变化对我来说似乎不"自然"。

昨天和今天我画了两幅肖像画，画的是一位坐着的老人，他肘部搁在膝盖上，双手支撑着头部。很久以前，斯海特马克[2]曾坐着让我画过。我一直留着那幅画，因为我想总有一天我要以此为

1　朱尔斯·巴克海逊（Jules Jacobus van de Sande Bakhuyzen，1835—1925），荷兰画家。
2　斯海特马克（Cornelis Schuitemaker，1813—1884），荷兰埃顿的一位农夫。

基础画一幅更好的。这样一位身穿打补丁的粗斜纹布衣服的秃顶老工人是多么美丽呀！今早我画了一幅布洛克的肖像画，他是一位犹太书商，小个子，他站在宾宁霍夫山上让我画。我非常感谢布洛克，他使我回想起多年前的往事。

我时常渴望能再次去伦敦，我非常想懂得更多关于印刷和木刻方面的知识。我觉得心中潜藏着一股必须加以发挥的力量，潜藏着某种我不能让它熄灭只能使它燃烧的火种，虽然我不知道结果将会怎样。我不应去怀疑结果是否会不好，在这种情况下，人们能希望什么呢？相对来说最幸福的结局又是什么呢？

我一直忙于画泥炭挖掘者，我希望会有某种结果。这里有一份由鹿特丹的埃尔西维尔出版的平民报纸，叫作《燕子》。最近我在想他们是否会采用这样一幅挖掘者的画像，他们每月出版一期，不过那样我就得花钱去鹿特丹一次。我很害怕自己将带着这样一个消息回家：生意很不景气。另外，我情愿再画久一些，直到完成一组画，但由于我经常缺钱，所以我常考虑尽力去挣点钱。怎么办？我想在未来不久，对插图画家的需求会比现在大。

我实际上已经有五、六天时间没有钱了，我尽我的财力去请模特儿。如果能够使我的箱子里多增加几幅我照着偶尔弄来的模特儿画的习作，那我手头就会有一些东西了，我希望这将有助于自己找份工作。要想做好插图工作，例如能像莫兰[1]、勒努阿尔[2]、朱尔·费哈[3]等人那样，需要准备许多弹药。

1　莫兰（Edmond Morin，1824—1882），法国画家。

2　勒努阿尔（Charles Paul Renouard，1845—1924），法国画家。

3　朱尔·费哈（Jules Descartes Ferat，1819—1889），法国画家。

在布鲁塞尔时，我曾试图到石版印刷商那儿去找些活干，但都被拒绝了。西蒙诺和福维这两家印刷商对我的态度较好。他们解释说，他们过去指导过的年轻人都不能令人满意，而且现在生意清淡，他们已有足够的人手。我提起德格罗和罗普斯[1]的版画，他们都同声赞扬，但说这样的画家再也不存在了。我从那儿和其他厂家得到的印象是，很明显版画正在死亡，然而，一种新技术的发明证明人们正在试图使它复兴，遗憾的是，我过去对此并不知情。

人们可直接在这种新的平版画纸上作画，不需经第二个画家或木刻家或平版印刷工的加工，即可将原画复制到石板上或以此来制铅版，这样便可印制出无数的画。复制出来的画与原先的一模一样，不知我的理解是否正确。你来信中谈到的"现代生活"，或者更确切地说，关于布霍特答应提供给你的那种纸，使我特别感兴趣。

终于有一个画家来找我了。这件事情是这样的：一位名叫范德威尔[2]的画家在大街上拦住我，后来我也去看望了他。这位伙计的画室里有许多好作品，他希望我以大量的画老人的习作为基础创作一幅画，但我觉得自己在这方面的准备还不够充分。

最近这里的天气非常寒冷，下雪，有霜冻。此刻天空阴暗、灰色、朦胧，使一切物体有一种未经修饰的粗俗外貌。

今天，我一直在加工整理在埃顿作的素描，因为我看到田野里被截去树梢的柳树又像在埃顿时那样，显得光秃秃的了，这使

1　罗普斯（Félicien Joseph Victor Rops, 1833—1898），比利时画家。

2　范德威尔（Herman Johannes van der Weele, 1852—1930），荷兰画家，凡·高的朋友。

《夕阳和被截梢的柳树》 ■ 荷兰 ■ 凡·高

我想起去年我所见到的东西。有时候我很想画风景画，就像我渴望做长距离的散步以恢复精神一样。在自然界中，我处处发现感情和灵魂。有时候一排被截去树梢的柳树和一排在救济院前等候施舍的穷人相似。麦苗有着某种无法形容的纯洁和稚弱，使人们如同看到熟睡着的婴儿的表情，产生一种爱抚的感情。路边被踩踏过的野草像贫民窟的穷人一样显得疲惫，满是灰尘。几天前，雨后我看到一畦白色的卷心菜在寒冷中瑟瑟发抖，这使我想起那天一大清早我看到的穿着单薄裙子、披着破旧披肩站在一个咖啡店附近的一群妇女。

当一个人心情忧郁的时候，到荒凉的海边走一走，看看绿中带灰的海面上卷起长长的白练似的浪花，是多么令人惬意！但是，如果一个人感觉到需要某种崇高的东西，某种无边无际的东西，某种使人意识到上帝存在的东西时，那么他就不必到远处去寻找了。我想，当一个婴儿早晨醒来呀呀喊叫和咯咯大笑时，从他的眼神中，我可以看见某种比海洋更深、更宽、更加永恒的东西，因为婴儿在他的摇篮中看见了阳光。

我希望在我们身上，布拉班特田野和荒地的气息不会因为长年的城市生活而消失，且由艺术使它得到补充和加强。

在斯莫尔德斯公司[1]印刷工人的帮助下，我已经制作了一张那个小个子老头的平版画。过去大众对平版画这一艺术样式的热情要比现在大，如果我这幅平版画能在某种程度上使人们回想起那个时期的旧版画，我将感到很满意。我之所以得以制作这幅版画，是因为当我对斯莫尔德斯先生提起你来信告知我的那种新型

1　斯莫尔德斯公司（Jos. Smulders & Co.），当时海牙较有名的一家文具供应和印刷公司，该公司的老板是斯莫尔德斯先生。

印刷纸时，他说他存有一些这种纸。

我很想制作一组包括大约30个人物的平版画。假如我们能够自费印刷，能够向人们展示大约30幅图画，不是小打小闹而是大刀阔斧地干，那么在各类杂志的经理们眼中，我们的名声将会大大提高，不过，你用不着担心我在目前真的会这么干，我还是先专注于画我的素描。在我有钱对版画做任何进一步的探索之前，我必须等待，但无论怎样，我想版画是有前途的，如果我们真的搞成功了不是很好吗?

告诉你一件事，当斯莫尔德斯公司设在拉恩街的另一家分店的工人们看到这幅老人的平版画时，他们问印刷工能否给他们一张以便挂在墙上，你不会因此而觉得我有点自吹吧。世界上再也没有什么东西，能比普通工人居然喜欢把这样的画挂在他们的房间或车间里，更使我感到高兴了。它真的是为了你——人民大众——而制作的，这是赫克默的一句至理名言。当然，一幅画必须具有艺术价值，但依我看，它不能因此而排除拥有这样的条件，即一般普通人也能从中找到自己所喜欢的东西。

然而，我的第一幅平版画还是不能算数的。

上周，我用剩下的一些印刷纸，试印了一些其他作品。你将收到我邮寄给你的《悲哀》的第一张版画，你同时还将收到版画《挖掘者》和《喝咖啡的人》的第一张样画。原图要比这好一些。我在这些画上下了很大功夫，但把它们复制到石板上再印制出来，原画的某些东西就丢失了，但我认为这些版画因有某种我所希望的粗犷和不落俗套的东西，而使我觉得可以部分地补偿回原画中失去的东西。制作版画时不仅需用石版粉颜料，而且还需用石版油墨。

　　我可以告诉你，如果我能够成功地制作一组版画，我将会感到非常高兴。

　　今天又是星期天，清早我沿着莱斯维克路散步。有一部分草地被水淹没了，因而呈现出一片绿色和一片银色互相融合的景色，草地前面，老树黑色、灰色和绿色的粗糙树干和树枝迎风摇摆，草地后面是一个小村庄，教堂的尖顶衬托在晴朗的天空之下，还不时看见一群群乌鸦在粪堆上或大门顶觅食。如果能看到这幅图景，你会觉得多么愉快啊！

　　今早确实特别美，而且，长距离的散步对我很有好处，因为这星期忙于画画和印制平版画，我几乎没有出过门。至于平版画，我希望会获得好的结果。

　　今早我有事去印刷所，我看到了印刷的全过程：先将原画复制于石板上，接着对石版做必要处理，然后印刷。我很想学习印刷技术，印刷这一过程对我来说永远是个奇迹，正如把一粒小小的种子培育成一株稻穗一样——这是一个每天都见到的奇迹，但又是极不寻常的，因为它每天都在发生。一张画像一粒种子一样被播到石板上或蚀刻到铜版上，然后就可以获得收获。

　　过去人们一直说，在荷兰，我们印不出适合大众看的东西。我从来不相信这种说法。现在我看到这可以做到，整个事情都是由你的一句话而引发的："我遇见了布霍[1]，他知道某种制作版画的新方法，你应当用他将寄给你的纸做些试验。"

　　现在，这样一项计划，即创作一组画稿和制作版画，譬如

1　布霍（Félix Hilaire Buhot，1847—1898），法国画家。

说，完成30幅能反映各类劳动者形象的版画，一个人能否完成？画样、石版、印刷、纸张等需要花钱，但相对来说还是不多的。例如，上次寄给你的那几张版画和昨晚我刚完成的一幅新画，我想对于印制普及版，使用那样的纸就足够好了，这样的普及版是非常非常需要的，尤其是在荷兰。

假如我是一个有钱人，我会毫不犹豫地做出决定，我不会吝惜自己的钱。我知道，如果坚持不懈地努力下去，也许会成就一件肯定有用的大好事。关于为普通大众印制版画之事，我已和拉帕德就他和我都感兴趣的方面进行过长时间的讨论，他主动对我说："我会帮助你的。"不过，在对一项计划能否成功还有疑问的时候，一个人能卷进去并使自己需要的其他人也跟着一起卷进去吗？

既然有必要创作荷兰人自己的画稿，印刷、发行自己的版画，使它们进入普通劳动者的家里，进入农场里，既然这样做是有好处的，那么，有关的人员就应该团结起来，共同努力，以实现这一目标。如果仅仅是由画家们来办这件事情，他们就得承担一切，包括工作和费用，结果事情还没办到一半，就有可能夭折，因此，很有必要建立一个协会，这副担子必须由各方平均分担。

这个协会开展工作时必须尽可能从实际出发，每张版画的价格绝不能超过10分，最多也不能超过15分。在30幅版画创作和印刷出来之后，支付了石版、工人的工资和纸张等费用之后，就可正式出版发行了。这30幅版画将同时推出，但可以单张出售，它们合起来是一本画册，以亚麻布作封面，配以简短的说明。出售后获得的收入首先用于给那些出资帮助出版该画册的人，然后分给每位画家。

开支了这两项后，剩余的钱将用于出版新的画册以继续这一工作，开创这一工作的人们把这看作是一种义务，追求利润不是他们的目的。

首批画稿可由无力出钱的成员提供。如果没有人提供的话，我可以一个人包下来。有的艺术家可能做得比我期望的要好，让他们看看这首批30幅版画，也许可以劝说他们加入我们的协会。我希望此事由比我强的艺术家而不是由我来负责。

描绘来自人民的劳动者形象，然后反过来服务于人民，通过普及版画加以传播，并把这件事当作一种仁爱和慈善事业，当作一种义务——对于这一思想，我深信不疑，即使它一时不能成功，人们也得承认："这件事情昨天是正确的，今天也是正确的，明天依然是正确的。"

我曾对自己说过，我的首要义务是尽自己的最大努力把画画好，因此我现在又创作了一些新画。第一幅画的是一个播种者——一个魁梧的老人，背后是黑色的土地，衬托着又高又黑的身影。这个人显得很神气，脸上的胡子刮得干干净净，尖鼻子，尖下巴，小眼睛，加上一张凹陷的嘴巴。第二幅画的也是一个播种者，他身穿浅褐色的粗斜纹布夹克衫和裤子，因此，在黑色的长着截梢柳树的田野衬托下，这个人物形象显得比较明亮。这个人物属于另一种类型，长着修剪过的胡子，宽宽的肩膀，相当壮实的身子，他在地里劳动的整个身躯就像是一头牛。另一幅画的是一个手拿一把长柄大镰刀在草地上割草的割草者。还有一幅画的是一个人们不时会在沙丘上遇到的那种矮小老人，他身穿短上衣，头戴一顶高高的大礼帽，正提着满满一篮泥炭回家。

所有这些人物都处于行动之中，我想，在选择题材时必须要特别记住这一点。你知道，处于静止状态的许多人物肖像是多么美丽，这种静态肖像画要比处于行动中的人物肖像画多得多。因此，画处于静止状态的人物肖像对画家来说是很有吸引力的，但要想描绘行动是非常困难的，而在许多人的眼中，前者更能给人一种"愉快感"，但是，"愉快感"不应该降低其真实性，真实的情况是，生活中的艰辛要比闲暇多。

为了庆祝圣诞节，美国哈珀出版公司出版了一期杂志，内有自称为"花砖俱乐部"的一些画家的插画。插画中最好的要算阿比[1]的画了。它们描绘昔日荷兰人建立当时被称为新阿姆斯特丹的纽约城时的情景。鲍顿也是这个俱乐部的成员，或者是名誉成员，我觉得他比这个俱乐部的其他所有成员都要认真，他不太喜欢炫耀自己，然而，阿比也是很了不起的，他有自己的风格，那是一件好事。我之所以要和你谈这些，是因为我相信你会赞同我的观点，即并非所有的美国人都不行。像在其他任何地方一样，美国人有差的也有好的，除了许多最可憎、最无能的吹牛家和拙劣画家之外，还有一些能够惟妙惟肖地画出荆棘丛中的百合花或雪莲花的好画家。总之，我必须把这些美国插图和《现代生活》杂志中的插图做一个比较。

昨天，我碰巧阅读了米尔热[2]的一本书——《放浪形骸》。这本书充满了波希米亚人时代的芳香气息，因此，它引起了我的兴趣，但我觉得它缺乏新意和真实感。另外，作家们在描写画家时似乎总是不成功的：在他们当中有巴尔扎克（他笔下的画家索然无味）和左拉。即使左拉笔下的克劳德·兰茨耶相当真实，人们

1　阿比（Edwin Austin Abbey, 1852—1911），美国画家。
2　米尔热（Henri Murger, 1822—1861），法国小说家，《放浪形骸》为其代表作。

也宁愿他描写另外一种类型的画家而不是像兰茨耶那样的人，因为兰茨耶似乎源于生活中被称为印象主义流派中的某个人。实际上，艺术大军的中坚力量不是由他们所构成的。

我常想，要是我能够多花一些时间来画真正的风景画，那该多好！我经常看到各种奇景，使我不由自主地说："我在画上从来没有见过这么好的风景。"不过如果要画风景画，我就得放弃其他事情。

许多风景画家并没有真正认识自然，而那些从孩提时起就整天看着田野的人则不一样。许多作为风景画家的人（虽然作为艺术家，他们受到我们的敬佩）画出来的东西既不能令你也不能令我满意。你可能会说，每一个人从孩提时开始都看见过风景和人物。问题是：是否每一个人从孩提时起就开始思索？是否每一个看见过风景的人都热爱荒原、田地、草坪、树林、雨雪和风暴？不是每一个人都做过你我所做过的事情的，是一种特殊的条件和环境，才使我们对大自然有特别的认识，也是一种特殊的性格和情操，才使这种认识得以在我们的头脑中扎下根。

真的，在风景画领域里，已经开始出现巨大的分歧，在此我想引用一句赫克默的话："口译者把他们的聪明才智用于显示他们职业的尊贵上。"我相信，公众将会说："把我们从艺术的组合体中拯救出来吧！把纯朴的田野还给我们！"看到一幅美丽的卢梭的风景画，是多么令人愉快！因为卢梭努力使他的画真实可信。问题的症结不在于绝对地模仿自然，而在于认识自然，只有认识了自然，画出来的东西才是新鲜和真实的，许多风景画缺少的正是这一点。

诚实的人，非常非常有必要留在艺术界里，对此你知道吗？几乎没人知道，成功的作品，其秘诀在很大程度上取决于真实和真挚的感情。时髦，他们常这么说——这个词频繁地被人们所使用——而我并不知道它的真正含义，我反倒看到它被用于一些非常没有意义的事情上——时髦，难道它是拯救艺术的灵丹妙药吗？

有一幅我很喜欢的米勒的自画像——画中什么也没有，只有一个戴着一顶牧羊人帽子的头，但是那半闭着的双眼炯炯有神，那是一位画家热切的眼神，这眼神是多么美丽。打一个不恰当的比喻，那双洞察一切的眼睛，就像是公鸡的眼睛。

卡莱尔[1]说得好："找到自己工作的人是幸福的。"我想，画家是幸福的，因为当他能够表达一些他所看到的东西时，他与自然是协调的。这是一件很了不起的事情，一个人知道自己必须做的事情，而且可供选择的题材又很丰富。如果你的作品能够给人们带来宁静，像米勒的那幅自画像那样，那么你就会受到双倍的鼓励——你不再感到孤独。不错，此刻我孤独地坐在这儿，但是当我坐在这儿并保持沉默的时候，我的作品也许在对我的朋友说话，不论谁看了它，都不会怀疑我是冷酷无情的。

不过我告诉你，对于拙劣作品的不满，事业上的不顺心，技巧上的困难等等，能够使一个人陷入极度的忧郁之中。我可以向你保证，有时候当我想到米勒、德格罗、布雷东、杜佩雷和其他画家时，我感到非常沮丧。当一个人独自工作时，他只想到这些人取得了多么大的成就，接着就得竭力压抑这种绝望和忧郁，恢复自信心，以便继续奋斗，而不能坐下来休息，尽管还有千万个缺点和错误，尽管能否克服这些缺点和错误还是个问题——所有这些都说

1　卡莱尔（Thomas Carlyle, 1795—1881），苏格兰散文作家、历史学家和社会批评家。

明，画家是不幸的。

与自我做斗争，努力改善自己，恢复自己的精力，所有这些都因为物质的困难而变得复杂起来。杜米埃的那幅画很美，这是一个谜，为什么他这件清楚地表达了自己意思的作品却无人能理解，而且陷入这样的困境：即使低价出卖，你也没有把握能否找到买主。对许多画家来说，这也是一件难以忍受的事情。

一个人想做个诚实的人，诚实，努力工作，但依然入不敷出。他被迫放弃自己的工作，既然这工作使他入不敷出，他便无法把工作继续下去，他感觉到自己有缺点，不能遵守自己的诺言，他害怕交朋友，他像一个老麻风病人，喜欢在远处喊道："不要太靠近我，和我交往会给你带来损害和悔恨。"他不能把自己称作是一位来推荐一笔好生意，或带来了一项能赚大钱的计划的人。相反，很明显，他的事业最终将带来亏损，但他依然感到胸中有一种力量在翻滚，他有工作要做，而且这工作必须要做，他必须以一张平静的普通人的面孔进行工作，过着普通人的生活，与模特儿打交道，与追房租的人打交道，事实上，与每一个人打交道。

你不要以为我害怕了。例如，如果要画博里纳日，那将是困难的，甚至是相当冒险的，它会使你失去一切休息和娱乐。然而，如果我能够的话我会去画的。过去我不知道其费用将会超出我的收入，但是现在我知道了。如果我能找到对此事有兴趣的人，我会去冒这个险的，但此刻，唯一真正关心我现在所做的事情的人只有你一个，所以这件事情只好暂时按住不谈，不过，我不会为了怕麻烦而放弃它的。

我开始越来越清楚地看到，各类杂志都在随波逐流，我想他们本来可以把杂志办得好一些的，可惜他们并不这样做。不，在杂志上塞满既不费时又不费工的东西，尽管偶尔也刊登一些好作品，但只是以一种简单的机械的方法加以复制。更重要的是，尽可能把自己的腰包填得满满的——这就是他们的做法。我以为这种做法是不明智的，我想这将会使他们破产。与此同时，人们则挤进来当雇员，而这些人在虽然困难但仍然高尚的时期里，是不会被雇用的。这正是左拉所说的那种"平庸者的胜利"。小人和势利者取代了工人、思想家和艺术家，而这种现象甚至无人注意到。

另一方面，公众对此是不满的，但物质的伟大在这里同样受到赞扬。《图画周刊》在内容简介上说，他们将推出"美人像"（妇女的大头像），我敢说他们将以此来取代赫克默、斯莫尔、里德利[1]等人的人物肖像画。我尊重各类作品，我既不鄙视奥巴克也不鄙视梅斯达赫的作品，但我觉得有些东西比这更具活力。我喜欢更简洁、更纯朴、更严肃的作品。我需要多些灵魂，多些爱，多些感情。

现在已经到了联合起来大声疾呼的时候吗？或者，既然这么多人睡着了，他们不喜欢被唤醒，最好还是自己独自做些力所能及的工作，做些自己单独能够承担的工作，以便使那些睡着的人们能够继续睡觉？

你可以相信，对这种现状我是不会发出一声抗议的，也不会站出来反对，不过，这使我感到不安，我完全不知道如何办才好。有时候使我感到悲哀的是：先前，当我开始做事时，我常想，如果我能够在某些方面取得进步，我就将能在某地谋到一个

1　里德利（Matthew White Ridley，1837—1888），英国画家。

职位，这样我就将会走向人生的坦途，一切都会如意，而现在出现的是另一种想法，我害怕或期待着，我将不是获得某种职位，而是进某种类似监狱的地方——我期待着这类事情的发生：是的，你的作品相当不错，但是你看，你创作的作品对我们毫无用处，我们需要反映现实（请参看《图画周刊》，星期四发生的事情我们星期六就报道了）。现实——如果他们意指为庆祝国王的生日而挂起的灯饰这类东西的话，我是不屑一顾的，但如果经理先生们同意接受真正的现实，即反映平民日常生活的场景，我将会高兴地竭尽全力地去创作。

我开始觉得如果当初我去了英国，肯定会有机会找到一个职位的，而这将有利于我的进步。谋得某种职位过去曾是我的理想，不管怎样，现在仍然是我的理想，正是它激励着我前进，激励着我克服巨大的困难，但每当我想起现在办事的方式时，我的心不自觉又沉重起来。许多我有可能获得的职位也许会使我陷于与我原来的目标大相径庭的困境之中。这些都是我所预料不到的，因为虽然开始时他们也许会接纳我，但那些接纳我的人最终未必会对我感到满意。他们可能会解雇我，或者是我会自动辞职，就像在古匹儿画店那样。

我身上有某种力量，由于条件所限，没有得到应有的发挥，结果使我经常觉得很痛苦。在我内心中，围绕"我该怎么办"这个问题常展开斗争。我想尽力把画画好，但那些编辑们，想到要去那里做一番自我介绍——唉，我不愿想这事。你知道，提奥，我希望创作像《图画周刊》的创办者们所创作的那种作品。我希望从街道上找一个男人或女人或小孩，请他们到我的画室里让我作画，但是，他们会问我："你能够利用电灯的光线制作彩色石版画吗？"

当然，那种状况对我所产生的直接影响，还仅限于使我的工作更困难些或是更容易些，但占据着我头脑里的主要位置的，依然是图画本身。因此，与那种忧郁的心情形成鲜明对比的是，我同时也享受着一种工作的愉悦，我越钻研下去，就越觉得这工作有趣。我不能做许多我所喜欢做的事情——除非我有钱，否则这些事情都是不可能办到的——但这并非等于说我不喜欢、不满意现状，远不是这个意思。

几年前，我曾和拉帕德在布鲁塞尔城外一个叫乔沙法山谷的地方散步，在那儿居住着罗洛夫斯人以及其他民族的人。当时那里有一个沙石场，一些采石工人正在作业，一些妇女在寻找野菜，一个农民在播种。看着这一切，我当时几乎陷入了一种绝望当中，我能够成功地画下我所喜欢的东西吗？现在，我不再绝望了，我能够把那些农民和妇女画得比以前好，经过不懈的努力，现在我能够成功地画下当时自己想画的东西。

布赖特纳已经在鹿特丹的一所中学谋到一个职位。我见到他的一幅未完成的画，也许他再也不可能完成了，身居这样的职位似乎会带来某种致命的东西。也许正是艺术家的忧虑，艺术家生活中黑暗、有阴影的方面，才是生活中最美好的东西。这样说是要冒风险的，有时候人们发表相反的意见，许多艺术家由于忧虑而死去。

去年夏天我得的病现在已经痊愈了，但最近我被牙痛所困扰，有时候甚至影响到我的右眼和右耳，这也许与神经有关系。如果一个人牙痛，他就会变得对许多事情不感兴趣，但奇怪的是，杜米埃的画是那样的好，它们几乎使我忘了牙痛。

今天我去了范德威尔家，他很喜欢我那幅双手托着头的矮小老人的版画。在这幅版画中，我试图表达（但我的表达还是不能像现实那样鲜明，与现实还有差距，充其量只不过是在一面暗淡的镜中的不充分反映）对我来说似乎是"天上的东西"存在的最有力的证据之一，换一句话来说，即表现上帝和永恒的存在，米勒对此是相信的。在这样一位矮小老人的极为动人的表情中，对此恐怕老人自己也都没有意识到，当他安详地坐在火炉边的角落时，存在着某种高尚的、伟大的东西，这种东西是小人物所不可能具备的。

在《汤姆大伯的小屋》这部书中，最动人的段落也许是描写当那个可怜的奴隶知道他必定要死时，回忆起的以下诗句：

> 任凭忧患像洪水滚滚而来，
>
> 痛苦像雷雨般倾泻，
>
> 我只求平安回到我的家宅，
>
> 我的上帝、我的天堂、我的万有世界[1]。

这远不是神学，这是一个简单的事实，最穷苦的小樵夫或荒地里的农民或矿工也会有感情冲动和灵感到来的时刻，在这种时刻他产生了一种即将回到永恒的归宿的感觉。伊斯拉埃尔斯把这画得很传神。

我现在又完成了两幅新作：一幅画的是一个读《圣经》的人，另一幅画的是一个饭前做感恩祷告的人，饭就摆在桌子上。

---

1 译文见《汤姆大伯的小屋》第525页，上海译文出版社1982年版。

两幅画当然都是以你称之为过时的感情而画成的。我想，《饭前祷告》画得较好，但它们互为补充，构成一个整体。在其中一幅画上，从窗户往外可以看到堆有积雪的田野。我的用意是想通过这两幅画，表现圣诞节和刚过去的一年的一种特别的气氛。不论是在荷兰或是英国，还是在法国的布列塔尼地区或阿尔萨斯地区，在这种时刻，或多或少总弥漫着一种宗教气氛。人们不必完全赞同那种带有宗教感情的庆祝方式，但如果这种感情是真诚的，人们应当予以尊重。至于我，对此我完全能理解，而且我也相信上帝，虽然庆祝的方式应当改变——这种改变就像树木春天必须长出新叶那样必要。如果在我的画里传递了某种感情，或者说表达了某种情绪，那是因为我自己也有同感的缘故。

在这两天圣诞节日里，我多么希望我们能够在一起——我多么希望能再次在画室里看到你。最近我工作很努力，这是因为我心中充满着圣诞的感情，而仅仅拥有这种感情还不够：一个人还必须通过自己的作品把这种感情表达出来。

因此，我现在正在画两张大的人头像，模特是一位来自救济院的老人，他大胡子，戴一顶旧式大礼帽。他那张布满皱纹的机智的脸，在暖烘烘的圣诞节炉火映衬下，很是讨人喜欢。我之所以现在要画大的人头像，是因为我觉得有必要对人头的结构和对相貌的阐释进行更细致的学习和研究。这工作深深地吸引着我，最近，我已学到了一些我长期以来所追求的东西。

我希望你在这些日子里多少能够喜欢大自然，要么喜欢冬天的日短夜长，要么喜欢冬天的人物外形。

在旧的一年即将过去之际，我觉得我应该再次感谢你对我的帮助和友谊。我很抱歉，在这一年中我没能创作出能卖出的作

《唐吉老爹》 ■ 荷兰 ■ 凡·高

品。我真的不知道问题出在哪里。

在新的一年里，我能够成功地创作出有销路的画吗？或者能向需要插图的报刊提供插画吗？我怎么会知道自己是否能够达到某种目标——我事先怎么会知道，摆在我面前的困难自己能否克服？如果一条道路被堵死了，也许另一条道路会展现在眼前——肯定会有路可走，还会有光明的前途，即使我们不知道这条道路在哪里。只要坚持正确的东西，总会有好的结果，良心是一个人的指南针，尽管当人们用它来指导行动时，常常会觉得无规律可循，但不管怎样，一个人必须努力按照良心指出的方向前进。有一件事情我深信不疑：与大自然搏斗并不是一件徒劳无益的事情，虽然我不知道结果将会怎样，但总会有某种结果的。

我希望你能再来到我的画室里看看，因为我恐怕你会认为我至今仍无多大长进。你会看到我的作品正慢慢有所进步，我正力争画得更好，我的目标是崇高的。感谢你对我忠诚的友谊，它支撑着我又度过了整整一年时间。就我来说，我希望也能给你带来某些乐趣。总有一天我会办到的。

《普罗旺斯的果园》 ■ 荷兰 ■ 凡·高

第 8 章

生活是一个谜，
而爱情更是谜中之谜

海牙　1883年1月

　　此刻，那个女人和孩子们正坐在我的身旁。当我想起去年的情形时，发现今日的情况已大不一样。那女人比以前强壮结实多了，已看不到原先那种恐慌不安的神情，那婴儿可以说是你能够想象出的最可爱、最健康、最快乐的小家伙，还有那可怜的小姑娘——从我的画中你可以看出，她先前所受过的苦难还没有完全从她身上消失，我常常为她担心，但她仍与去年有很大的不同。当时她的处境很差，现在她身上的孩子气已渐渐多起来了。

　　一个女人，不管她本质上多么好、多么高尚，如果她没有钱，得不到她家人的保护，那么，在今天的社会里，她随时都有被淹没在娼妓泥潭之中的危险。世界上还有什么事情能比保护这样一位女人更为自然？我们男人的生活离不开与女人的关系——当然，反过来说也是如此——依我看我们绝不能轻视她们。

　　有许多事情虽然用理智、深思和冷静的眼光来看，显得含糊不清和难以理解，但我们仍然感觉到它是完美和真实的。虽然我们生活的这个社会把这种行为视作轻率或冒失，也许还有别的说法，但如果那种隐藏于我们心中的同情和爱情的力量一旦爆发出来，我们还能说些什么呢？社会经常以理智来反对那些被感情所左右，或凭一时冲动来办事的人。虽然我们不能驳倒这种推论，但是我们几乎可以得出这样的结论，即有些人的敏感神经已经麻木不仁了，尤其是那些被统称为良心的神经。我可怜这些人，依我看，他们在人生的旅途上已经迷失了方向。

　　如果一个人有了这样的遭遇，就很有可能使他陷入冲突之中，尤其是与自我发生冲突，因为有时候一个人真的不知道该怎么办才好，但是这种冲突，甚至包括他可能会犯的错误，不是比我们有意识地控制自己的感情要好吗？这样做不是更有利于我们自己的成长吗？我相信，后者会使许多人成为所谓的强者，但实际上却是个弱者。拯救一个生命是一件大好事，使无家可归的人有了一个家，这无疑是一件大好事，不管人们怎么说，这绝不会错。

现在我的境况虽然还是不正常，但已比我去年敢于奢望的要好多了。我的心一刻也不空闲，我一直在想念你。刚才我又完成了一幅画，那位女人为我摆姿势让我画的。

我可以告诉你，我今年的体会是，虽然有时候被担忧和困难压得喘不过气来，但能够和妻子和孩子们住在一起，还是要比没有不知要好多少倍。男女间本应先学会互相了解，这样做比较明智、比较谨慎。假如能够这样安排的话，我应当这么做，因为当爱情之果成熟以后，结婚也就随之瓜熟蒂落、水到渠成了，这样做比较安全，不会伤害对方，但当时除了我的家以外，她无家可归。有时候人们得考虑具体情况。

生活是一个谜，而爱情更是谜中之谜。对此，米什莱就有着精辟的分析。他说："爱情起初像蜘蛛网那样脆弱，后来竟生长成像电缆那样粗壮，所需的只是一个条件：忠诚。"谁想享受丰富多彩的生活，谁就必须保持忠诚；谁想了解许多女人，谁就必须忠实于一个女人，并且是同一个女人。在专一的爱情中，会有许多不同的阶段或者变化。

有时我感到遗憾，和我一起生活的这个女人既不会读书也不懂艺术，但是，我的生命依然和她的生命紧密相连——这难道不正说明了在我们俩之间存在着某种真诚的东西吗？也许她以后可以学会，这将会加强我们两人之间的融合，但现在由于需要照料孩子，她还腾不出手来，而且，特别是通过照料孩子，她接触到

提奥的妻子约翰娜·凡·高和儿子

现实，无意识地在学习。书本、现实和艺术对我来说没有什么不同，一个脱离现实生活的人会使我感到厌烦，而完全置身于生活之中的人会自然而然地学会某些东西。

如果我不是从现实中寻找艺术，我也许会觉得她很愚蠢。我倒情愿事情不是这样，但我毕竟是个顺其自然的人。如果在女人们的心目中，我们显示不出男人的活力和弹性——毕竟男人是倾向于思考和分析的——我们不能责怪她们，至少我认为，这是因为一般来说，她们比我们要消耗更多的精力来忍受痛苦。她们受的苦更多，因而也就更敏感。虽然她们并不是总能够理解我们的想法，但当一个人对她们好的时候，她们还是能够感觉到的。当然事情并不总是这样，但她们的"心是能够感应的"，有时候女人身上有一种奇妙的美德。

近来我常到基斯特街区散步，我刚认识那个女人时曾和她在那里的大街小巷里散过步，当时，那里的一切都很美。当我回到家里，我对她说："一切都和去年一样。"你谈到要从狂热中摆脱出来。不，不，不可否认，爱情像自然界一样，会有发芽和凋谢的时候，但不会完全死亡。大海潮涨潮落，但依然是海。在爱情中，无论是对一个女人还是对艺术，都会有筋疲力尽和软弱无力的时候。在此，我把友谊和爱情视为一种感情，也视作一种行动，它需要力气和活动，疲劳和不耐烦便是其后果。

我相信，那些认为爱情会妨碍一个人清晰思考的人是错误的，因为正是有了爱情，一个人的头脑才更加清醒，并且比以前更加敏捷。一个人在获得爱情以前和获得爱情以后的差别，恰似一盏未点燃的灯和一盏正在燃烧的灯的差别。灯摆在那里，它是一盏好灯，现在它放出光芒了，而这正是它真正的功能。爱情使一个人更为冷静地处理许多事情，从而使他更适合于干他自己的工作。

例如，我不知道海尔达尔是否能在与我生活的那位妇女的日常生活中，发现任何可以入画的元素，杜米埃是肯定会的。

最近这儿天气很不好，常有风暴，尤其是昨天晚上，海上肯定有大风浪。我多么想和你聊聊！我现在闲着没事，我应当与同情我、能够和我谈心的朋友交谈，但此时此刻，我一个知心朋友也没有。我不是指我在这里一个可以信赖的人都没有——远非如此——不过不幸的是，此刻我身边一个也没有。

我正在黑白图画上做些实验，我先用木匠的铅笔作素描，然后用石印色笔在画稿上重画。我已经用这种方法画了一位老人的画像，他坐着读书，光线照在他光秃秃的头上，照在他的手上和书本上。运用某种画具，可以使你画出你所欣赏的同一个人物的十种不同的姿势，而在水彩画，或在油画里，你仅能画出一种姿势。

所谓的黑白图画实际上就是用黑色来绘画——"绘画"在这里的意思是，一个人必须在画中体现出一幅画所必需的景深和丰富的色调明暗的配合。每一个善于运用色彩的画家都有他自己独特的颜色尺度，在黑白图画中也是如此，一个人必须能够表现出从最强烈的光线到最深沉的阴影，而且只需用几种简单的色料便能表现出来。有些艺术家在画画时易激动，这给予他们的技巧一种特别的东西，类似小提琴的颤音，例如朗松、莱穆德[1]、杜米埃等。加瓦尔尼和博德默尔[2]的作品更使人联想到钢琴演奏，而米勒

1　莱穆德（Aimé de Lemud, 1816—1887），法国画家。
2　博德默尔（Karl Bodmer, 1809—1893），瑞士画家。

也许是一架庄重的管风琴。

英国的许多东西我常常不喜欢，但他们的黑白图画，还有狄更斯，却能补偿这一切。并非我不赞同现在的一切——远不是——但依我看，某些似乎应当保留下来的那个时期的美好精神失去了——尤其是在艺术上，在生活中也一样。我不知道这是为什么，但这主要不是因为他们有了黑白图画以后，就改变了原来的路线，偏离了健康、高尚的开端。这是因为在公众中，虽然也有积极的活动，但却普遍存在着一种怀疑、冷淡和超然的氛围。

有时候我会想起一年前我来到海牙时的情景。我曾想象，画家们形成了某种圈子或者团体，在那里充满热情、真诚和协调的气氛。这似乎是很自然的，我想象不出还有什么别的样子。直到现在，我还没有放弃当时的想法，不过，我必须对当时的想法做某些改动，必须懂得现实和可能是有区别的。

现在有许多不协调的现象，我不认为是正常的，原因何在？作为一个画家，应当避免企图在社会上出人头地的打算，不应该和沃尔荷特以及威廉斯帕克的那些人同流合污。在那些破旧的、被烟熏黑了的、昏暗的画室里，有一种温暖和奇特之处，这要比那些企图取代它的东西不知要好多少倍。

这里的画家最愚蠢的一个举动是他们居然嘲笑马泰斯·马里斯，我想这和自杀一样可怕。为什么等于自杀呢？因为照我看，马泰斯·马里斯是一切高尚的东西的典范，一个画家如果嘲笑他，无疑等于降低他自己。不理解马里斯的人，处境是很不好的，而那些过去认识他的人会因此而为他感到悲哀，为这样一个人的堕落而感到遗憾。

我已有好几个月没见到德博克了，几天前遇到了他。从他穿着的皮大衣来看，他的处境似乎很不错，但我不能说他本人也显得很精神。对一个你一眼看上去就知道并不幸福的人却装作别人眼中幸福的人，你会抱有同情心吗？你心里会不会这样想：如果我试图和他交朋友，他可能会认为我是在取笑他，这样就几乎不可能获得他的信任——或者是，即使获得了他的信任，他也会说："我选择了自己的道路，我将坚持走下去。"结果相互间还是不会发生任何影响。对于德博克，我就是这样想的，虽然我真正地同情他，也很赞赏他的作品，但我并不认为他和我能够从相互交往中得益，我们对生活尤其是对艺术的看法截然不同。

要和一位朋友断交，对我来说是困难的，但如果我走进一间画室里，并且不得不这样想：说些无关紧要的废话吧，不要表达自己对艺术的真正感受，这会使我比干脆避开这一切更为痛苦。准确地说，这是因为我想寻找和保持真正的友谊，哪里存在旧的习俗，哪里就存在不信任，而不信任则会导致各种阴谋。当一个人觉得自己受约束的时候，痛苦的出现几乎是不可避免的。

同时，人们往往习惯于现存的环境，但是，假如有可能回到30、40或50年前的时代里，我想人们也许会觉得更为适应。譬如你和我，也许在旧时代里会觉得更为轻松自在一些，而50年以后，不会有一个人会希望回到我们这个时代，或者如果50年后进入一个腐败守旧或所谓"假长发和衬架裙的时代"的话，人们由于太麻木而根本不会去想我们这个时代。如果50年后发生好的变化，那当然更好。

我想，设想这样一个停滞不前的时代的到来并非荒谬，因为在荷兰的历史上，就曾出现过被称为"假长发和衬架裙的时代"，这与放弃原则、以平庸代替创造有很大的关系。荷兰人最多也只能算个"破产者的管财人"。如果人们失去创造精神，就会出现停滞的时代、"假长发"的时代。

有时候我难以相信，50年的时间就足以引起全局性的变化，以至于一切都被颠倒，但只要简单地回顾历史，人们就可以看到那些相当迅速的、连续不断地变化。我从中得出结论，每一个人在秤盘里都有重量，哪怕只是一点点，每一个人如何想、如何做，都会使事情有所不同。这场战斗是短暂的，值得认真对待。如果许多人都是认真的、坚定的，那么整个时代就会变好——至少会生气勃勃。

事实是，当不同的人都热爱同一件事情并都为此而工作时，团结就是力量，联合起来他们能够比各自独立奋斗做更多的工作，而且每一个人的个性也不必都得抛弃。因此，我希望拉帕德能早日康复，我们两人并不真的在一起工作，但我们对许多事情有着共同的看法。

在他病后给我的第一封信中，他再次极其兴奋地谈到他发现的一些木刻作品，其中有一些是朗松的作品。现在他对木刻是那样热心，我根本用不着去说服他，虽然开始时他也和别人一样对此无多大兴趣。他去救济院为盲人们创作了一些习作，就是他热爱赫克默和弗兰克·霍尔等画家的直接具体体现。

今年我没能创作出能出售的作品，请不要为此担忧，你也曾经对我说过同样的话，而现在我之所以这样说，是因为我发现有些事情我将来是有把握办到的，而过去我则没有看到这一点。你知道得很清楚，在与画商和绘画爱好者打交道时，我显得多么无能，这与我的性格是多么矛盾。我是多么愿意我们能够永远像现在这样，但我又常常觉得悲哀，我对你来说肯定是一个沉重的负担。我太喜欢简单的生活了，而不希望改变现状。只要我屋里还有面包，口袋里还有付模特儿的钱，我还需要什么呢？我的欢乐在我的工作之中，我对工作越来越入迷，不过以后为了创作更令人满意的作品，我将不得不花费更多的钱。我想我将永远需要模特儿——永远、永远、永远，然而，谁知道随着时间的推移，你能否找到对我的作品有兴趣的人，他将从你的肩膀上接过在最困难的时刻你承担起来的担子呢？

我非常高兴，你认为老人的头像画得很典型——模特儿本身确实是很典型的，我可以肯定。这星期我依然忙于画各种人头像，尤其是妇女头像。我的意图是要创作一组头像组画，它将称得上是真正的"普通人的头像"。我比较喜欢习作，而不那么喜欢已完成的作品，虽然习作是未完成的作品，在许多方面还顾及不到，而作品则有完整的构图，但我觉得，习作能使我更形象地想起大自然本身。在真正的习作里，有活生生的东西，习作的作者只想到自然，没有想到他自己，所以我喜欢习作而不那么喜欢也许是后来在习作的基础上创作出来的画。除非是另外一种情况，除非创作出来的作品是融合了许多习作的最后结晶，换一句话说，成为许多单个个人的典型。这是艺术中最上乘的作品，在这样的作品中，有时候艺术已高于自然。例如，在米勒的《播种者》中，画面里的形象就要比在田野里的普通播种者更为典型。

今天我得到一顶海员用的防水帽，对画头像很有用。渔民的头像，不论老少均是我长期以来梦寐以求的，我已经画了一些，但后来我竟找不到一顶海员用的防水帽。好在我现在有了一顶自己的防水帽，一顶被惊涛骇浪多次拍打过的旧帽。我不知道你在这些渔民头像中是否能找到一些好的东西。这星期我画的最后一个头像是一个白胡子修剪得整整齐齐的老人。今天我用石印彩笔画了一幅画，然后我在画上泼了一桶水，趁水还没干，我就开始用铅笔重画。这是一种危险的方法，也许会失败，但如果成功将会获得一种特殊效果，有一种柔和的黑色色调，很像一幅蚀刻画。

我送给你一卷画，里面共有五幅头像。当你仔细看时，我想你会发现它们和先前寄给你的两幅头像有相似之处，因为在这些画中肯定有某种大自然的东西，它们可以说是我从大自然那里抢夺过来的，从头到尾我都是照着模特儿画的。

当我来到这座城市时，给我印象最深的是基斯特街区及邻近的街道。它慢慢地形成现在的样子——但经过多么艰苦的奋斗才完成这样一件事情！我希望自己经过艰苦的工作，能够成功地创作出好作品来，但由于这样努力地工作，我同时也欠下了一些钱，当我收到你寄来的钱后，立刻就会有一半多会被拿去还债。我不能比我现在的生活更省了，我已节约到了不能再节约的地步，但我的事业在进展，尤其是前几个星期，我几乎无法控制这种局面，我是说无法控制由于工作而带来的花费。

这里又下雪了，现在雪正在融化，这种冰消雪融的天气非常美丽。我从窗户往院子里看，到处都是诗一般的世界。每一件物体都有着某种神态，使人恨不得马上把它画到纸上，但要真正画到纸上，哎呀，可没有看它那么容易。这是典型的冬季天气，这种天气易使人怀旧，即使是最普通的事物也染上一种特殊的色彩，使人回想起过去四轮大马车和驿递马车时代的故事。雪和奇异的天空真是美不胜收，整个大自然是一幅无法复制的美丽"黑白"图画。

此刻，从冰雪的融化中，人们感觉到春天似乎正从远处姗姗而来，不久，又可以听见百灵鸟在草地上欢唱了。我渴望着春天的微风吹去我这么久以来在室内作画所积下的疲劳。我要休息几个星期，尽可能到户外去换换脑子。我想到用我的习作来创作一些水彩画，但此刻它们还没有派上用场。

最近我觉得身体很虚弱，也许是因为我感冒了，但我担心是由于过度劳累而引起的。我的身上已出现明显的症状，这是在警告我必须得注意——起初我的眼睛有时候觉得非常累，但当时我没有给予重视。昨晚眼屎很多，连眼睫毛都粘在一起了，我视力减弱，看不清东西，我的眼睛和脸看上去就像是曾狂饮狂闹过一番。当然，情况不是这样——正好相反，但谁知道如果我在街上碰到什么人，他会不会说我显然是在放纵自己？12月中旬以来，我一直拼命地工作，尤其是忙于画头像，以后我要经常用冷水来洗澡和洗头。

那些工作后的"污垢"以及过度疲劳后的沮丧是多么令人痛苦！生活的颜色就像洗碗水，它成为类似垃圾堆的东西。在这样的日子里，一个人是很想有朋友陪伴的，那样有时候可以驱散沉重的雾霭。尽管这样，我一直在画一幅水彩画，还在画一幅素描，画的也是挖掘者，准确地说是修路工，斯堪克维格的修路工，但是我感觉画得一点也不好。我还用彩色铅笔画了一些人像，整个画面用海绵润湿，使阴影变得柔和，光线得到增强，我想这样效果较好。

你知道我一直在想什么吗？在一个画家生涯的开始阶段，由于他担心自己不能掌握绘画技巧，对以后是否能掌握没有把握，又雄心勃勃地急于求成，结果使他不自觉地把生活弄得非常清苦。他不能消除那种不安的感觉，他驱赶着自己快干，虽然他并不喜欢被驱赶。这是没有办法的，这是一个人必定要经历的时期。

在习作中也一样，一个人觉察到某种紧张、干瘪的笔触，与自己所追求的沉着、雄浑的笔触是背道而驰的，然而，如果一个人太刻意去追求笔触的雄浑，效果倒未必会好。一个人在开始学画时的这种紧张心理，使得自己的习作常常显得幼稚笨拙，但我并不认为这会使人泄气，因为我观察过别人，他们后来自然而然地摆脱了这一切。有时候一个人终生都会保持那种令人沮丧的绘画方法，但不会总是像初学时那样，总会有长进的。

有时候我想，我要做一个实验，以不同的方法去作画，那就是说，胆子再大一些，敢于冒更多的风险，但我又想，首先我当然必须更多地研究人物肖像，直接通过模特儿来学习。

我给父亲寄去了一幅画，这幅画是按照他对我那第一幅老人平版画稿提的建议而作的。这并不是因为我觉得父亲是完全正确的，而是因为我想：现在我知道你们是怎么想的了，我要努力使它符合你们的需要，不过，恐怕我未必做到了这一点。虽然一个人努力去做，但并不总能使别人满意。

这里的春天来得真快，最近几天已经像真正的春天了。例如，上星期一天气就很好，我过得非常愉快。我想，穷人和画家对天气和季节的变化都有着共同的感觉。在像基斯特这样的街区和那些所谓救济院的院子里，冬天总是一个难以忍受、令人忧虑、烦闷沉重的季节，而春天则是使人们得以解脱的季节。如果一个人注意到这些，他就会把这样一个早春的日子看作是一种福音。

当你看到许多灰色、干枯的面孔来到户外，不是为了要做什么特别的事情，而似乎仅仅只是为了使自己相信春天已经来到的时候，一种伤感不禁油然而生。使人觉得意外的是，各阶层的人都出来了，拥挤在市场上，有人在那儿卖报春花、晨星花，以及其他球状花卉，偶尔我碰到一个干瘪的政府职员，显然是朱瑟朗式的人物，穿着黑色的旧大衣，油光光的领子——他对于冰雪融化的反应是典型的。当然，每一个人对此都会有感觉，但是对于富有的中产阶级来说，这没有那么重要，不会给他们通常的心境带来很大的变化。我觉得有一位挖土工的说法是很典型的："在冬季，我在寒冷中所受的苦和冬天小麦所受的苦一样多。"

日落时，沿着贝佐丹荷特或者树林边散步，可以看见天上黑色的云层，衬着银色的边缘，显得格外壮观，对此你是记得的。从画室的窗户往外看，风景也是很美的。人们不时觉得空气中弥漫着某种芳香。在这种时候，一个人不能只是因为必须休息而休息。

在草地上，那里的颜色常使我想起米歇尔。泥土是棕黄色的，枯萎的野草铺在上面，一条泥泞小道从中间穿过，到处是水塘，还有黑色的树干，灰白色的天空，远处的房子色彩协调，但红色的屋顶又带有一点其他的颜色。在这些日子里，蒙特马特尔也很快会有米歇尔画过的那些奇景的。这些景色令人赞叹不已，米歇尔的秘密（像韦森布吕赫的一样）在于进行合适的测量，找出前景和背景的正确比例，按照透视画法，确定线条的正确走向。

这一切看起来似乎很简单，但在简单的背后却包含着需要付出代价的科学方法，在一些看起来似乎更简单的作品里也是一样——如在杜米埃的作品里。这些技巧并不是偶然发现的，我想米歇尔在获得成功之前，一定受过挫折，甚至有时因为事情不如意而感到失望。

假如我的眼睛还不见好转的话，我将用茶水来洗它们，不过，事实上它们正在好转，所以目前我暂时不去理会它们，因为过去它们从来没有给我添过麻烦。近来真的，它们比最初时更能顶得住画画的劳累——只有一次例外。那是在今年夏天，当时我牙痛，所以我相信我的眼睛问题不大，只不过是紧张和过度疲劳罢了。我希望这星期我又能正常地进行工作。

几个星期以前，我读了弗里茨·罗伊特[1]的《当我坐牢的时候》。这本书以非常高明的手法，描述了弗里茨·罗伊特和其他人在被关进一个要塞以后，是如何使他们的狱中生活尽可能地得到改善的，是如何从负责看管他们的少校那里多争取一些权利的。这本书启发了我要与房东做斗争，以改善我的居住条件。

我的画室有三个窗户，它们使房间太亮了，即使我以纸板挡住也依然如此，为了解决这个问题我已经想了很久，但房东拒绝做任何事情，除非我自己出钱。现在，经过发起新的进攻，我得到了六扇护窗板和六块长木板。我把护窗板锯断，这样上半叶和下半叶都可以随意开关，光线既可以从上面也可以从下面进来或者被挡住。长木板用在凹室中做一个大壁橱，用于放置我的画稿、版画和书籍，同时也用于挂我的各种罩衫、外套、旧大衣、披肩、帽子等，最后还有一件但并不是最不重要的物品——我的海员防水帽。这顶帽子在我弄到手时，上面还粘着鱼鳞呢。

如今，现代风格的房子建得多么糟糕，如果建造者努力把它们建造得舒适暖和一些的话，情况就不会是这样。吸引人的东西越来越多地失去了，取而代之的是一些冷漠、系统、有秩序的

1　弗里茨·罗伊特（Fritz Reuter, 1810—1874），德国作家。

东西。常使我感到绝望的是，有时我看到一个女人在一个小房间里翻找东西，我发现在这个人物身上有某种典型、神秘的东西，但当我请这位妇女来到画室里给我作画时，那种神秘的东西消失了。同样，画同一位老人，在黑暗过道里比在我的画室里效果要好得多，这是令人恼怒的。

现在，我可以获得大不一样的光线效果了。第一个窗户的下半部分关上，上半部分半掩着——像救济院里一个小房间的门，第二个窗户的上半部分关上，像各种人物靠着坐的一个窗户，左边的背景是暗的，因为第三个窗户全关上了。请把现在的情况与以前没有装上护窗板时，任凭自然光线从三个窗户同时照射进来的情景做一个对比，你就会明白，我现在的工作条件要比以前不知好了多少倍。另外，过去画室里反光过强，抵消了所有的效果，而现在，当我在别人家里看到一个人物形象时，我可以很容易地在画室里布置回原来的场景，然而，花费超出了我原来的预算，因为旧窗帘得做较大的改动。我知道，你会明白我的画室确实已经发生了很大变化的。啊，对此我多么高兴，它曾使我烦恼，因为我不能改变它。

我想，今晚我很可能会梦见戴着防水帽、身穿油布雨衣的海员们，光线落在他们身上，形成很强的投光，突出了他们的形象。

昨天下午我给你寄去了一幅非常粗糙的水彩画稿。几个月前我就开始画这幅水彩画。自那以后，我画了大量的人体习作，尤其是头像，以便为这幅画稿做准备。这幅画必须要依赖于人物的头、手、脚来体现其富有个性的特点。我把它寄给你，是因为从这幅画里，你将会比从我的任何其他画里看得更清楚，我对颜色是有着很好的分辨能力的——尽管有灰色的雾霭，我依然对颜色看得很清楚。不管这幅画是多么不完整和有多少缺陷，它所描绘的街道一角都能代表基斯特街区或者犹太区的特点。对于所有我看过的场景，我能够画到现在这种水平，并能获得相当好的色调和色彩效果。

　　原先的大幅人头习作，在这样的作品中可以派上用场，但我依然会遇到更多的失败，因为我相信，在水彩画中能否成功，在很大程度上取决于下笔的灵巧和迅速。为了获得画面的协调，一个人必须在画没有干以前连续工作，没有多少时间来考虑。因此，关键不是要逐个把习作移过来，而是要达到一种新的认知和技能的高度。一个人必须迅速地把那20或30个人头像一个接一个地画下来。惠斯勒[1]说："是的，我只用了两个小时就完成了，但是为了能做到这个，我研究了好几年。"

　　最近我没有画水彩画，但我太爱水彩画了，不可能完全放弃它。自从上一次画了一幅以后，一个多月以来，我抱着一种投石过河的态度又画了几幅水彩画。每完成一幅，我都看作是又越过了一重障碍。由于画室的条件得到改善，现在我能更好地研究明暗对照法的效果，我将越来越多地用毛笔来作画，即使在黑白画中也一样，我用灰颜料、乌贼墨、印度墨、卡塞尔土来画阴影，用中国白颜料来画光亮的部分。不过，春天正在来临，我又想画一些油画了，但我的颜料真的已全部用完了。由于最近花费相当大，我现在确实是身无分文了。

　　你还记得去年夏天你曾给我带来一枝硬铅笔吗？那支铅笔有

1　惠斯勒（James Abbot McNeill Whistler, 1834—1903），美国画家。

灵魂和生命——孔泰铅笔[1]已经死了。我想,从外表上看,两把小提琴也许很相似,但演奏时人们会发现,一把小提琴的音色很美,而另一把则相差甚远。

今天,我用那一小截铅笔剩下的部分另画了一张草图,然后用乌贼墨汁润色,虽然我在画这幅画时是记得你的提示的,但如果这幅画仍不符合你的期望,请不要因此而感到失望。我发现铅笔具有各种特性,这使它成为一种描绘自然景色的很好的工具。今天早上我到城外散步,去了马里斯曾住过的牛德布顿辛格尔后面的那片草地,那里有一个公共垃圾场。我在那儿驻足良久,凝视着一排我所见过的最扭曲、最多节、最悲伤的截梢柳树。它们长在一小块新开垦的菜园边,它们的倒影映照在一条肮脏的小水沟里——非常脏,但春天的野草叶片已经开始在沟中摇曳闪光了。望着那粗糙的褐色树皮,那新铲起的泥土,从泥土中人们可以看见其肥力——所有这一切,都处于一种浓重的深黑色之中,这再次使我想起你送给我的那支铅笔,所以当我再多得到一些这样的铅笔后,我便能立即用来试画风景画了。

虽然我对于创作一些工人肖像画,以便用于制作平版画的计划谈得不像以前那么多了,但我还是把这件事挂在心上的。最近,我对斯莫尔德斯谈到了平版画。我在街上碰到他,他问我是否有意再制作一些——这正合我的心意,但我必须要和拉帕德商量一下。他已经答应来看我,我希望能和他做一些安排,先创作一组画,等它们达到要求后就拿来复制版画,但我必须得先看看我的习作有多少。我已完成了一幅播种者,一幅割草者,一幅在

1　孔泰铅笔(Conté pencil)是18世纪后期法国科学家尼古拉–雅克·孔泰发明的一种特别坚硬的铅笔,由石墨与可改变铅笔硬度的黏土掺和配制而成。

洗衣盆洗衣的妇女，一幅女矿工，一幅女裁缝，一幅救济院的人们和一幅推着装满肥料的独轮车的农夫，但是这些画并不能够使我对自己的工作感到满意，相反，我会说：是的，这又和以前的一样了，还应该再好些、再认真些。

我十分欣赏埃米尔·韦尼耶[1]复制的米勒、柯罗、多比尼的平版画，它们颇具特点。一个人如果能够和一个懂行的人交谈，谈论的目的不是为了复制图画，而是为了更好地探讨在制作平版画时可以做的事情，那该多好啊！

我正在阅读维克多·雨果的《悲惨世界》。布里翁为这部书所作的插图很好，十分合适。重读这样一本书是有益的，因为它能使某些感情和思想保持活力，尤其是帮助我们相信并意识到人间还是存在着某种高尚的东西的。人们通常认为，对每一个人来说，万物的基础是对人类的热爱，但是也有一些人认为，还有比这更好的东西。对此我不想知道。老的基础，既然经过许多时代的检验被证明是正确的，对我来说就已经足够了。

今天下午我捧着这本书读了好几个小时，大约在日落时，我才回到画室。从窗户往下看，我看到一片宽阔昏暗的前景——新翻犁的园子和露出温暖黝黑泥土的田野，一条浅黄色的沙石小路斜穿过这片土地，路边长着绿色的野草和纤细弱小的白杨树苗。田野后面是这座城市的灰色轮廓，看得见火车站的圆顶，教堂的尖塔和烟囱，在城市正上空，几乎就在地平线上，是一轮落日，这情景完全像雨果书中的一页。

昨天上午我去了范德威尔家，他正在画一幅描绘挖掘者、

1　埃米尔·韦尼耶（Emile Louis Vernier，1829—1887），法国画家。

《白杨林道》 ■ 荷兰 ■ 凡·高

马和送沙马车的画。这幅画在色调和色彩方面都显得很美，尤其是画中的物体都笼罩在灰色的晨雾当中，它的技法和构图雄浑有力，其风格和个性较独特——它远比我所看过的范德威尔的其他作品要好。

你知道什么使我高兴？你记得，范德威尔今年冬天曾来看过我，当时我正在画我的挖掘者习作。他看到了这些习作，但它们似乎没有引起他的兴趣——肯定没有，但是后来他为了画好他自己的这幅大型作品，他让挖掘者摆各种姿势让他画，他还实地观察过他们如何工作。事实上，他已经仔细地研究了真实的挖掘者。现在，当他再次翻看我的习作时，翻到挖掘者的习作时，他的评论已经和几个月前大不相同了。我开始越来越多地注意到，包括别人和我自己，人们是多么经常错误地以为这或者那"是不正确的"。人们总是以为他们对这是有把握的，然而，如果一个人想做一个诚实的人，那么他就必须把这句话收回去。

一幅画的伟大和统一在习作上是找不到的。这不足为奇，习作不引人注目，也不处在合适的位置，背景被忽略了。我希望你在看我的习作时记住这一点。我的意思是说，打个比方吧，在关于空间的问题上，不要以为我是以与范德威尔不同的眼光来看待自然的。相信我，方位并不是最难学的东西。如果我的习作是好的，我对其他方面也是十分有信心的。请你绝不要以为我会忽视空间、氛围、广度等，但一个人绝不能从它们开始。首先应该是打基础，然后才能够建房顶。

《黄色的麦田与丝柏》 ■ 荷兰 ■ 凡·高

第 9 章
生活仅仅是一个播种的季节，
收获的季节不在这里

海牙　1883年3月

　　谢谢你对我生日的良好祝愿，碰巧的是，那天我真的过得非常愉快，因为那天为了画一幅挖掘者，我找到了一个非常好的模特儿。有时候，我不敢相信自己年仅30岁，每当我想到绝大多数认识我的人都认为我是一个失败者的时候，每当我想到也许真会这样，如果事情不往好的方面转变的时候，我感觉到自己的年纪比这要大得多。每当我想到事情也许真会这样时，我会非常真切地感觉到它，自己的情绪会马上低落下来，就好像我真的就是那样一个人。在情绪比较正常、比较平静的时候，有时我会感到高兴，30年过去了，但并不是没有学到一些对将来有用的东西。我感到自己有力量有精力来度过将来的30年，如果我能活这么久的话。在我的想象中，我看到今后的岁月是认真工作的岁月，会比前30年幸福。当然，实际上会怎么样不仅仅有赖于我自己，外界和条件同样是很重要的。

　　30岁对于一个干事业的人来说，仅仅是一个稳定时期的开始，因此一个人会觉得年轻和精力充沛，但与此同时，生命的一部分已经消逝了，它将永远不会再回来，这又使人感到悲哀。感到有某种遗憾决不能看作是愚蠢的感伤主义，不过，人们不应期望生活给予他已经知道不能给予的东西。相反，人们应开始越来越清楚地认识到，生活仅仅是一个播种的季节，收获的季节不在这里。也许，这就是为什么有时候人们会对公众舆论无动于衷的原因。

　　有一件事情我敢向你肯定：我的工作越来越令人鼓舞，可以说，这给了我更多的活力。我有某种能动性，一个有能动性的人即使在没有明确目标的情况下也会努力工作，但如果他找到了目标，他就会以加倍的努力去干。你在信中写道："有时候我不知道怎样才能渡过难关。"现在，我常有同感，而且不止在一个方面，不仅仅在经济上，在艺术上以及在整个生活中都一样。你认为有没有例外？你不认为每一个有勇气和精力的人都会有这样的时刻吗？忧郁、绝望、痛苦的时刻？这是每一个有意识的人生的条件。有一些人似乎没有自我意识，但那些有自我意识的人并非就是不幸福的，而且自我意识也不是例外赐给他们的东西。

亲爱的兄弟，你给了我忠诚无私的帮助，你很清楚，我是多么强烈、多么热切地感觉到我欠下了你一笔巨大的债。要想用语言来表达我对此的想法是困难的，这也是我经常觉得失望的一个原因，因为我的画至今没有达到自己的期望，但是一个忙于引线和编织大量纱线的织布工，是没有时间来对自己的工作进行哲理分析的，他更多的是感觉到事情是怎样进行的，而不是能够解释这件事情。虽然你和我在一起谈话的时候，无论谁都没有谈及过什么具体的计划，但也许我们双方都应该强化一种感觉，即有些事情正在我们之间逐步酝酿成熟。这正是我所喜欢的。

我收到了父亲一封非常热情、令人高兴的来信，信中还夹有25盾钱。他说，他得到了一些他本来已不指望会得到的钱，他希望我也能分享一些，但是有一个想法不知不觉地出现在我的脑海里，是不是有可能父亲从某人那里得知我手头缺钱了，我希望这不是他的动机，因为我认为对我的处境这样看未必正确。

依我看，我常常和克罗伊斯[1]一样富有，我不是指钱，而是指

---

1 克罗伊斯（Croesus），公元前6世纪的吕底亚末代国王，以巨额财富闻名，他曾征服了小亚细亚海岸的希腊城市，后被居鲁士大帝推翻。"克罗伊斯"一词成了"大富豪"的代名词。

《父亲的画像》 ■ 荷兰 ■ 凡·高

在我的工作中，我已经找到了某种我能够为之献出全部身心、并给予生活以灵感和热情的东西。当然我的情绪会有波动，但一般而言我相当平静。对艺术我有确切的信念，确切无疑的信心，这是一股强大的水流，它会把一个人推到港口，虽然他自己也必须尽力。我有时会陷入相当困难的境地，在我的生活中也有令人沮丧的日子，但是当一个人已经找到了自己的工作，我觉得就是一件大喜事，所以，我不能把自己归入不幸者之列。我还不能做一切我敢于做的事情，因为花费是那样大，从雇请模特儿、吃住到颜料、画笔，样样都得花钱——这也和织机一样，机上的不同纱线必须要分隔开来，但是我的境况毕竟还是要比许多人好。

面对同一件事情我们都得咬紧牙关坚持——既然每一个画画的人都得这样做，而且如果独自作战就会有沉没的危险，那么为什么不能让更多的画家像普通士兵那样团结起来，并肩战斗呢？特别是，为什么那些花钱最少的艺术门类那样受到蔑视？伊斯拉埃尔斯的两幅大蚀刻画是多么漂亮——一幅点烟斗的人和一幅工人家的内景！我想伊斯拉埃尔斯能继续创作蚀刻画是非常了不起的，尤其是当其他人都已放弃了这种形式的时候，他就更显得伟大了，但是尽管伊斯拉埃尔斯前辈的头发已经花白了，但仍然精力充沛，继续取得进步，而且取得了巨大的进步——这才称得上真正的青春活力和长盛不衰的精神。该死的，如果其他人也能这样做，我们能够向全世界提供多么漂亮的荷兰蚀刻画啊！

我想把这25盾钱用于整理装裱我的水彩画作品。近来我用油墨作画，先用松节油稀释，然后用画笔来画。用这种方法可调出浓重的黑色。如果掺进白色颜料，就可以得到很好的灰色，掺进一定量的松节油后，甚至可以画出非常淡薄的颜色。有时候我觉得绘画用品的价格被抬得太高了，以至于使许多人不敢涉足这个领域。另外，我还要还清欠海牙文具商洛尔斯的钱，同时，我还有可能需要购置一些画室里的各种用具，以便使它更合用些。我热爱我的画室，就像水手热爱自己的船一样。

我用你送给我的颜色铅笔加上石印色笔作了一幅大的铅笔画。画的是一个挖掘者——我的模特是那位矮小的救济院老人。他弯腰俯视着黑色泥土，光秃秃的头对我来说充满着某种意义，譬如说"累得满头汗，方能挣碗饭"。那幅扛铲子的妇女和这幅挖掘者的色彩都显得比较自然，人们不会认为它们是以某种复杂的方法来制作的，甚至人们连想都不会去想它们是如何制作的。通过运用某种灰颜色，通过运用浓淡相间的黑颜色，我们可以避免普通孔泰铅笔那种无光泽的、像金属般的色彩。因此，照我看，花些时间寻找一些颜色铅笔和石印色笔是值得的。

今天早上，一个名叫纳肯[1]的画家看到了这两幅画，他原本不是来找我的，他敲我的门，以为范德文特[2]住在这里，实际上他住在另一条街。我告诉了他，然后问他是否进来坐坐，看看我的画室，他同意了。当时我正在画那幅挖掘者，所以它就成了他在画架上看到的第一幅画。他说："这幅画画得很好，你观察得很仔细。"你可以相信他这些话并不假，不管怎么样，它们使我高兴，因为我想如果事实不是这样，纳肯是不会随便赞扬一幅人物画画得很好的。

范德威尔又来看我了，他可以帮助我结识范德费尔顿[3]，我想

1　纳肯（Willem Carel Nakken, 1835—1926），荷兰画家。

2　范德文特（Jan Frederik van Deventer, 1822—1886），荷兰画家。

3　范德费尔顿（Petrus van der Velden, 1837—1913），荷兰画家。

你从后者的农民和渔民肖像画中会认识他的。我曾见过范德费尔顿，他身上有某种开朗粗犷的东西深深地吸引着我——粗面水彩画纸的那种粗犷——他明显地不属于那种从外在的东西上去寻找文化的人，而是一个比绝大多数人都更加注重内在东西的人。他使我想起乔治·艾略特笔下的激进主义者菲利克斯·霍尔特的形象。他是一个真正的艺术家，我希望能结识他，因为我信任他，我知道我应该向他学习。

这个星期我在画两幅人物画，一幅是一个在石南荒地上捡泥炭的妇女，另一幅是一个跪着的男人。一个人为了使画中的人物富有表情，就必须要十分熟悉人物外形结构，对这种看法至少我是没有异议的。埃德尔费尔特[1]画的人物表情丰富，他的感染力不光在脸部，还在人物的整个姿势。最近几天，更准确地说最近几个星期以来，我有一位很好的伴侣，一个年轻的土地测量员，他正在学画，有一次他把他的画拿给我看，我告诉他为什么我认为这些画很糟糕，有一天，他又来看我，他现在有更多的空闲时间了，他会跟我到户外作画吗？哦，提奥，这个小伙子对风景画的画法已掌握得很好，所以现在带回家的已是画得非常好的草地和沙丘的素描了。他父亲不想让他把时间花在画画上，但依我看，他可以把绘画与他的土地测量员的职业很好地结合起来，他有点儿像我们当初刚认识的拉帕德。

在你的生日到来之际，我也想向你说几句话：祝你在未来的岁月里快乐幸福，事业成功。自从上次你来这里后，一年快过去了，是的，我非常盼望你能再来。我有这整整一年的作品要给你

---

1 埃德尔费尔特（Albert Gustaf Aristides Edelfelt, 1854—1915），芬兰画家。

《田地里劳作的农妇》 ■ 荷兰 ■ 凡·高

看，我们必须把这些作品和将来联系起来谈谈。你在信中提到，有一些绘画爱好者说不定什么时候会买我的作品，虽然它们一时还成不了热门商品，我相信会这样的。如果我能成功地在我的作品中注入一些热情和爱，它们一定会找到朋友，问题的关键是要继续工作。

我的习作数量不断增加，但是必须从这些习作中创作出新的作品来，把更多的活力注入习作中的时刻已经到来。现在，我的接触面还只限于少数模特儿，但是我的理想是接触越来越多的模特儿，接触一大群穷苦的人们。对他们来说，在冬天或者当他们失业的时候，我的画室就是一个很好的庇护所。在那里他们知道会有炉火、吃的和喝的，还可以挣到一点钱，现在已经是这样了，只不过是在一个很小的范围内。

为了实施我的计划，我必须比现在花更多的钱，但不管怎么努力，我始终无法节省更多的开支。如果我过去实施了这个计划，恐怕我将不得不半途而废。我不得不说："如果不是由于费用不足的话，我是能够做这样那样的事情的。"那将是令人丧气的，要是那样，没有用完的精力还在，人们愿意继续使用这些精力，而不愿意被迫受到压抑，但是，我并不想埋怨——我这样说是为了求得更好的理解，是为了卸去自己的精神负担。英国人说"时间就是金钱"。有时候我为钱而苦苦思索，眼睁睁地看着时间流逝，而如果我有钱的话，在这些时间里本来是可以做不少事情的。

我希望能有更多的钱来购置绘画用品。即使我的习作一幅也卖不出去，我想它们仍然值得我在这方面所花去的钱。我的画室现在比过去好得多、方便得多了，但是我拥有的蒸汽只够"半速"前进，而我想"全速"前进。你的负担也已超出了你的能力，不过，我们必须尽力而为，凭力气搬不动的东西，我们必定可以用耐心将其冲蚀掉。

还有另一个因素在激励着我，那就是拉帕德。他现在正全力以赴，干得比以前努力，我想赶上他，因为这样我们可以互相学到更多的东西。他比我画得多，从事绘画的年月也比我长，但我们俩大体处在同一个水平上。我不想作为一个画家来和他竞争，但我并不想让他在绘画技巧上将我击败。他将要送一幅大型图画去阿姆斯特丹画展，那幅画表现的是围坐在一张工作台及周围的四个彩砖画工，我间接地听到有关它的不少好评。现在，虽然我还无意创作大幅的作品去参展，但我还是不愿意画得比拉帕德少。我甚至有了一个令人鼓舞的想法，即一个人可以往一个方向发展，另一个人则往另一个方向发展，即使这样，他们也还是可以互相支持。我固然反对源于妒忌的竞争，但同时我也鄙视那种硬要把双方拉在同一水平上的不求上进的友谊。

现在，我仅仅使用画笔和印刷油墨来作画，说实话，我现在手头非常拮据。我感到非常遗憾，拉帕德没有来，他曾来信说要来的。如果我问他借些钱，我相信他是不会拒绝的，因为他自己今年冬季就曾主动提出过，但后来他病了。我记得他的父亲当时写道："我儿子病了，但我知道这回事，也许你有困难，我愿意借给你一些钱。"当时，我觉得拉帕德的父亲是那样客气，如果我在那种时候收下他的钱，我自己就是太不客气了，所以我回答他说："谢谢您，还是先等您儿子恢复健康后再说吧。"

今天早上收到你的钱的时候，我实际上已有差不多一周时间一个钱也没有了，另外，我所有的绘画颜料也用完了。我一直在和斯莫尔德斯交涉有关买纸的事宜，最后买下了他的纸，虽然花这笔钱在目前来说对我是很不适宜的，但是我急需这些纸以及供雕刻工用的印刷油墨和石印色笔。为了能够继续工作，我还得花钱买几样家庭用品和贮备一些食品，还得付钱给模特儿。

现在我手头有几件事情必须完成。如果你能再寄10个法郎给我，这个星期就可以平安度过。如果不行，将会导致令人不愉快的损失，不过请不要生我的气，这是好几样东西合起来的费用，全都是绝对必需而又无法省去的。如果你不能寄这笔钱来——没关系，这无论如何也不会毁掉我们。在小事情上的困难，哪怕是数量很小的钱，也会经常使人绞尽脑汁，这次就是一个例证。

我和范德威尔约好下星期去沙丘上作画，他将教我一些我至今还不知道的东西。我已在沙丘上作了好几天画，但我渴望能有一个模特儿，要不我就画不下去了。

我的女人似乎有些不舒服，对此我很担心。

米什莱说得好："一个女人就是一个病人。"她们，提奥，她们就像天气那样变幻莫测。一个能看见物体的人在各种天气中都能发现某种美好的东西，他发现冰冷的雪和炎热的太阳是美的，发现风景和无风的天气是美的，他喜欢冷和热，喜欢每一个季节，全年没有哪一天他不喜欢，在他的心底里，一切顺其自然，无论怎样他都满意，但即使一个人以这种态度来看待天气和变化的季节，并同样以这种态度来看待易变的女性本质，而且在心底里相信女性的不可思议总是有原因的，顺从于自己所不能理解的东西。即使一个人能够这样来考虑问题，我们自己的性格、意见也未必总能在每一个时刻，都与和我们结合的女人的性格、意见相协调、相一致。一个人常常不是焦虑、不满，就是怀疑，尽管他或许也有勇气、信任和宁静。

照料我女人分娩的那个医生告诉我，恐怕需要好几年时间她才能够完全康复。这就是说，她的神经系统依然是很脆弱的，最大的危险是她有可能会重犯以前的错误，这使我时时忧虑。她的脾气有时候坏得几乎令人难以忍受，即使是我也难以忍受——狂暴，充满恶意，可以告诉你，我有时候感到很绝望。现在她好转了，事后她常对我说："在这种时候，我不知道自己在干些什么。"

有时候，尤其是当我大胆地对我已经发现多时的她的一些缺点提出批评时——比如，在给孩子们做衣服和缝补衣服的问题上，会出现紧张的场面。在这方面，像在其他许多方面一样，她已有了很大的改进，但是她性格上的这些错误必须加以纠正——粗心的习惯、冷漠、缺乏主动和能力——哦，许许多多。它们的根子都在于：没有受过良好的教育，长期以来对待生活的十分错误的观点，以及坏朋友的不良影响，除此之外难道还会有别的原因吗？

你知道，我是出于信任才告诉你这些，不是因为我感到失望，而是为了使你理解生活对我来说并不是一个玫瑰花坛，而是像星期一早晨那样令人厌倦。同时，我也必须改变自己身上的许多东西。她肯定会在我身上发现勤劳和耐心的美德。要使自己间接地成为别人学习的榜样——是非常困难的，兄弟——我有时候也做不到，但我必须把自己的调子定得更高些，以便能唤起她新的冲动。

我想以下这种说法是很有道理的："如果一个人结婚了，那么他就不仅仅是和他的妻子本人结合，而且还和她的整个家庭结合。"如果这个家庭是不好的话，那将是让人难堪和痛苦的。想起来让人感到悲哀，真的，有时候居然连像母亲和女儿的关系那样的事情也会有不好的一面，结果是使热爱和追求光明的男子因此而遭受到致命的挫折。对一个女人来说，母亲的影响以及和朋友们的交往，有时候会比其他任何东西都更容易导致更大的堕落，从而阻拦思想和行动上的革新——而有时候这种革新是多么紧迫和必要。

我向你保证，我之所以与那个女人难以相处，十有八九是源于此，然而，那些母亲们并不真坏，她们只是不知道她们在干些什么，五十来岁的女人常常多疑。我不知道是否所有上了年纪的女人都想支配她们的女儿，而且常常是以错误的方式来支配她们。在某些情况下，她们的方式也许有某种理由，但是她们不应该把所有的男人都是骗子和傻瓜这种看法当作她们的信条，更不应据此认为女人必须欺骗男人，女人样样都比男人懂得多。假如非常不幸地让这种母亲体系应用于一个正直、忠诚的男子身上，他肯定是要吃苦头的。

然而，理智——在这里我指的是良心——受到人们普遍尊重的时代还没有到来。为了这一时代的到来而做出贡献是一种义务，在评价一个人物的时候，人们要求的一个重要方面就是要考虑到当前的社会环境。许多人比较关心家庭的物质生活而不那么关心精神生活，并以为他们这样做是对的。在某种情况下，妻子的母亲就是一个爱管闲事、造谣中伤、令人恼怒的家庭的代表，因此她必然会诽谤别人和充满敌意，虽然她本人倒未必有这么坏。

在处理我女人和她母亲的关系上，我宁愿——在我们家里，关系是处理得很不好的——她母亲立刻搬来和我们住。她在我们家里肯定要比住在她家其他人的家里要好得多，因为在他们那里她经常遭到粗暴的愚弄，因此刺激她也耍起阴谋来。今年冬季她

Waarde Theo,

In myn vorigen brief zult ge een krabbeltje gevonden hebben van dat bewuste perspectiefraam. Daar net kom ik van den smid vandaan die ijzeren punten aan de stokken heeft gemaakt en ijzeren hoeken aan het raam.

Het bestaat uit twee lange palen.

met sterke houten pennen gemaakt het raam daaraan vast. 't zij in de hoogte 't zij in de breedte.

Dit maakt dat men op 't strand of op 't weiland of op een akker een kykje heeft als door 't venster. De loodlynen & waterpas lynen van 't raam verder de diagonalen & het kruis —— of anders een verdeeling in kwadraten geven vast & zeker eenige hoofdpunt waardoor men met vastheid een teekening kan maken die de groote lynen & proporties aangeeft.

母亲手头非常拮据的时候，我曾建议过，我说："如果你们是那样难舍难分，干脆就搬来住在一起吧。"但是我相信，虽然她自己的境况并不好，但仍觉得我们的生活过于清苦，而这种生活正是我所希望的，而且条件也迫使我不得不过这种生活。

然而，那小家伙的生命力简直是一个奇迹，他似乎已经把自己放在一切社会惯例和习俗的对立面。据我所知，所有的婴儿都是靠吃一种面粥长大的，但他断然拒绝吃这种粥。虽然他还没有牙齿，但啃咬起面包片来快得很，无论什么能吃的东西，他边笑边叫地都吃得下。对稀粥，他则把嘴巴闭得紧紧的，一口也不吃。他常和我一起坐在墙角地板的几个粗布袋上面，一看到图画他就会欢叫，而在画室里他又总是很安静，因为他看见了墙上挂着的画。啊，他是一个多么可爱的小家伙！

拉帕德来过这儿，我向他借了25盾钱，我答应秋天还给他。见到他我很高兴，我们花了一整天时间来看我的习作和素描。明天我去他那儿，去看看他的作品和画室。这一天过得真愉快，从我个人来说，我现在比以前更喜欢他了，他的肩膀比以前宽了，我想，他对许多问题的看法也比以前宽容了，他的画在阿姆斯特丹画展已被接纳。

他借给我的钱帮助我解决了许多非常紧迫的问题。我买了几块供在户外用的大速写画板，还买了一块画板用于画水彩画。我立即试用了这块水彩画板——画了一幅在沙丘上的小村舍，前景有一辆独轮车，后景是一个挖泥炭的人的矮小身影。噢，提奥，总有一天我会掌握画水彩画的技巧的。

我对父亲非常短暂的来访大吃一惊，我想他很喜欢我手头那些工人的肖像画。

我怀着浓厚的兴趣看了《巴黎美术展览会》1883年版——首次用新方法复制的一些插图。尽管我还有其他种种开支，但我还是预订了这本书，主要是考虑到我自己也在用油墨和石印色笔来复制图画。我坚定地相信，我的一些作品也可以用这种方法复制得很好。

巴黎美术展览会终于开幕了，我想在展出期间特斯蒂格先生和科尔叔叔会去看望你的。我和特斯蒂格发生分歧已几乎有一年时间了，他肯定认为，我已把过去的事情遗忘了，但那次和特斯蒂格的争吵使我很不愉快，我必须时常谨慎地避开古匹儿画店的画廊。当我回顾自去年5月以来的日子，提奥，我发现我的日子一直很不好过，或者说从来没有无忧无虑过，不是吗？但这没关系。你给予我的不是少了，而是很多了，然而，要想继续工作和取得进步，要想养活一家大小，对我的女人和我来说，都不是一件开玩笑的事情。另外，有时候由于和某些人的关系较紧张，我必须避开一些从我的工作角度考虑我应当直接或间接接触的人，这样做对我来说是非常困难的，但目前我无法改变这种状况。

我刚从乌得勒支回来，我去看望了拉帕德，我们详细讨论了新的计划。我也很想创作一些描绘人物的炭笔画，当我知道拉帕德喜欢我的一些画后，很受鼓舞，现在我看到了他的作品是什么样子之后，我仍然为我的一些画能使他满意而感到高兴。拉帕德的画室很好，非常舒适，我再次看到采用好材料，经常利用模特儿作画是多么有用。我总是唯恐自己工作不够努力，我想我还可以画得比现在好得多，而这正是我现在要达到的目标——有时候真有些狂热。

我自己还不能判断，我的一些习作是否已经好到除了可以存放在我的画室外，还值得存放在别的什么地方，然而，从拉帕德那儿回来的时候，我满脑子都是计划，心中充满希望，因为在那儿我看到了他的习作结出的硕果，也就是说，这我也能做到。让我们鼓起勇气，继续专心学习吧。

明天一早，我将和范德威尔出去。

今天是星期天。这段时间我一直处于工作的狂热之中，而现在我在平静地坐着写信。

你还记得我刚学绘画时寄给你的《冬天的童话》、《逝去的阴影》等几幅素描吗？当时你说画中人物的动作表现得不够好。这几年来我什么也不干，专门画人物，力图赋予他们动作和结构，锻造一个人物是非常困难的。真的，这和锻造铁器一样——人们照着模特儿画呀，画呀，开始时毫无结果，但最后这幅画慢慢成形了，显现出肖像，这和铁器是一样的，在热的时候它是可锻造的，然后人们必须要继续锻造才能成形。经过一段时间单调乏味的工作后，不知怎么的我失去了创作的冲动，并影响了想象力的发挥，但当我和拉帕德在一起时，他相当诚恳地说："你早期的那些素描画得很好，你应当用同样的方法再画一些。"我的创作欲望顿时被唤醒了。

这星期我一直在作一幅大型的画。我想你在画中可以发现我早期作品中的那种热情，不过人物具有更多的动作。这幅画描绘的是在沙丘上挖泥炭的人，那里是大自然中一小片神奇的土地，存在着无数可供入画的题材，近来我经常去那里，画了大量的习作。拉帕德看到了这些习作，但当他还在这儿的时候，我们还不知道如何把这些习作汇集成画。后来，我终于想出了如何构图，思路一旦打开，事情就进行得很顺利，早上4点钟，我就已在我的小阁楼里工作了，现在这幅画已差不多完成了。我先用炭笔打底，然后用画笔和印刷油墨又画一道，所以这画显得很有精神。当你来到这儿时，你一定会看到我的这些习作，为这幅画稿中的人物做了多么精心的准备。这些习作都是我在一个养殖场外面的一个沙堆上作的。我想，当你再多看一眼时，你会发现其中包含着更多的东西。我非常想创作出能给人们以激励，能促使人们思索的作品。我希望这幅画完成之后，你什么时候能够把它拿给需要插画的人看看，我希望它会比我的单个人物习作更能令他们满意。

既然现在又重新开始了创作，我便想继续搞下去。我和范德威尔曾去过狄克沙丘，在那儿我们看见人们挖沙。自那以后，我每天都去那儿找一个模特儿来画，现在我已匆忙完成了第二幅作品，画的是推独轮车的人和挖沙子的人。我很想在画上再现这些人和事。这两幅画我在心中酝酿已久，但由于过去没有钱而不能实现，现在有了拉帕德借给我的钱，它们才得以问世。我还想画林中的伐木、清洁工和垃圾翻斗车，以及在沙丘上挖土豆等。

我已经为此做了一些准备，定做了一些绷画布的框子和一个大木架。创作这类大幅作品，如果你想认真对待的话，是要花钱的，自始至终都需要有模特儿。即使利用习作，你也得照着模特儿对画加以润色。如果我请得起更多的模特儿，我肯定能够画得好得多，所以，伙计，在我找到工作以前，你寄来的钱对我来说是绝对不可缺少的，现在不得不把收到的钱全部花光。

现在，在我面前摆着两张用于创作新作品的白纸，我必须开始在它们上面作画。我将再次每天请一个模特儿，在我把他们速写下来之前，得拼命地画。不管怎样，我将开始工作，但你必须知道，几天以后我又将是身无分文，接着就是那可怕的漫长的八天，除了等待什么也干不了，等待这个月10号的到来。

哦，小伙子，如果我们能够找到愿意买我画的人，那该多好！对我来说，绘画完全是需要。我不能扔下绘画，我不关心其他任何事情，这就是说，当我不能继续我的工作时，我在其他事情上已同时失去了乐趣，我会感到闷闷不乐。在这种时候，我的感觉和一位织布工人看到自己的纱线绞在一起，织面上的图案乱成一团，自己的努力和苦心化为乌有时的感觉是一样的。

我已把这两幅作品的一些小草图寄给了科尔叔叔，我希望他看了之后能够帮助我实现创作一组反映沙丘的图画的计划。你能不能先不把我的素描拿给我们的朋友维瑟林[1]看，告诉他我认为把它们制作成木版画会显得更好看些？不管怎么样，如果他有机会到海牙来，劝他来参观我的画室。因为如果他觉得我的画适合于制作版画的话，我也许能和他达成一项协议。

你还记得以前你在海牙时所认识的人中，还有谁我可以向他展示自己的作品吗？我自己已记不得了，但有一个人我还记得，那就是兰特希尔[2]，但是对他来说，我的作品必须是非常非常好的，这是因为既然我希望以后能够卖些画给他，我就不想现在把差的作品给他看。兰特希尔是拉帕德的叔叔或者别的什么亲戚，拉帕德写信告诉我他曾给他看过我的一幅小素描，并且说他很喜欢。

今晚范德威尔来看了我的画，他的评价不错，这使我很高兴。我想你对我的作品采取推介行动不必心存顾虑，因为这一步是不会失败的，我们会找到愿意买画的朋友的。你能写几句话告

---

1 维瑟林（Elbert Jan van Wisselingh，1848—1912），荷兰的一位画商，凡·高和提奥的朋友。

2 兰特希尔（Willem Nicolaas Lantsheer，1826—1883），荷兰的一位艺术品收藏家。

《织布工》■ 荷兰 ■ 凡·高

诉特斯蒂格说我手头有这些大幅的画吗?

你知道我非常盼望你能来这儿。我想你将会看到,我的兄弟,你对我无私的援助和牺牲已经结出了一些果实,而且还将结出更多的果实。

我希望你来荷兰时能够再见到拉帕德。我想在他的画室和我的画室里,你得到的印象一定会使你更多地回想起过去,而不是现在人们在画室里常见的东西。我的确认为他的作品会使你感兴趣,我非常喜欢他的作品。当我和他在一起时,他也说和我在一起对他很有益处。

今天早晨四点钟,我就到户外去了。我想画一幅拾荒者,更准确地说,我已经开始画了。这幅画需要用画马的习作,今天我在莱茵火车站的马厩里画了两幅。那架垃圾翻斗车是一件吸引人的东西,但它十分复杂,很不好画,将要花费我不少精力。今天一大早我就完成了几幅速写,我想,画得最好的是以嫩绿色的草地、晶莹的露珠为远景的那幅画。画中的一切,包括前景的妇女和后面的白马,都以那片绿色草地和它上方的天空为背景。画中运用了明暗对照法,妇女和马构成了画面较亮的部分,清洁工人和粪堆构成了画面较暗的部分。在前景还有各种凌乱破碎的东西,诸如破烂的旧篮子、一盏生锈的街灯和被打碎的罐子等。

虽然我已几乎没有什么钱了,但为了这幅新画,我还是雇请了一些模特儿。另外,今天我也许还要用我此刻剩下的最后一点钱来买一顶斯赫维宁根女帽和一件披肩。如果我能够弄到那件打补丁的披肩,伙计,那就等于为我那幅描绘垃圾池的画的第一稿准备好了妇女的形象,对此我是有把握的。

好了,提奥,我们必须鼓起勇气,积极奋进。尽管有时候我们会山穷水尽，不知道如何摆脱困境，但这是无法避免的事情。

今天上午我去救济院看望了一个矮小的老妇人（我必须和她商量为我做模特儿的事），她至今抚养着她女儿的两个私生子。她女儿被人称为"情妇"。那位矮小的老祖母对子女的爱使我深受感动，这使我想起，当一个老妇人用自己布满皱纹的双手来照料这样的事情的时候，我们男人是不应该缩手不管的。我见到了孩子的生母，她穿着邋遢的旧衣服进来，头发蓬乱，未经梳理。伙计，这使我想起与我同居的那位女人现在的情形和一年前我第一次见到她时的差别，想起这儿的孩子和在救济院里的孩子的差别。唉，如果一个人还有基本常识的话，他就会很明白地看到，照料那些可能会干枯萎缩的人们是一件好事情。

但是她的家人企图把她从我这儿夺走。他们提出，她和她的母亲需要照料她的一个兄弟的家务，这位兄弟与他的妻子离了婚，是一个臭名昭著的流氓。他们建议她离开我的理由是我挣的钱太少，对她又不好，我收留她仅仅是为了要她给我当模特儿，但我最终会在她危难时刻抛弃她的。请注意，生了孩子之后，她几乎整整一年不能为我做模特了。所有这些事情他们都是背着我秘密商量的，最后我的女人告诉了我。我对她说："你喜欢怎么做就怎么做，但是我绝不会离开你，除非你回到你以前的那种生活。"最糟糕的是，提奥，如果我们时常手头拮据，他们就会以那种方式来动摇我的女人，她那位流氓兄弟又会企图逼她再像以前那样生活。除了她母亲以外，我不与她家里的任何人交往，因为我不信任他们。关于那个女人，我只能说我认为，如她能够与她的家人一刀两断，那将是明智之举。我劝阻她不要回家，但如果她要回，我也不阻止。

　　我收到家里的一封来信，这是一封非常热情的信，同时还寄有一个包裹，里面装有一件女人的大衣，一顶帽子，一盒雪茄，一块蛋糕和一些钱。

　　今天我去老人救济院，我临窗画下了窗外在一棵扭曲的苹果树旁干活的一名老花匠，还有救济院的木工房。在木工房里，我和救济院的两位老人一起喝了茶。我可以作为一位来访者出入男人们的住所，那里的一切都非常独特。例如，坐在轮椅上的一位脖子瘦长的小个子老头就非常富有代表性。那间可以眺望嫩绿色花园的木工房，加上里面的两位老人，正是我所需要的——它使我想起梅索尼耶[1]作的那幅描绘两位坐在桌子边喝茶的牧师的小画。我已请求到女人的住所和花园里去作画，还不知道能否获准。

　　去年冬天，我参观过沃尔伯格的老人救济院。那间救济院要小得多，但更为独特。我到那儿的时候，刚好是黄昏，老人们正围着一个旧式炉子，坐在板凳和椅子上。

　　这些小救济院是多么美丽啊！我无法找到合适的语言来描绘它们。虽然伊斯拉埃尔斯对此表现得非常好，但我仍然觉得奇怪，相对来说，注意到这一点的人是那么少。在海牙我天天看到一个世界，许多人从它面前经过，但它却与绝大多数画家所表现的世界不同。我是不敢这么说的，如果我不是从自己的亲身经历中知道，甚至连一些肖像画家也确实从它面前经过。如果不是我记得和他们一起散步时，当碰见某个给我印象很深的人物时反复听到他们说："啊，那些是多么肮脏的人！"或者"看那些邋遢鬼！"等等——总之，说一些人们意料不到会出自一个画家口中

1　梅索尼耶（Ernest Meissonier, 1815—1891），法国画家。

的话。是的，这经常使我感到疑惑。在许多这类交谈中，我还记得有一次是和亨克斯[1]，他经常有这样的好眼力。他们似乎有意避开最严肃、最美丽的东西。总而言之，他们自愿给自己戴上口罩和剪掉自己的翅膀。

我已经买到了斯赫维宁根披肩。这件披肩棒极了，我马上就开始画它。那幅垃圾翻斗车的草图进展顺利，画面上羊圈似的室内景观与阴暗的棚子下面的光线和旷野形成鲜明的对比。一群倒垃圾的妇女也已开始出现在画面上，但是独轮车的来回运动、手拿粪耙的清洁工人和棚子底下捡破烂的人等，必须要在不失去整体明暗效果的前提下表现出来。不仅如此，这种明暗效果还应该因此而得到加强。

我一直在努力画好这幅画，这是一件大事。对第一稿我已做了多处修改。开始时太亮了，后来有几处又太黑了，结果我只得按原图重新画在另一张纸上，因为第一稿已弄得太烂了。我现在正在重新画。早上得早早起来，这样我就可以获得我所需要的效果。如果我能够画出我心中的设想那该多好！我希望能够和毛弗谈谈这幅画，但我自己也不知道该怎么办才好。首先，油画不是我的主要目标，也许依靠我自己比听取某个对插图画不那么感兴趣的人的意见，能更快地画好插图画。

你说与画家交往过多没有任何好处，我想你是对的，但有些交往无疑是有益处的。真的，有时候一个人迫切希望与懂得自己这行的人交谈。尤其是当两人志趣相投，以同样的态度工作和探求时，他们可以互相给予对方极大的勉励和鼓舞。一个人不能总

1　亨克斯（Gerke Henkes，1844—1927），荷兰画家。

是脱离自己的国家而生活，而他自己的国家不仅仅是孤立的大自然，肯定会有与自己志同道合有着共同追求的人们。只有这样，这个国家才是完美的，一个人才会感觉到温暖。出于这一原因，我对范德威尔将要来这里感到高兴。不过与我最合得来的还是拉帕德。

有一天我去斯赫维宁根，在那儿看见了一件美丽的东西：一些男人推着一辆车子，车上装满原先铺在沙丘上晒的渔网。我的斯赫维宁根披肩是一件很好的东西，但我希望我还能够得到一件渔民的硬领短袖夹克衫和一顶无边有带的女帽。我还必须要作一些描绘斯赫维宁根的画，而且很快就要动手。

救济院方面令人失望，他们拒绝让我在那里画画——他们说这没有先例，另外，他们正在搞春季大扫除，各个收容室里正在铺设新地板，不过，这没关系，还有其他救济院，但在这间救济院我认识了一个人，他经常给我当模特儿。

以前我在信中曾写道："我坐在两张大大的白纸面前，不知道该怎么把它们变成画！"自那以后我已在一张纸上画上了那辆垃圾翻斗车。最近这些日子，我在第二张纸上也取得了可喜的进展这幅画必须表现从我的画室窗户可以看见的，在莱茵火车站地面上的一个煤堆。在那里有好些煤堆，人们在煤堆边工作，有的推着独轮车来一袋袋地买煤，有时候来买煤的人很多。尤其去年冬天下雪之后，那里更显出一派奇怪的景象。这幅画我已酝酿很久，那里的景象实在太迷人了，有一天晚上我画出了草稿。我请了一个人做模特儿，他爬上煤堆，站在不同的位置上，以便使我能看清人在不同地方的比例。

在画这些习作的同时，创作一幅更大型的画，即创作一幅描绘挖土豆者的画的计划，已开始在我的头脑中扎下根来。这个想法在我的心里是那样牢固，我想也许你会在画中发现某些新东西的。我想最近就开始作这幅画，我将让你看到大型习作里的人物。有空的时候，我将选择一块合适的土豆地，先把它画下来，以便为画中的风景准备好轮廓。等到秋天他们挖土豆的时候，这幅画就应该完成了，我唯一需要做的将是加上最后几笔润色了。画中的人物应该在各方面都忠实于生活，而不仅仅是服饰的再现。

去年我见过这里挖土豆的情景，前年我在布拉班特也见过，那情景很动人，大前年我在博里纳日也见过矿工们挖土豆，所以我对挖土豆的情景记得非常清楚、非常准确。挖土豆的人排成一行，从远处看，在画面上必须是一行黑色的人形，但在动作和类型上必须是非常精确和多变的。例如，一个朴实的年轻人紧挨着一个典型的斯赫维宁根老人，老人穿着一套黑白相衬的打补丁的衣服，戴着一顶旧的大礼帽——一顶暗黑色的帽子，一个矮小壮实的女人，穿着一身朴素的黑色衣服，旁边是一个高大的割草者，穿着白色的裤子、浅蓝色的上衣，戴着一顶草帽。

这些日子，我兴致勃勃地工作，比较而言，并不觉得疲劳，因为我对自己的工作是那样有兴趣。我创作的欲望长期以来被压抑了，但是现在在我身上发生了剧烈的变化，因为时机已经成熟，一旦打开自己加在自己身上的枷锁，我就感到呼吸自由多了，但不管怎样，我相信我在这些习作上下了那么大的功夫是件好事。我想起了毛弗的一句妙语，尽管他的作品那么多，经验那么丰富，但他还是说："有时候我简直不知道牛的关节在哪里。"

去年大约这个时候，在医院里，我发现去年夏天我作的水彩画习作很糟糕。我之所以想起这，是因为我刚刚看了一幅当时作

《凡·高自画像》■ 荷兰 ■ 凡·高

的描绘煤堆的水彩画习作，我想看看当时我的水平怎么样。现在我觉得它们画得太马虎了。自那以后，我一直重新专注于画人物素描，偶尔才会想到水彩画。

碰巧的是，去年我对一些朋友所说的话现在一一得到验证了。这些朋友当时对我说："水彩画是以彩色来画素描。"对此，我的回答是："一点不错，黑白素描事实上就是以黑色和白色来画水彩画。"他们说："水彩画即是素描。"我说："素描即是水彩画。"但当时我的绘画技巧太差，只能在口头上这样说说而已。现在我口头说得少了，更多的是默默地以自己的作品来表明这一点。

我收到拉帕德一封很有特点的信。我曾经告诉他我计划要作一幅大型的表现挖土豆者的画。我在接到信的当天就开始画了，因为拉帕德的信激励了我。这幅画把我迷得昨晚几乎通宵达旦地画了一晚。我清晰地看见眼前的东西，并且希望一口气把它画完。它是迄今为止我所作的蕴含感情最为强烈的一幅画。我运用了一些英国艺术家的绘画技巧，尽管我没有想过要模仿他们——也许是因为在本质上，我也受到了同样的东西的吸引。

对于我在这么短的时间内作了如此多的画，你不必感到惊奇。画一幅素描时，思想以及精力的集中比画水彩画时起着更大的作用。拿我来说吧，我连续工作一整天直至半夜，往往可以获得较好的效果，就像我作这幅画一样。当一个人觉得自己已深深被工作所吸引时，可以说在他累倒之前，他都会坚持不断地干下去的。

我永远记得当我第一次看到布廷[1]的画作（他晚期的一幅作品）时所留下的深刻印象。我想这幅画叫作《码头》：妇女们在

---

1 布廷（Ulysse Louis Auguste Butin，1838—1883），法国画家。

一个暴风雨的夜晚在等待预定要驶进码头的船只。后来我在卢森堡又看到了这幅画和他的其他一些作品。我发现布廷非常诚实和认真，我注意到即使有时候他显然是仓促而作，但其画依然是合情合理、恰到好处。他这个人我并不认识，然而，当我看到他的作品时，我可以想象得到他是怎样工作的。我非常希望经过自己这段时间的不懈努力，能使自己的手更加灵巧一些。

因为要作画，看来今晚我又得熬夜了。晚上，当一切都已万籁俱寂的时候，抽上一斗烟会觉得很惬意的，还有，拂晓和日出也是很美的。

现在还不到凌晨4点钟，昨晚有雷雨，入夜后下起雨来，现在雨停了，但一切都是湿漉漉的，天空的底色是灰蒙蒙的，然而不时飘过一些深灰色及黄白色的云团，使得天空夹带着或深或浅的颜色。因为时辰尚早，树叶呈现出淡灰色，与周围的颜色很谐调。一个身穿蓝罩衫的农民，骑着一匹从草地上牵来的棕色的马，顺着湿漉漉的道路走过来。

远处的城市只看见一个灰色的轮廓，也与周围的色彩十分和谐，湿淋淋的屋顶显得非常突出。从地面和草地的颜色变化和所有物体的亮度来看，它更像是一幅多比尼的画作，而不太像是柯罗的画作。总之，什么东西都比不上清晨大自然的美。

过得开心些，伙计！相对而言，我现在过得很开心。当然，还有许多经济上的困难，有许多令人担心的事情，但我在工作上是幸运的：我工作时感到身心愉快，我坚定地相信自己正走在"正确的轨道上"。

是的，小伙子，如果一个人不顾一切坚持不懈地努力，如果一个人诚实自由地去探索自然，牢牢地掌握住自己心中的理想而不管别人怎么说，他就会感到平静和坚定不移，就会冷静地面对未来。是的，他可能会犯错误，可能会在这儿或那儿有所夸大，但他所创作的作品将是具有独创精神的。你在拉帕德的来信中读到过这句话："我过去总是一会儿以一种风格创作，一会儿又以另一种风格创作，缺乏足够的个性，但这些近作至少具有自己的特点，我感到我已经找到了自己要走的路。"对此我现在也有同感。

你的来信对我来说是个极大的鼓舞，非常感谢。这次我手头非常紧，简直是身无分文。我的女人已有好些日子没有奶喂孩子了，我自己也觉得非常虚弱。作为最后的努力，我在绝望之中去找了特斯蒂格。我想：这样做我不会失去什么，事实上，这样做也许会有利于改善我们之间的关系。于是，我带了一张大幅的画稿去他那儿，这幅画画的是一排男女挖掘者，前景是土丘，后景隐隐约约可以看得见一个小村庄的房顶。

我对特斯蒂格说，我非常清楚这幅画稿对他来说算不了什么，我之所以拿给他看，是因为他已很长时间没有看过我的任何作品了。另外，我想借此证明，对于去年发生在两人之间的不愉快我并不记恨在心。他说他对这事也并不记恨。至于画，他说去年他曾对我说过，我应该画一些水彩画，他现在不想旧话重提了。接着我告诉他，我不时也试作一两幅水彩画，现在我的画室里已经积攒下了好几幅，但我更热衷于另一种画，我更热心于画个性鲜明的人物肖像画。

他说他很高兴看到我至少还在工作。我问他是什么原因使他怀疑我是否在工作。这时，他接到了一封电报，于是我就离开了，但我终究没有真正弄清他到底是否喜欢我的画。昨天一整天我都在再次给这幅画稿加工润色，以便把人物画得更好。

如果他认为我的画非常荒谬，我一点儿也不会感到奇怪，但即使他真的这样认为，我想我也不会因此而感到不安，或者把他的意见当作结论。我仍然相信，总有一天特斯蒂格会改变对我的看法，包括对我现在的行为和去年那件事情的看法，但我将把这些留给时间去检验，如果他坚持要在我的所作所为中吹毛求疵，我也会冷静对待，并继续走自己的路。我告诉特斯蒂格，我非常想和毛弗和好，但他闭口不答。如果有些人到了最后还是不肯改变他们的看法，坚持认为我正在做的和准备做的都是荒谬的，我会感到非常费解和吃惊的。

我已完成了四幅挖土豆的大型习作。我画了一个正把叉子插入地里的男人（挖土豆的第一个动作），一个动作相同的女人，还有一个正把土豆丢进篮子里的男人。在这一地区，人们用一种短柄叉子挖土豆，挖的时候跪在地上。我想，在傍晚，这些跪在平坦的田野里的人物形象也许可以画成很好的作品——表现某种献身精神的作品，因此我仔细地观看了这一情景。

好了，至于这些画，提奥，我并不认为我能够把它们卖出去，但我记得伊斯拉埃尔斯在谈到范德威尔的一幅大型绘画作品时曾对后者说过："你肯定卖不出去，但你不要因此而感到失望，因为它会给你带来新的朋友，使你能卖出其他作品。"

我没有收到科尔叔叔对我去信的回复，所以，你瞧，提奥，我的画能卖出的可能性是很小的。请你相信，去找特斯蒂格绝非一件令人愉快的事情，但我之所以这样做，是因为我想：也许他会赞成双方互相谅解，忘掉过去的一切，但我想，现在事情依然像你当时描述过的那样："有时候甚至连我与他握手的方式都会使他觉得不安。"

你一次又一次的写信告诉我，说你在我的作品中发现了有价值的东西，我想你没有弄错，特斯蒂格对我的作品近似于敌视的冷漠是不对的。我最为看重和珍惜的是，你从一开始就为我做了许多事情，可以说我的一切都离不开你的帮助，我希望你能够继续在我的作品中发现有价值的东西。如果我做到了这一点，那么我就将会忘记这一年来的烦恼。

当我给你写信的时候，我想起了一件事情——也许你还记得，虽然这已是多年前的事了——当时你、我和毛弗共同度过了一个晚上，那时他还住在兵营附近，他给了我们一张他的一幅画的照片——一把犁。当时我一点儿也没有想到日后我会成为一个画家，我也没有想到日后我和毛弗之间会发生争论。我总是觉得奇怪，为什么这些争论没有得到很好的解决，我越想越觉得奇怪，因为如果认真思考一下，其实我们之间的看法几乎不存在任何分歧。

然而，那已经是很早以前的事了，现在我正开始恢复良好的工作情绪，并且相信事情终究会好转的。虽然那种事情已经过去了，但当像毛弗这样的人不赞同或者说"你走错了路"的时候，你便容易不自觉地陷入不安，感到消沉。

现在与刚来时相比，我已经很适应这里的生活了。我要做的事情多得使我忘记一切，我的脑子里充满着各种想法和计划。随着时间的流逝，我以前不喜欢用炭笔作画的习惯也逐步改变了。发生这种变化的一个原因是，我找到了使炭笔颜色固着的方法，然后再用印刷油墨进行加工和润色。总有一天，当我有了财力之后，我将要在油画布上抹上最精美的图画，就像我现在在纸上所做的那样。另外，我还要重新尝试作水彩画。我头脑中已有的一些素材很适合于作油画。

你知道有时候我渴望什么吗？我想去一趟布拉班特。我很想画纽南那间古老教堂的墓地和那儿的织工。我想花一个月左右的时间在布拉班特画些习作，然后把大量的习作带回来创作一幅大型的画，例如，一幅反映农民葬礼的画。

我希望你能来信详细向我谈谈"杰作一百幅画展"，能够看到这样的东西是一定很令人鼓舞的。这使人们想起，在当时有这样一群人，他们的性格、意图和天才受到公众的怀疑，对于他们，流传着最荒谬的故事：当时人们对待米勒、柯罗、多比尼等人，就像是警察看着一只迷路的狗或者一个没有护照的流浪汉。时代变了，这就是"杰作一百幅"！如果一百幅还嫌不够的话，我们还有数不清的杰作，而警察们怎么样了呢？除了由于好奇，人们找到一叠逮捕证外，已看不到他们的任何踪影。

是的，我想伟人的历史是一个悲剧。他们不仅在生前遇到警察，而且通常会在他们的作品得到公认前就已经去世，而在他们活着的时候，他们碰到许多困难和障碍，不断承受着为了生存而挣扎的压力。所以每当我听到公众提起某某人的成就时，我会格外怀念那些没有朋友的、默默无闻的、忧郁的人们，从他们的朴实和纯真中，我发现他们更加伟大，更值得人们同情。

《耕地》 ■ 荷兰 ■ 凡·高

第10章

我在经济上像一只被纱线拴着的甲虫，始终走不出困境

海牙　1883年7月

当你来这儿的时候，我将让你看一本可以说是收集了现代艺术家主要木刻作品的集子——这是一本你在别处肯定找不到的集子。它收集的是一些连绝大多数鉴赏家都不知道的人的作品，谁知道巴克曼[1]，两位格林[2]？谁知道雷加梅[3]的素描？几乎没人知道。从整体上来看，这些作品的准确性，鲜明的个性，以及通过街道、市场、医院或救济院里最常见的人和事物所表现出来的严肃思考、深刻的洞察力和完美的艺术手法等，都令人赞叹不已。

我对自己画的那些挖土豆者进行了润色加工。我还开始作另一幅题材相同的习作，不过画面上只有一个老人。另外，我还画了一个在广阔田野里播种的人。再就是画了燃烧的野草、一个背上扛着一袋土豆的男人。特斯蒂格曾提出我应当画水彩画，我也曾觉得自己错了，因此也曾试图改变自己的看法，但现在如果我用水彩来画，我不明白这些扛着袋子的人、播种者、老年土豆挖掘者的形象将如何保持其个性。

其结果将会是非常平庸——是我所不愿做的那种平庸。不管怎样，在我的习作中有着某种特点，某种——不管差距多大——与莱尔米特[4]所追求的相一致的东西。我认为莱尔米特的秘密就在于他对人物肖像有着全面的了解——这里指的是健壮、严肃的工人的肖像——他是从人民的心中来选取他的题材的。他特别想表现人物的粗犷、活力和雄浑，对他来说，水彩画不是最合适的表现

1　巴克曼（Edwin Buckmann, 1841—1930），英国画家。

2　两位格林（这里指的是Charles Green, 1840—1898和Towneley Green, 1836—1899），两人均为英国画家。

3　雷加梅（这里指的是Guillaume Urbain Régamey, 1837—1875或者Félix Elie Régamey, 1844—1907），两人均为法国画家。

4　莱尔米特（Léon Augustin Lhermitte, 1844—1925），法国画家。

手段。

如果一个人只侧重于色调和色彩，那情况就不同了，那样的话水彩画就是很好的东西。我必须承认，由于对色调和色彩的观点不同，由于创作的意图不同，同样的人物可以画出不同的习作，但是问题在于：如果我个人的思想情操首先使我注重于人物的性格、结构和行动，当我顺从自己的感情，不是以水彩画而是以黑白素描来表达自己的思想的时候，人们能因此而责备我吗？

有一些水彩画，其轮廓画得非常好，例如雷加梅的水彩画，平威尔[1]、沃克[2]和赫克默的水彩画——我经常想起他们的画——还有比利时的默尼耶[3]的水彩画，但即使我像他们那样画水彩画了，特斯蒂格也不会对我的画满意的。他总会说："这没有销路，销路是最重要的。"我想用更简单的语言来说，他的意思是"你是一个平庸的人，你太骄傲自大了，因为你不肯放弃自己的主张，你创作的只是一些平庸的东西，你所谓的'追求'只会使你在众人面前出丑"。恐怕特斯蒂格对我来说将永远是一个说"不"的人，也难怪，不光是我，几乎所有走自己道路的人，都成为他身边永远令人失望的人。

在我所画的普通人的肖像中，无论是在性格上，还是在感情上，都有好些肯定会被人们认为是属于过时的人物。例如，一个挖掘者看上去更像是在哥特式教堂内靠背长凳上的浅浮雕，而不太像是现今一幅画中的人物。我经常想起布拉班特人，他们对我来说是多么亲切。我真希望能在秋天再去一次布拉班特作一些

1　平威尔（George John Pinwell, 1842—1875），英国画家。

2　沃克（Frederick Walker, 1840—1875），英国画家。

3　默尼耶（Constantin Emile Meunier, 1831—1905），比利时画家。

画。我想画一张布拉班特犁、一个织工和纽南的那间乡村教堂，但那样的话可又得花钱了。

我现在最想画而且自己觉得最有把握画好的，是父亲穿越石南荒地小路时的肖像：肖像表情凝重，富有个性，映衬着一片棕色的荒地，一条狭长白色的砂石小路蜿蜒穿过，天空虽然只轻轻地抹上淡淡的颜色，但却饱蘸着情感。接着就是画一幅在秋景的映衬下，或者在垂着残叶的山毛榉树篱旁边，父亲和母亲手挽着手的肖像。

我还想在画一幅农民葬礼画的时候，把父亲也画进去，我真的非常想这么做。撇开宗教观点的不同，一个富有个性的乡村穷牧师的形象对我来说，是最令人感到亲切的，总有一天我是要作这幅画的，要不我就是说话不算数了。我想画的是一幅并非每一个人都能准确理解其意义的素描。我将对画中牧师的肖像做必要的简化，那些并非属于真正的牧师和仅仅带有偶然性的细节将被省去。因为这绝不是父亲的肖像，而是一个去探望病人的乡村牧师的典型形象。同样的，手挽着手的夫妇应当是一对始终忠贞如一、白头偕老的恩爱夫妻的形象，而不是父亲和母亲的肖像。虽然我希望他们能为这幅画做模特儿，但他们必须明白，这是一件严肃的事情，因为他们如果看到我画出来的东西和原型不是绝对的相似，他们也许会不理解。

现在我专注于人物肖像的简化。说起人物肖像的表情，我越来越得出这样的结论：整体的体态姿势比面部特征更能体现表情。我对带有学究式表情的头部的憎恨程度，恐怕比对别的东西更甚。我宁可看米开朗琪罗的《夜》，或者是杜米埃的酒鬼，甚至毛弗的一匹老马。

《夜》 ▪ 意大利 ▪ 米开朗琪罗

最近我一直在考虑最好能搬到农村去，要么到一些有典型田野劳动的地区去，因为我想这样能帮助我省钱。在画人物肖像方面我不断取得进步，但在经济方面我却节节败退，日子越过越艰难。我的工作需要花钱，你越努力地干，欠的债也就越多。在绘画这一行当中工作无济于事，困难和费用不能通过更加努力地工作去解决。

在这里的好处是我的画室很好，另外，一个人毕竟不能距离艺术界过远。一个人不能经常听到和看到艺术界里的事情，日子将是很难挨的。我喜欢大自然，然而有许多事情把我和城市联结在一起，尤其是阅读杂志、复制图画的可能性等等。看不到蒸汽机对我来说没什么，但是看不到印刷机我会受不了。如果你也有同感的话，你会不时地突然渴望见到你很久没有见面的某位朋友。

我对德博克就有这种渴望。我在他的画室里见到的第一件东西是一幅非常大的速写，画的是一架巨大的被雪覆盖着的风车，半浪漫，半现实——一种我并不讨厌的混合风格。虽然总的来说画得相当不错，具有较强烈的感染力，但显得非常粗糙。接着我看到一些落笔较精细的画和好些相当不错的习作。一些画稿在色调和色彩方面比他去年所作的画要成熟和准确，背景也处理得较好，但依我看，他画中的平面和主体的比例总是太模糊，缺少柯罗、卢梭、迪亚斯[1]、多比尼和杜佩雷等人所具有的那种正确的比例。这些人有一个共同点：他们对比例非常讲究，画中背景非常富有表现力，而不仅仅停留在表面上的相似，不过，在德博克的作品中还是有很多长处的，如果他的画少一些幻想式的东西，人

1　迪亚斯（Narcisse Virgile Diaz，1808—1876），法国画家。

们会更乐意接受。

另外，我不明白为什么德博克不变换一下自己的题材。例如，这星期我画了几幅风景画习作，昨天画了一幅，画的是德博克和我发现的在灯塔后面的那片美丽的沙丘土豆地。前天画的是栗树下的某地，还有一幅画的是有煤堆的某地。我极少画风景画，但现在既然画了，我就注意同时作三幅题材不同的画，而德博克作为一位专门的风景画家，为什么他总是画长着小树和一些海滩野草的沙丘，而不是多变换一些题材呢？

7月1日我们的小家伙满一周岁，他现在是你所能想象的最快乐、最有趣的小孩。我想，孩子的健康成长以及照料孩子的忙碌，是对我的女人的拯救。至于其他，我有时候想，如果能让她到农村去住上一段时间，远离城市和她自己的家庭，对她来说是有益处的，这有助于使她发生全面的变化。她真是像人们所说的"世俗的孩子"，她的性格是那样容易受到环境的影响，结果使她总表现出某种失望和冷漠，缺乏对事物坚定的信念。

我和德博克谈到了在斯赫维宁根的房子，但我最好不要埋怨自己的画室租金太昂贵了。德博克一年要付400法郎，而我仅付170法郎！如果我想到海边去住，斯赫维宁根是不在考虑之列的，我得去一些边远地区——也许是荷兰海岬或者马尔肯。

我非常想到海滩上作画，但我想我得请求德博克让我在他阁楼的一个角落里陈放画具，这样我就用不着每一次远足时都随身带着。如果一个人上路时什么都得带着，当他到达目的地时已经疲惫不堪，工作时就会没劲，执笔也就不够稳了。如果一个人并不立刻需要工作，那他当然不在乎这些，所以，在德博克家有一个临时歇脚处，平时可以多乘交通车，这样也许会使我比现在更能集中精力画好表现大海和斯赫维宁根的习作。

上星期天我到范德威尔家，他正在画一幅海湾边的牛群，为此已画了好几幅习作，他准备到农村去待一段时间。

你知道卢梭的《林边》吗？画的是雨后的秋天，一片广阔湿润的草地，牛群正在吃草，前景的颜色与整个画面十分谐调。这是最好的图画之一，它反映的不仅仅是大自然，它给人以某种启示。我觉得，一个人应当对它怀有十分的敬意，而不应该加入那些说它是夸大，或者说它是矫揉造作的人群中。

昨天我见到了布赖特纳，这完全出乎我的意料。因为我初到这里时，他是我外出时的一个很好的伙伴——我并不指在农村，而是指在城里——我们一起去寻找各类人物和稀奇的模特儿。在海牙还没有哪一个人能和我这样相处，绝大多数画家觉得这座城市是肮脏的，然而，有时候它是很美的。例如，昨天在诺尔登德王宫[1]，我看见工人们正忙于拆毁王宫对面的建筑物，他们身上沾满石灰变成了白色，还有马车和马匹。天气是凉爽的，有风，天空呈灰色，从而使那地方显得非常有特色。

范德威尔有两幅布赖特纳作的相当古怪的小水彩画，这画有某种潇洒，或是英语里所说的"不可思议"的东西。我们得拭目以待看看这画会引起什么样的评论。布赖特纳是很聪明的一个人，但他追求、热爱古怪的东西。有时我喜欢霍夫曼[2]和埃德加·爱伦·坡[3]的作品（如《怪异故事集》、《乌鸦》等），但布赖特纳的这件作品使人无法理解，其构思沉闷冗长，一点意义

---

1 诺尔登德王宫（Noordeinde Palace），海牙著名的王宫和旅游景点之一，建于17世纪。

2 霍夫曼（Ernst Theodor Amadeus Hoffmann，1776—1822），德国作家。

3 埃德加·爱伦·坡（Edgar Allan Poe，1809—1849），美国作家。

爱伦·坡《乌鸦》插图　■　法国　■　古斯塔夫·多雷

也没有，与现实完全不沾边，我认为它是非常糟糕的。他已经开始画的范德威尔的肖像画也是很差劲的。

拉帕德走了，他写信告诉我他也像我所说的那样正在使用印刷油墨，掺和松节油一起使用，效果比过去好得多。

科尔叔叔对我的信一个字也不回，我想他这样做是不够礼貌的。特斯蒂格不来看我也是不够礼貌的，因为从我来说，我是试图和解的。毛弗不光和我吵架，还和齐尔肯[1]吵。

我想把自己的一些素描拍成照片，我将首先拍《播种者》和《泥炭挖掘者》——其中一幅有很多小的人物，另一幅只有一个大的人物肖像。如果照片成功的话，以后我就可以把我的素描照片寄给你，供你展示给别人看——也许给布霍，看看他能否找到买主。我们必须要跟布霍讲清楚我们的意图。我必须要赚一些钱，以便能够着手画新的东西，同时也试作一些油画，因为我现在正对油画感兴趣。

德博克来看过我，他的来访令人愉快，他看了我去年画的一些油画习作，他喜欢这些画，但是我越来越不满意这些画。我希望今年能够创作出一些更好的作品，我希望我能够和德博克相处得好一些，也许这对双方都没有坏处，我们可以互相学习。我再次和他谈到这一点，待我去斯赫维宁根作画时，我将把东西存放在他屋里。我还希望最近哪天能去看布洛梅斯。

我想到斯赫维宁根去作一段时间的画，早上出发，在那里待上一整天，或者，如果我必须要回家的话，就等到中午天热时才回来，晚上待在家里。我相信通过环境和工作的改变，而不是通

1　齐尔肯（Charles Louis Philippe Zilcken，1857—1930），荷兰画家。

过无所事事，将使我获得新的思想和得到休整。

我已经尽最大努力把画具收拾完毕，补充了一些必需品，并已准备好有轨电车的车票，开支了这些绝对必需的费用以后，我已是身无分文。等我到斯赫维宁根各处走走以后，我会不时地把我的女人带去为我做模特儿，或者至少让她站一站，好让我选择作画的地点和知道人物的大小比例。我找到了一个模特儿，是个农民，我对他谈过我的油画习作，他可以和我一大清早出去，如果需要的话，他还可以和我到远处的沙丘去。

昨晚我收到一份礼物，这使我很高兴。这是那两位土地测量员送的（自从我上次写信告诉你后，又多来了一位土地测量员）——这是一件典型的斯赫维宁根夹克衫，高领子，已经褪色了，打有补丁，非常好看。他们是有趣、快乐的伙伴。

第一个土地测量员的父亲经营颜料。他手头有帕亚尔颜料[1]，毛弗是他的一个客户。我教他的儿子学画，分文不取，仅得到他多次日后酬谢的许诺。我利用这一点，对他说，他毫无疑问会有一些旧颜料，我提出按照帕亚尔颜料的实价买他一些旧颜料，如果将来他肯以同样的价格向我出售新颜料的话，那就是说，新颜料打三分之一的折扣。他查看了他的存货，同意我的条件。我不光买油画颜料得到减价，买水彩颜料也一样。对此我很高兴，因为这样将会减少我继续作画的困难。

我收到了你的来信，对你所说的话我压制不住自己悲哀的感情。你说："对你的将来我不抱希望。"

如果你指的仅仅是经济方面，我是不那么介意的。记得一个

1　帕亚尔颜料（Paillard），法国巴黎的一个绘画颜料品牌。

月前你曾写信告诉我，现在日子很艰难，我的回答是："好吧，这就更有理由需要我们双方共同努力。你尽可能给我寄必需的费用，而我则尽最大努力争取进步，这样也许我们能够向杂志出售一些作品。"自那以后，我已经开始了几幅大一些的图画的构思工作，这样的画比只有单个人物的习作更能表达主题。

但是，如果你是针对我的工作而说这番话的，我就不明白为什么我值得你这样说了。我不知道你这话是什么意思，我怎么会知道呢？它给了我意外的打击，正中我的心窝。我想知道你是否已经看到我没有任何长进。很明显，我寄给你并让你拿给一些艺术家看的第一批照片与你说的"对你的将来我不抱希望"有关系。发生什么事了？

如果你不是又补充了一些使我担心的话，兄弟，我是不会沮丧的。你说："让我们盼望好日子的到来吧。"对我来说，这是需要仔细琢磨意思的表达方法之一。盼望好日子绝不是一种感情，而必须是现时的行动。正是为了我自己强烈地盼望好日子的到来这个原因，我竭尽全力投入今天的工作中，完全不去考虑明天会怎样，也不祈求我的工作会有报酬。

在斯赫维宁根海滩，我一直在画一幅《补网》，描绘斯赫维宁根当地的女渔民。我还有两幅大型的描绘沙丘上的劳动者的构思，虽然画起来很费劲，但却是我最喜欢画的：几排长长的挖掘者——受市政府雇用的穷人——在一块必须得挖掘的沙地前。要完成这些画，难度是非常大的。

当去斯赫维宁根作画的念头刚出现时，我想：好吧，让我们执行这一计划，但是现在我倒希望当初我没有起这个念头。小伙子，因为花费很大，我手头的钱不够用，然而，我喜欢到那儿去作画!

去年夏天你在这里时，曾给我钱买一些必需品。我接着就开始工作。过了些时候，你写信告诉我，你在等一笔收入，钱一到手，你就会给我寄来颜料和颜料盒，但是这事没有办成，因为自那以后你不太走运，不过，在初冬时我得到了一些额外的钱，但很快又花掉了。在秋季我一直不停地作画，即使在斯赫维宁根刮大风时，我也不间断，但是现在冬季马上就要到来，我担心钱不够用，因为需要用更多的钱去买煤，所以我又转回了画模特儿。自那以后，我觉得自己在画肖像方面有了进步。

在我画这些肖像习作的同时，绝对没有可能再去买颜料或画水彩画。有时候当有一丝希望时，我试图这样做。我从拉帕德那儿借钱，我还收到了父亲额外的汇款，但我在经济上像一只被纱线拴着的甲虫，可以爬行几步，但始终走不出困境，所以无论过去和现在，我都不可能如愿地做自己想做的事情。现在，把这些肖像习作润色加工成画，是我最迫切需要做的事情，我也已经开始着手做了，但我不知道怎样才能解决所需要的费用。

日子一星期一星期、一个月一个月地挨过去了，最近，我一直在为钱而担心，一直在节食缩衣，然而，不管我怎样绞尽脑汁，每一次开销总是大于我的收入。你的钱一寄到，我不但必须设法靠它生活十天时间，而且还必须马上买许多东西，结果是剩下来可在这十天用的钱就很少了。另外，那女人得哺乳婴儿，而她又经常没有奶水，而我则不时地坐在沙丘上或者别的什么地方作画，腹中有一种空虚的感觉，因为我没有足够的东西吃。在这种时候，穿过沙丘的小路仿佛蜿蜒于沙漠之中。全家人的鞋子都是打了补丁的，都已破旧不堪，此外，还有许多使人愁眉苦脸的类似难言之苦。

提奥，如果我坚信事情最终会往好的方面发展，我是不应该担心的，但是现在你所说的话，对我来说就好像是"不堪忍受的最后一击"。

我该怎么办？我在斯赫维宁根见到布洛梅斯两次，并和他说了话，他看了我的一些习作，他叫我去看他。我在那里已经完成了一些着色习作。一幅是大海的一角，另一幅画的是田野，有几个补网者在那里，还有在画室里画了一个在土豆地里的农民，他正在土豆行之间的空地上种卷心菜，另外，我正在作那幅补网的大型素描。我一边作这幅画，一边又想起去年的一些构思，结果使我的画室里又多挂了几幅其他的着色习作。我非常想画一幅彩色的土豆挖掘者，现在正是时候。我认为这将会成为一件好作品，我已经为此准备了一些习作，但我还没有找到足够的模特儿。如果一切如愿的话，在秋天过去以前我肯定能画好那些土豆挖掘者。还有，我喜欢的大海也必须用油彩来画，要不很难画得传神。

我觉得自己的热情正在消失，一个人需要有精神支柱。当你说"把你的希望寄托于未来"时，我觉得你似乎对我没有信心，是不是这样？除了你以外我没有别的朋友，每当情绪低落时，我总想到你。

提奥，假如当你第一次对我谈到油画时，我们就能预见到我今天的作品会成什么样子，我们还会犹豫到底我应当成为一名油画家，还是素描画家吗？——这两者有什么区别。例如，如果我们能够预见到那些照片，我想我们是不会犹豫的吧，会不会？毫无疑问，要想创作出人们在沙丘上所看到的那样的场景，需要有油画家的手和眼。

当人们对我怀有敌意和表示冷淡时，我时常会觉得心里非常沉重，失去了所有的勇气，然后我又会重新振作起来，重新工作，并对此一笑了之。我现在在工作，没有白白浪费一天时间，所以我相信将来对我是大有希望的，虽然我不能感觉到它。因为我脑子里没有留下空余的位置来对将来进行哲学思考，不论是烦扰还是安慰自己。人必须要立足于现在，我想义务的意思就是不要让现在毫无收获地白白流逝。你是否也像我那样立足于现在，让我们尽自己的最大努力坚持不懈地工作，在今天而不是等到明天。

近来使我极受鼓舞的一件事情是，虽然我已有好几个月时间没有画过画了，但我现在的着色习作与去年的相比还是有了进步。以前我一次又一次地试图给肖像习作上色，结果是画得很糟糕，这使我很绝望。现在我又重新开始画了，再也没有什么东西能够阻挡我实施自己的计划了，因为当时曾给我造成很大麻烦的打草稿和比例这两个问题已经被我攻克。当我坐在大自然中时，用不着同时考虑打草稿和上色这两件事情，现在我想的只是上色。

你说照片的效果有些不够理想。当我想到一个人的体质是怎样影响他的工作时，我一点也不感到奇怪。真的，提奥，为了工作我们应当吃得好一些，但我没有那么多钱，如果经过努力还不能使自己的经济状况得到缓解的话，事情也还会如此。我想，拍成照片的原画在色调上还不够深，它们还不能够充分表达大自然激起的感情，但是如果你把它们与我初学画时的作品做一个比较，我想，毫无疑问我确实有了进步。

提奥，我不赞成开销大于收入，但是当面临着罢工还是工作的时候，我会竭力支持工作。米勒和其他先辈们一直在工作，直到行政司法长官把他们抓起来。有一些被关进监狱，或者被迫四

《凡·高自画像》 ■ 荷兰 ■ 凡·高

处流浪，但我知道他们之中没有一个人放弃自己的工作。我仍然处于初学阶段，但我已看到远处失败的黑色影子，有时候它给我的工作带来阴影。

是的，提奥，如果这仅仅是钱的问题，你可以不用管我，但如果是作为朋友和兄弟，你得对我的作品怀有同情心，不管它们能否卖出去。如果我能够在这方面获得你的同情，对其他方面我就不在乎了。我们必须冷静、仔细地寻找解决的办法。在经济上，为了保证我的将来有希望，我建议搬到边远乡村去住，从而可节省一半的房租。另外，花同样多的钱在这里吃得很差，在农村则可以吃得很好，这对我的女人和孩子是必需的，事实上对我也是一样的。也许同时还有利于找模特儿。

有时候我想去英国。在伦敦他们出版了一份新的重要刊物，与《伦敦新闻》和《图画周刊》一样重要——《新闻画报》。也许在那儿我可以找到工作，挣到工资。我想如果能与伦敦的一些艺术家建立联系，我可以在那儿学到很多东西。还有，在泰晤士河边的船舶修造厂里画出来的东西一定很美！

我把去年夏天作的一些水彩画习作挂了出来，因为我想在作新画的时候，它们也许还有一些用处。在冬季和春季时，那些水彩画对我画其他新画是有帮助的，现在我继续像以前那样做。不过，现在我觉得最好还是集中一段时间来画水彩画。我想作一幅相当大型的描绘妇女们坐在草地上补网的水彩画，但在我见到你以前我将暂时把它搁在一边。我觉得心里很不踏实，我不敢作这幅画，因为花费太大。到目前为止，我已完成了七幅描绘夏季景色的水彩画。

我一直在计划作一幅描绘挖土豆者的大型图画，这幅画虽然可能需要到明年才能完成，但可望在本季度完成一半。待范德威尔回城以后，我希望能经常见到他。我听说他的描绘沙石装卸工的画作《雾晨》在阿姆斯特丹画展上获得银牌。我相信那些土豆挖掘者会使他喜欢的，也许他能够对如何执行我的计划提出一些有益的建议，不过我知道自己将需要画许多习作，它们比素描要难一些。总之，今年我必须要完成许多水彩画，这样才能有进步。哦，提奥，如果我手头钱多一些，我取得的进步就会大得多，但目前我对此无能为力。

也许是发烧，或者是神经质，或者是别的什么——我不知道——总之我觉得很不舒服。我想起你在信中谈到别的事情时所讲的那句话——我对自己期望过高，超出了实际可能。我有一种不自在的感觉，昨晚它使我难以入眠。

今天一大清早，突然间似乎所有的烦恼都聚集在一起，把我压得透不过气来。我四处都得付钱，房东、颜料商、面包商、杂货商等等，天晓得还有谁，总之钱所剩无几。最糟糕的是，过了许多星期这样的日子以后，一个人觉得自己的抵抗能力已经消耗殆尽，剩下的只是一种极度疲劳的感觉。在这种时刻，一个人会希望自己是钢铸铁打的，对自己仅仅是血肉之躯感到很遗憾。

我忍受不了这样的生活，因为我再也看不到将来的光明。我无法用语言来表达自己，我弄不明白为什么我没有取得成功。我已经把自己的全部心血都放在工作上了，至少此刻我觉得那是一个错误。

但是，小伙子，在实际生活中一个人究竟应该把自己的力量、思想和精力放在什么事情上？你必须去碰碰运气，说："我将要做某一件事情，我要把它做到底。"当然，到头来也许证明你做错了，当人们并不关心你的事情的时候，你感到自己好像被一堵墙囚禁了，但毕竟一个人用不着去理会这些，是不是？

有时候我对自己没有在博里纳日生病后死去，反而开始学画而感到遗憾。因为我现在对你来说是一个累赘，然而我是身不由己的，因为要想成为一个好画家，一个人必须要经历许多阶段，在这个过程中如果他尽到了自己的最大努力，那么他所画的就不会太差，不过应该有这样一些人，他们从连贯性的发展方向和最终的目标等诸方面来考察这位画家所做的努力，他们应该是不会苛求办不到的事情的。

总之，现在的情况是很糟的，我多么希望仅仅是我一人受苦！但是还要考虑那个女人，还有我应该保护、应该负起责任的可怜的孩子们。对他们我不能谈这些，不过现在的处境已经令我难以忍受。工作仅仅是一种补救罢了，如果那样做无济于事，一个人就会崩溃。

你现在已经收到照片了，加上先前寄去的照片，你将能更好地想象我此刻的心境。我现在所作的画只不过是我意图的影子，不过它是已经获得固定形状的影子。我所看到的、所追求的目标并不是虚无缥缈的东西，而是实实在在的东西，这一目标只能依靠耐心和不断的工作才能达到。想到我现在只能断断续续地工作，就像是在做噩梦。我认为，用尽可能少的钱来工作是对的，但是想到穷得连绝对必需的日用品都没有，任何人都会感到沮丧的。

问题在于，工作的可能性依赖于作品能否卖出去。当一个人卖不出作品而又没有其他收入时，他是不可能取得进步的，这进步本来是自然而然、水到渠成的。

我有一种焦虑、不安的感觉，我能够继续工作下去吗？我要去进行长距离的散步，以摆脱这种感觉。

唉，提奥，工作给人带来不便和烦恼，但与过着无所事事的生活的痛苦相比，它又算得了什么？所以我们不要失去勇气，我们不要互相泄气、互相绝望，而应当互相激励。

我与布洛梅斯谈过我的水彩画，他希望我继续努力。我也感到自己在完成了十几幅素描以后，现在已经到了必须改变自己原来路线的转折点上，而不应该还是走以前的老路。

抑郁是自己首先必须要克服的东西，虽然它不一定会成为一种慢性病。我一直在想尽各种办法来克服它，但看来除了设法恢复我的体力和精力以外没别的办法，因为我现在觉得体力不支。我非常需要钱，我必须要恢复健康和补充颜料，要不等隐患暴露之后再去补救，恐怕难以奏效。

在历史上曾有许多人完全克服了类似的抑郁，对这一点我可以证明。几乎所有在罗马学校里学习，并经过一段时间的努力去钻研肖像画的人，在学习结束时都能画出较成功、较正确的作品来，然而，这些作品看上去都不能给人以快感，因为在这些作品中有一种类似"受难的灵魂"的东西——而待他们能够较自由地活动和呼吸时，这种东西马上就消失了，而我在没有某门特定课程的压力的情况下，为了使自己的绘画技术日臻完善，一直强迫自己勤奋地学习人物肖像画。由于勤奋过度，给自己造成了很大的压力，结果使自己陷入了抑郁的境地。

想休整是根本不可能的事情，所以我尽最大努力去工作。你提出像韦森布吕赫那样工作是符合我的心意的，然而，在实际上我不能那样做，因为去堤围泽地两星期比待在家里两星期要花更多的钱，而且我甚至还不知道怎样在家里挨过这两星期，不过我认为改变题材和风格有利于转移注意力。经过这段时间画人物习作之后，我觉得自己需要看看大海，看看青铜色的土豆叶子，看收割后布满茬儿的田野，或者看看翻犁过的土地，但是人物肖像总是把我拉回来。

这些天来我仍然在画几幅习作，以便使你能看到它们。刚完成的几幅着色习作依我看在运用色彩方面要比以前的作品稳重干练些。例如，有几幅我在下雨时画的习作，描绘一个湿漉漉的泥泞路上的男人，就较好地表现出了当时的氛围。这些画大多数是对景色的印象——我想是有一些实在内容的。

最近，作水彩画时我感觉到自己身上掌管色彩的某种力量在被唤醒，它比以前自己感觉到的要强烈，有所不同。事情也许缘于我现在出现的神经质，以及与我长期以来一直追求、苦思冥想以求在绘画方法上进行某种革命不无关系。

尽管过去我常力图画得充实些，但结果总是一样的，一次又一次都是这样。现在我让自己与画面保持一定距离，眯着眼睛透过眼睫毛去看画，而不像以前那样凝视画面物体的结合部，分析物体的结构，结果使我能更直接地把画面上的物体看作是一块块互相映衬的颜色。

你手中有我去年作的一幅水彩画习作，画的是森林里的几根树干。我并不认为它很差，但它显然与善于运用色彩的画家的习作不同。画中的一些色彩是正确的，但尽管如此，它们仍然不能获得应有的效果。虽然颜料在各处都抹得很厚，但却仍然显得很单薄，我把这幅习作看作是一个例子。现在，我认为自己最近刚完成的作品虽然抹上去的颜料没有那么厚，但是因为颜色互相重叠渗透，在色彩上反而显得更为厚实和丰富，画笔一笔覆盖着一笔，结果使色彩显得很柔和，更像云或者草的茸毛状态。

我不知道这将会导致什么结果，将会怎么发展。有时我觉得自己不是一位善于运用色彩的画家，因为我的性格似乎决定性地表明了这一点——不过它没有进一步发展。现在我清楚地看到了自己最近作的绝大多数作品与以前的不同。我非常希望你能看到它们，因为如果你也能看出我的这一变化的话，我就不会再怀疑我们已处在正确的轨道上了。对于自己的作品，我有时候不太敢相信自己的眼睛。

例如这两幅我在下雨时画的习作：每当我看着它们时，那一天雨水淋淋的情景立刻会浮现眼前，画面的人物身上虽然只不过是一片片颜色，却有着一种不能简单地称之为"正确的绘画"的栩栩如生的东西——因为在这里可以说你看不到绘画。我的意思是，在这些习作中有一种神秘的东西，这种东西一个人只有眯着眼睛透过眼睫毛来看大自然时才能获得，因为这样一来，大自然的轮廓就会简化为一块块的色彩。

只有时间才能检验一切，但是在目前，我已看到了自己的作品在色彩和色调方面与以前不同。

我希望拼命工作能够帮助我渡过难关，就像有时候一只小船在暴风雨中被海浪冲上悬崖或者沙滩，在不幸之中却免于翻船下沉一样。不管怎样，如果失败了，对于自己将会失去什么我是不在乎的，不过一般来说，一个人总希望自己的生命能够开花结果，而不希望它凋谢。

你必须尽快来这里，兄弟，因为我不知道我还能撑多久。日子使我越来越不堪忍受，我觉得自己力不从心。只要我还在忙着，就并不觉得自己有多么虚弱，但在间歇时，当我不在自己画架前的时候，我就会不时地感觉到这一点，有时候是一阵眩晕，有时候伴有头痛。我只要走很短一段距离，譬如从这儿走到邮电局，便会觉得很累，这是不正常的，然而，事实正是如此。当然，我不会退缩，但是我必须争取获得新的力量。如果我不是被饥饿折磨了这么久的话，我的身体是不会这么糟的，但是我一直被迫在饥饿和少做工作之间做选择，到目前为止，我一直是尽可能选择前者的。

你一定不要对别人谈起这些，提奥，因为某些人知道以后，他们会说："噢，当然啦，这是我们很早以前就预见到和预言过的。"他们不但不会帮助我，反而还会断绝我耐心恢复体力，重新振作起来的可能性。我向你保证，这没有什么大不了的，只不过是过度疲劳、缺乏营养所引起的衰竭，但是有一些人谈起我时会好像我得了某种疾病，他们会这么说的，这是最可恶的流言蜚语。

《圣母悼子》■ 荷兰 ■ 凡·高 ■ 根据德拉克洛瓦原作绘制

第11章

不要以为将来会是一片漆黑或者一片光明，最好相信它是灰色的

海牙 1883年8月

我刚从斯赫维宁根回到家就看到你的来信。信中所谈的许多事情使我感到高兴：首先，前途的渺茫改变不了、影响不了我们的友谊，这使我高兴；其次，你觉得我的作品有进步，这也使我高兴。你的收入能够直接或者间接地供不少于六个人使用，这当然是很了不起的。另外，你提供给我的150法郎居然能够进一步在四个人当中分享，同时还包括付给模特儿的酬金和买颜料的费用，这不也同样了不起吗？

我已经到了山穷水尽的地步。今天早上来了一个人，他三个星期以前曾帮助我修过电灯，当时他强迫我买了他的一些陶器。他是来找我吵架的，因为我刚刚还了他邻居的欠款，而没有首先还给他，他当然少不了大吵大嚷，说了许多骂人的脏话。我告诉他，一得到钱我马上会付给他的，但是此刻我确实身无分文。我请求他离开房间，最后我推他出门。这时候他似乎正等待着这一刻，他立刻抓住我的脖子，将我推往墙壁，然后把我推倒在地板上。

你看，这就是一个人得面对的那种小小磨难。这样的人当然都比我强壮——他不怕。所有人们必须与之打交道的小商贩都是这样的人，他们自愿地把货物送上门，但是如果人们不幸被迫推迟一个星期付款的话，他们就会来吵架，不过，人们能希望什么呢？他们有时候自己的日子也很不好过。

我很烦恼，兄弟，在这里生活是不可能的，因为这里正缺少最需要的东西。恐怕我将被迫放弃原来的计划。最近的情况对我来说非常糟糕，我原来试图通过刻苦理智地工作来重新获得先前的朋友们的理解，但现在看来这一计划已经成为泡影。我告诉过你的关于我觉得自己很虚弱的情况是真实的，现在已经发展到肩膀和静脉时常出现疼痛，而这在过去只是偶尔出现。我从经验中知道在这样的情况下一个人应当引起注意了，否则以后很难治愈。同时我还有心悸，恐怕自己的心脏最终也会出问题。好吧，对于疾病我懂得不多，我没有能力去区分我的病到底有多少是属于身体本身的问题，或者仅仅是由于过度疲劳的神经而引起的。

另外，尽管不情愿，我还得告诉你一个经常困扰我的想法。我不但在自己的一生中学画起步晚了，而且还很有可能活不了多少年。当然对此我不可能准确地知道，但只要与自己知道其生平的不同人物做一个比较，或者是与一些和自己有很多共同之处的人做一个比较，一个人便可以得出一些并非完全没有根据的结论。

因此，至于我还有多少时间可以工作，我想我可以毫不轻率地假设，我的身体还可以顶用好几年——譬如说，六至十年。这是我所指望的年限，至于更长一些，那只能是一种推测，还不能肯定，所以关键是前十年。如果一个人在这些年间身体垮了，那么他将不会活过40岁。

我并不以此来放松对自己的要求，也不以此来回避工作和困难，我并不介意我寿命的长短。另外，我也不可能像医生那样注意自己的身体。

当我写信告诉拉帕德我不相信人一生中的唯一目标就是保护自己的健康时，我是指人们经常面临这样的情况：一个人需要在工作和吃饭之间做出选择。我选择前者，我不认为我是错的，因为我们的工作是永存的，而我们的肉体并不永存，最重要的事情是创造。我当时告诉拉帕德，我认为在那句神秘的格言里有真理："拯救自己生命的人将会失去生命，为了我而失去生命的人将会得到生命。"

因此我不断努力，一心想着"在几年内我必须完成某些作品。"我不必过于匆忙，那样做没有好处。我必须非常沉着冷静地工作，尽可能正常地聚精会神地工作，尽可能干脆利索。对于这个世界我有一种负债感和义务感，因为我在这块土地上毕竟已经生活了30年。出于感激，我想以素描和其他绘画作品给这个世界留下一些纪念品。它们将不是为了迎合某种艺术倾向，而是为了表达一种真诚的人类情感。这件工作就是我的目标——把全部的精力集中于这一目标，这样一个人所做的一切便简单化了。现在这件工作进展缓慢——因此更不能浪费时间。

我就是这样来看待自己的：如果我能活久一些，那就好了。但是我并不指望这一点。

提奥，有一件事情我们必须要解决。我的意思不是说这事情会立刻发生，但是日子也许会越来越暗淡。我在画室里的习作和所有作品无疑都是你的财产。譬如说，这类事情有可能会发生，由于我交不起税，他们会变卖我的东西。在那样的情况下，我希望能够安全地把我的作品转移出我的房间——还有我的习作，这是我以后创作新作品所需要的，它们花费了我不少心血。在这条街上，迄今为止还没有一个人纳过税，虽然他们都被记下了日后该付的数目。我也一样，估税人曾两次来到我的房间，我让他们看我的四把厨房椅子和那张粗糙的松木桌子。我告诉他们除了孩子，我的房子是没有奢华的物品的，自那以后，他们就不再管我了。

但愿我知道该在哪儿存放我的习作。我心里总有一种希望，希望当你走进我的画室时，你会发现令人喜欢的东西，虽然它们不一定有固定的市场价值。在德博克家我留下了两幅小的海景

《圣玛利的海》 ■ 荷兰 ■ 凡·高

画，一幅画风暴中的海，另一幅画平静的海。我喜欢继续画这一类东西，我应当全力去那样做。今天早上发生的事情很明显是向我暗示，我有义务去寻找出路，去农村租用一间小一些的房子，但是另一方面，大海不是在任何地方都能找到的。

再见，小伙子，我现在情绪很不好。从我告诉你的今早发生的冲突中，你可以看出人们对我是一点也不体谅的。如果一个人戴着大礼帽或者类似的东西，他们也许会敬而远之，一个人毕竟有自尊心，这类事情是令人不快的。如果我在处理人际关系方面没有这些尴尬的话，我是不会把将来看得这么暗淡的。

我坦率地告诉你，我在古匹儿画店工作期间对艺术的所有看法——虽然我的兴趣并没有改变——几乎都是经不起实践的检验的。作品并非像艺术品商人所想象的那样被创作出来的，画家的生活也并非像他们所想象的那样，画家的习作也与他们的想象相距甚远。

我必须要继续进行我的工作，我不能丧失勇气，我应该拿出比以前更大的气力。总的来说，最重要的是我们俩之间应该互相理解，我们应该时刻保持亲密的友谊。如果厄运来临，我们会勇敢地迎上，但是，兄弟，让我们互相保持忠诚。现在我是获利者，如果没有你，我是不可能达到现在这样的水平的，而你一无所得，除了有一种帮助某个人找到了职业，要不他就会什么职业也没有的感觉以外。谁知道以后我们能共同成就什么事业呢？

你在来信中谈到一个人有时候会围绕着这么一个问题进行思想斗争：一个人是否应该对一个正确行为的不幸结局而负责任？如果他知道，采用错误的行为虽然能够安全退却，但其结局并不见得会好的话，我就有过类似的思想斗争。如果我们按照自己的良心去行事——良心对我来说是最高的理性，是理中之理——我们很容易认为自己做错事了，或者认为自己很愚蠢，尤其是当一些浅薄的人嘲笑我们时，因为他们自认为比我们聪明，比我们成功。是的，有时候会碰到困难，而当困难的潮水上涨到泛滥成灾的时候，一个人对自己的处境会感到很沮丧，希望自己不那么凭良心办事就好了。

当我工作时，我感到对艺术有一种无限的忠诚，我相信自己会成功，但在我情绪低落的日子里，我又觉得这种忠诚消失了，疑虑在脑子里占了上风，我只好以立即投入工作的方式来抑制这种情绪。对那女人和孩子们也是一样。当我和他们在一起时，当那小家伙高兴地喊着向我爬过来时，我一点也没有疑虑，我相信一切正常。那孩子是多么经常地使我得到安慰！当我在家时他一刻钟也不离开我，当我在工作时他会拉着我的大衣或者攀着我的脚往上爬，直到我把他抱在膝上，那孩子总是高兴的。如果他一生都保持这样的性情，他将会比我聪明。

在生活中人们时常感觉到有某种决定命运的东西，它会使对的变成错的，坏的变成好的，对此我们该怎么解释呢？我想，一个人可以把这种想法看作是神经过度紧张的结果。如果一个人有了这样的想法，他绝不应该认为自己有义务相信，事情真的是像自己所想象的那样糟糕。如果他真的相信事情是那样糟糕的话，他会发疯的。相反，他最好是增强自己的体质，然后像一个男子汉那样去工作，把这种沮丧看作是一种致命的东西。一个人必须始终不渝地坚持这样做。经过长期的努力，他就会觉得自己的精力不断得到增长，他将能够对付各种各样的麻烦。这样，虽然神秘感依然存在，虽然悲哀或沮丧依然存在，但是那些永远存在的消极因素通过积极努力的工作而得到了抑制，从而达到某种平衡。假如生活和事物像玩儿戏，或者像普通牧师所做的千篇一律的布道那样简单容易的话，一个人想要干一番事业就不会是太难的了，但是实际情况并非如此，实际情况比这不知要复杂多少倍，正确和错误并不是非此即彼的，就像自然界里的黑和白并不是泾渭分明一样。

一个人必须注意不要依靠暗色和黑色，不要故意犯错误，另外，更要注意避开白色，就像避开涂了白色的墙壁一样。白色在这里我意指令人讨厌的虚伪。我想，一个努力按照理性去办事和保持诚实的人，是不会完全迷失方向的，虽然他不可能完全避免错误和失败，不可能达到尽善尽美。我想这种情况将使他获得一种怜悯和仁慈的深厚感情，比起牧师们所特有的那种狭窄心胸要宽广得多。

一个人也许属于平庸之辈，他自己也觉得自己是平凡人中最平凡的一个，然而，最后他毕竟获得一种平静。他将能够成功地把自己的良心提高到一个新的发展阶段，使它成为一个更完美、更高尚的自我的声音，而那平凡的自我则成为高尚的自我的仆人。他将不会重新沦落回到怀疑论或者玩世不恭的泥潭中去，也不会与讨厌的嘲笑者为伍。

人们从耶稣身上也看到同样的东西。耶稣最初只是一个普通木匠，后来把自己升华到一个新的境界，不管这是什么境界，结果使他成为一个充满怜悯、爱抚、仁慈和庄重的人，人们至今还崇拜他。通常，一个木匠学徒期满后即成为一个木匠师傅，他心胸狭窄、冷漠、吝啬、爱虚荣，但不管人们对耶稣怎么评价，他对事物的看法与我的一位朋友、后院的那位木匠师傅是截然不同的。我的那位朋友把自己升华为房东，然而却比耶稣爱虚荣得多，更多的是想到他自己。

我首先要做的事情是恢复体力。我希望自己能够恢复到体壮身强、精力充沛的程度。只要能多到户外走走，加上有一份自己热爱的工作，这并非不可能。我想当我的体力恢复之后，我将会获得新的创作灵感，将能克服作品中内容空洞的缺陷。因为现在的事实是，我的所有作品都显得太贫乏、太枯燥了。对于这一点我是看得很清楚的，我毫不怀疑我有必要进行一次彻底的变革。

假如伦敦离这儿近点，我会去那儿闯一闯的。在那里我肯定可以找得到一份做起来不会比别的任何人逊色的工作。

昨天和前天我到卢斯杜农附近去散步。我从村子里走到海滩，发现那里有许多麦田。它们不如布拉班特的麦田那么美丽，但是在那里肯定会有收割者、播种者、拾穗者等，所有这些都是我今年以来没有见到过的。

我以前没有去过那儿。在海滩上有好些防波堤、码头、突堤等建筑物，是用饱经风霜的石头和扭曲的树干建造的，富有诗情画意。我在其中一个码头坐下来画正在上涨的潮水，一直画到潮水靠近我，以至于我不得不拿起画具飞快离开那儿。

海牙和斯赫维宁根附近的沙丘，在过去十年间失去了许多原来质朴的天然特点，另外一种人工的浅薄的特点却每年都在与日俱增。回顾十年前，不，三十年前，甚至五十年前的情景，人们会回到艺术家们刚刚开始描绘，处于自然状态下的沙丘的阶段，当时的物体比现在的更像勒伊斯达尔的画。如果一个人想体验多比尼和柯罗的情趣，他就必须回到更早的时期，那时土地还没有被游泳者所践踏。毫无疑问，斯赫维宁根是很美丽的，但是那儿

《枫丹白露的记忆》 ■ 法国 ■ 柯罗

的大自然已经不再是处女了。当我在卢斯杜农附近散步时，那里大自然未经破坏的原始纯洁的状态，给我留下了非常深刻的印象。

近年来我对幽静的大自然极少有这么深的感受。那些完全没有一点被人们称之为文明的痕迹的地方，那些一切都完整无缺地保留下来的地方，正是理想的安抚我的地方。我发现这样的环境充满着一种强大、激励人的力量。当你来这里时，我们一起去那儿，这将是一件乐事。那里没有一点现代文明的痕迹——只有一辆破烂的车架子停在白色的马路边，其余的就是灌木丛。我想，如果我们能够一块去那儿的话，将会使我们进入这样一种境界：对于工作我们不会再犹豫，对于要做的事情我们会立刻下定决心。

这是不是因为我沮丧的情绪与那样宁静的环境一拍即合？将来我还会不会在那儿获得同样的印象？对此我不知道，但是当我觉得需要忘记现在，需要回忆由米勒、多比尼、布雷东、特鲁瓦永[1]、柯罗等人领导的，在艺术领域里进行的伟大革命时，我会再去那儿的。

我刚回到家里，我想做的第一件事情就是恳求你帮个忙——这将表明你我的意图是一样的，这就是，不要在一些我们一时还拿不定主意的事情上催我，因为在做出决定之前，我需要时间来考虑。在你我之间有一条连接的纽带，这就是艺术。我希望不管发生什么事情，我们都能够继续互相理解。让我们不要忘记，我们自孩提时起就互相认识了，还有其他许多事情都会使我们的关系越来越亲密的。

1　特鲁瓦永（Constant Troyon, 1810—1865），法国画家。

　　我成为你的一个负担，对此我觉得非常对不起你。也许情况会好转，但是如果这种情况已使你不堪忍受的话，请直言相告。我情愿放弃一切，而不愿意把太重的负担放在你的肩上。如果事情真是这样的话，我会立刻去做任何事情的。即使是帮别人提行李我也会去干，我会暂时放下艺术直至情况好转，至少先放弃画水彩画和画室。即使你将来在金钱方面对我的帮助少了，也不会影响我们之间的友谊。我也许会不时有所抱怨——但这是一种精神上的坦率和无保留，是情感的宣泄，而不是期望你在一切方面都帮助我，你知道我不会这么想的，小伙子！

　　对于我的作品，我也许说了一些本不应该说的话，我隐隐约约地感觉到我伤害了你，因为当你离开时，似乎有一些异常。

　　亲爱的兄弟，请不要把我当作别的什么人，而应该把我看作是一个能够顶得住普通困难的普通画家。如果发生麻烦的话，不要把它看作是什么了不起的事情。不要以为将来会是一片漆黑或者一片光明——最好相信它是灰色的。

　　至于我的作品，自我开始注意它以来，我越来越清楚地看到其技巧的单调和乏味。最近我还看得非常清楚，我的身体状况是影响作品质量的一个因素。我作品中的缺陷是那样的连贯，因此设法加以纠正便显得非常紧迫。我们必须要采取有力措施，否则我们会不得安宁的。这是第一重要的事情，不过，有一件事情我希望你赞同，那就是：在吃、穿、舒适以及其他生活必需品得到最基本的保证以前，要想做成任何事情都是不可能的。当一个人在这些方面都得到满足的时候，就不会有坏情绪，对不对？虽然我坚持这种观点，即我的工作需要多花一些钱，我应当在食物和其他必需品方面多花一些钱，但是如果我必须得少花一些，那就让它这样吧。毕竟，我的生命也许不值钱，我为什么要担心呢？

至于我的衣服，我是给什么穿什么。我一直穿父亲和你给的衣服，它们有时候并不合身，因为我们身材不同。如果你能够不揭我衣服的短处，我就将很满足了，虽然以后我会希望你能够记得这一切，说："提奥，你还记得那时我穿父亲的一件牧师长袍外出散步吗？"对我来说，顺其自然是最好的，然后，当我们成功以后，我们一起来为此而大笑一场，而不要现在为此而争吵。

我请求你做的唯一一件事就是不要怀疑我的好意和热情。我希望你相信我具有起码的常识，不要怀疑我会做荒唐的事，让我以自己的方式默默地生活下去。我真希望我有毛弗或者赫克默作为朋友，然而，那不是头等重要的事情，他们也不会这样认为的。通过忠诚地工作，一个人迟早都会在画家当中结识一位终身好友的。一个人通过默默地工作，也许比乞求别人施舍，或者走家串户更易交朋友——后一种做法，会因为我的怪癖而使成功的希望更小，对于这一点你比我看得更清楚，虽然我自己也不时地注意到了，但是我并不以为我的怪癖已经坏到引不起人们同情的程度，看到人们对我毫无同情之心时我还是很吃惊的。

现在我想再次和你谈谈我对推销我作品的看法。我的意见是最好继续工作，直到有一些艺术爱好者自愿地被我的作品所吸引。我害怕采取自我推销的做法会有害无益。对我来说，向别人宣传自己是痛苦的。当然我并不害怕这样做，但我知道我会给别人造成不好的印象，我希望能够避免这一点。

我对挣钱的看法是再简单不过了，这就是：钱必须通过工作挣来。如果可以的话，就让我像以前那样继续干吧，如果不可能，如果你想让我带着自己的作品去见人，我将不会拒绝，但是，亲爱的兄弟，人的大脑不可能样样都承受，总有一定的限度。看看拉帕德吧，他得了脑膜炎，只好到德国等地旅行以恢复健康。如果要我去向人们推销自己的作品，会使我精神过度紧张的，而结果又会怎样呢？受到拒绝，或者是被人家用好听的诺言来推托。我向你保证，当我和人们在一起时，我会觉得自己的作品没有那么好的。如果我们现在不把时间浪费在此类事情上，我们将会取得虽然缓慢但却稳当的进展。

我现在越来越感觉到最实际和最直接的方法，是不要看得太远或者不要期望太高。当我想到要去伦敦时，我觉得无比兴奋。问题在于：是现在去吗？这是合适的时间吗？事实上最好能坦率地对自己说：你还不够成熟，你的意思表达得还不够清楚，别人看不懂，他们或多或少会被吓住的。继续努力吧，忠诚地、坚定地临摹大自然，再次到石南丛生的荒地或者沙丘上去寻找自然吧。

对于工作我是毫不含糊的。我的思想是那样井井有条，那样坚定不移，我想你相信我所说的是不会错的。我的画将会成功，即使我们就像以前那样干下去。你一定不能因为我离开古匹儿画店这一举动而误解我真正的性格。如果当时的经商能够像现在的艺术这样对我具有同样的吸引力的话，我是会表现得坚定一些的，但是当时我怀疑经商能否成为我未来的职业，而且当时我是被迫离开的。他们对我说："你走不是更好吗？"我回答说："如果你们觉得我最好走，那我就走。"——就这么多。我已经告诉过你，选择自由并不总能被人理解。我不怀疑，我现在的工作还有缺陷，但同时我也不怀疑，我并不是一无是处。我将会成功，只不过还需要很长时间的追求。我坚定地相信，如果我想在别的领域里追求成功，那将是危险的。

我想，现今的艺术欣赏趣味与早年不同。过去在艺术品的创作和评价两方面都有着更多的激情。每一件作品都经过精心挑选，人们对作品的看法毫不掩饰、态度明朗。那时有着更多的活力，而现在我认为有一种反复无常和过饱过腻的情绪，人们通常较为马虎。前些时候我曾写信谈过，我注意到，自米勒以来，出现了明显的衰落，就好像顶峰已经被登上，接着便是走下坡路。这种影响表现在每一个人身上和每一件事情上。

假如我的水平高一些，从而使我的作品好销一些，我肯定会说："我把商务交给你，我将不过问销售事宜。我将生活在商业界以外。"可惜，我还不能这么说。这不是你的过错，但是为了我们俩，为了求得安宁，我恳求你要有耐心，不要半途而废，不要产生怀疑。如果我们坚持下去，我不能说在经济上我们将会获得多大成功，但有一件事情我可以肯定：我们将永远生活在团结和协调之中，有时候卖不出任何作品，生活上陷入困境，但有时又能够卖出一些作品，生活上过得比较舒适。

有一个步骤对我来说是很理智的，因为它很简单，那就是：我搬走，搬到农村某个较便宜的地方去住，在那里风景又很有特色。

我现在又被工作迷住了，请尽力帮助我，想一想你能做哪些事情，以加速我们的成功，对你的好意和友谊我是毫不怀疑的。

我想急于知道父亲和你是否赞同我与那个女人一起生活。我希望不要把她再送回到大街上当妓女，对于她痛改前非的诺言，我们应该做出反应，真正原谅她，忘掉过去，她得到拯救总比被毁灭好。

今天早上她对我说："对于我过去所做的事，我现在连想都不想，也没有对我母亲说过。我仅仅知道，如果我被迫像以前那样去生活的话，那肯定是因为我挣不到足够的钱，尤其是当我需要给孩子们购买食品的时候。如果在这样的情况下我当了妓女，那是因为我必须得那样做，而不是因为我想那样做。"我要她答应几件事情，要她整洁一些、热情一些、模特儿做得好一些，不要到她母亲那里去。当时我说："如果你到你母亲那里，从三个方面来说都是一种娼妓行为：首先，你过去是与你母亲住在一起的，正是她逼你当娼妓的；第二，她住在一个非常贫穷肮脏的街区，你比其他任何人都更有理由避开这种地方；最后，你兄弟的情妇也住在同一间房子里。"

现在我已经完全毫无保留地原谅了她，完全忘掉她的过去，我将像以前那样和她生活在一起。我觉得自己心中有一种怜悯，它是那样的强烈，以至于在它面前一切事情都得让位。我不能对她怎么样，只能像去年在医院里时那样对待她，我现在对她说的就像当时对她说的一样：只要我还剩下一口面包，还有一个栖身之处，那么它就是你的。这在当时并非出于冲动，现在也不是一时冲动，这是基于认识到相互间的需要是至关重要的这一事实上。

提奥，她现在的确有了进步，但我还得一次又一次地鼓励她，要不她还会令人失望的。不过，当她试图解释她的意思和想法时，她往往说得很好，显示出她是多么纯洁，尽管她曾是一个妓女。就好像在她的灵魂、她的心底和她的脑子里的废墟深处，还有一些东西没有被毁坏。在这种少有的时刻里，她的表情很像德拉克洛瓦的《圣母玛利亚》的表情，或者像谢菲尔[1]画的某些头像。这就是我所相信的。现在我再次看到了她的这种表情，我尊重她这种深沉的情感。

---

1 谢菲尔（Ary Scheffer，1795—1858），法国画家，由于出生并长期生活在荷兰，同时也被视为荷兰画家。

如果现在我们坚定不移地按照自己的感情去行事，我们也许会犯错误和受欺骗，但是如果我们问一问自己的义务究竟是什么，我们就将能够从罪恶和绝望中得到拯救——我们就会尽力去做应当做的事情。世界上再也没有什么比内心的义务与爱情之争更为令人痛苦了，尤其是当两者都处于最高意义的时候。当我告诉你我选择了义务时，你便一切都理解了。

我不知道将来我与那个女人是否幸福。也许不会——肯定不会十全十美，但是幸福并不是一件应当由我们来负责的事情。

此刻你们正在纽南，我希望，兄弟，没有什么理由不叫我回去。我真希望我们能够一起在那间乡村小教堂的墓地里散步，或者是到一个织工家里去看看。我不明白，为什么你和父亲觉得和我一起散步是耻辱，我想你们做得太过分了。至于我，尽管我的心是想和你们在一起的，但我采取敬而远之的态度。每当我见到你或者父亲时，我的思想都是有所保留的，而我们又有着不可分割的关系，为此，我希望当我们见面时，再也不去谈论举止行为以及服饰等问题。你看，在这一切问题上，我都是尽可能地克制和让步的，而不是咄咄逼人。不要让礼仪导致大家疏远。那一年一度全家聚会的快乐时刻绝不能被蒙上阴影。

我希望在你回城之前，能够欣赏到寂静的农村上空美丽的落日。

拉帕德来看望我了，他看了我的一些大型素描，评价不错。当我告诉他，我觉得身体很虚弱，我想也许我的画会因此而受些影响时，他似乎毫不怀疑这完全是有可能的。我们一起谈到了德伦特[1]。他最近将要再次去那儿。

我喜欢去那儿。我是那样的喜欢，以至于我已经打听了一些，诸如把家具运去那儿是容易还是困难等问题。虽然我的这些东西不值几个钱，但是如果要我再买一套，对我来说还是一笔很大的开支的。我计划和那女人以及孩子们一起去。一旦到达那儿，我想我将永远留在那有着石南丛生的荒地和沼泽地的农村里。现在越来越多的画家到那儿定居，因此说不定过些时候，一个画家的聚居地会在那儿出现。我想，我一年至少能够节省下150到200盾钱，而其中最大的开支，在那儿将是不同的：要么用同样多的钱我能雇请到更多更好的模特儿，要么用较少的钱我就能雇请到同样多的模特儿。

今天早上我到范德威尔家，看到了他从海尔德兰带回来的习作。我从他那儿听到的消息并没有减弱我去德伦特的欲望。幸运的是，他知道我心目中想去的其中一个村庄。那里风光很美，富有特色。

我再次告诉他，我很遗憾，今年我没能尝试更多的绘画技巧。他的回答是："噢，不要难过。首先，每一个人都有自己的弱点。如果他师从某一个人，结果往往是他除了保留自己的弱点以外，更继承了他老师的弱点。默默地走自己的路，不要瞻前顾后。"他的话说到了我的心坎上，我心里也正是这么想的。

今天我拿了一些习作给科尔叔叔。

我简直无法用语言告诉你，对于你提出的修改意见，我是多么的高兴。你的意见和拉帕德的意见可以说是英雄所见略同，范

1　德伦特（Drenthe），荷兰东北部的一个省。

德威尔也认为我的作品是有内容的。我相信，在每一个画家的一生中，总有一个创作上的荒谬时期。对我来说，我想那个时期早已过去。我想我正在不断进步，在我的作品中已经具有某种真实和纯朴的东西。正如你所说的，有一种男子汉的观念和情感。

去年韦森布吕赫曾对我说过这样的话：默默地走你自己的路，等你老了，回过头来看自己早期的习作你会满意的。

争取多作一些画是我现在的主要任务。我很高兴你认为，如果我在作画的同时又去找一些额外的工作来做是不明智的。这将是得不偿失的，它使一个人变成了半个人。

那女人的性格是多么易变！尽管她最近一再答应我不再去见她母亲，但她还是去了。我问她，假如她连这样的诺言都遵守不了三天，又怎么能让我相信会遵守永不变心的诺言？我认为她这样做是很卑鄙的，我几乎可以得出结论：她更多的是属于那些人而不是属于我。她说她很抱歉——但明天她还得去，而这正是我心里猜想的，但接着她又说："噢，不。"

也许让她在远离娘家的农村住上一段时间，她就会改正的。这并不是完全没有可能，但是谁又能向我保证在农村她会不会说："多么肮脏狭小的房子！你为什么把我带到这儿？"她使我害怕出现类似的问题，即使当我尽自己最大的努力来避免和她决裂时，我仍有这种担心。

我比以往任何时候都更加可怜这个女人，因为我看到她比以往任何时候都更加坐立不安。我想此刻她没有比我更好的朋友了。我会全心全意地帮助她，如果她让我这么做的话，但是她不相信我，她信任那些实际上是她敌人的人，这使我爱莫能助。令我吃惊的是，她竟然意识不到自己做错了——要不就是不愿意正视这个问题。

你所说的——你相信如果她离开我将会对她有好处——我自己也认为有这种可能，如果她不再回到她的那些人中间去的话。这是一个难以解决的问题：她想跟我在一起，想依赖我，但她并不知道她是怎样使自己与我日益疏远的。我说起这事时，她回答："是的，我知道得很清楚，你不想和我在一起。"

那是在她情绪好时才这样，情绪坏时她会大发雷霆。她公开说："是的，我冷漠和懒惰，我从来都是这样，这无法改变，"或者，"是的，不错，我是一个被遗弃者，我的最后结局将是跳水自杀。"

她的缺陷让我生气的时期已经过去，去年我就不这样了。如今当我看到她又陷入同样的错误时，我已不再感到吃惊，我想我会容忍她的错误，假如这样做有助于拯救她的话。我对她的看法是，我并不认为她是坏的，她从来也没有看到过什么是好的，她怎么会是好的呢？你知道我是那样想拯救她，如果和她结婚能够拯救她的话，我马上就跟她结婚，但是那样能拯救她吗？

在这种情况下，我希望你不要反对我和她在一起。如果她自己不是把事情弄得完全不可收拾的话，请你也不要反对我立即执行去德伦特的计划。至于那女人是否跟我一起去，由她自己决定。我知道她已经和她母亲商量过了。我不知道她们说了些什么，我也不过问，但如果她想来，就让她来，留下她，实际上就是把她赶回街头去当妓女，这样的事情怎么可能由试图把她拯救出来的同一个人去做呢？

我把一切事情和范德威尔又说了一遍。他在我的画室里待了整整一个下午，他逐一看了我的习作，我们还在一起给其中一些习作上颜色。维瑟林有一天早上也来看我，这真令人愉快。他说我比他预想的水平要高些。我们一起吃午饭，一起谈论过去的事情。

他使我受到了很大的鼓舞，范德威尔也一样，但是我必须要多画些。我必须——让我大胆公开地说——努力画一百幅认认真真的习作。我必须要办到这一点。还有，那些习作必须要有实际内容——要描绘大自然的一些特色。维瑟林许诺将要在某个时候买我的一些作品，也许很快。我们商定，今年秋季或者初冬，等我到农村过上一段时间以后，我将寄一些作品给他，不管他买还是不买，并且以后继续这样做，以使他和我保持联系。我对他说："请写信告诉我你需要什么，然后我就将不断送去你认为最合适的东西。"

今天我和那个女人都过得很平静。我严肃地跟她谈了话，向她详细解释了我所面临的问题，说明我必须还要过一年更为简朴的生活，以改变过去入不敷出的情况。我预见到，如果我仍然和她在一起，我很快就没有能力再帮助她，要重新靠借债过日子，而这样是没有出路的，所以，简言之，她和我都要理智些，只好作为朋友分手，她必须得叫她家里人来领走孩子，并找个住处。

现在已经很明显，我不能继续在这里工作了，即使她对我的工作是理解的。我告诉她："也许你将不可能做到洁身自好，但是尽可能努力吧。我也将尽力做到洁身自好。只要我知道你已经尽了自己最大的努力，只要你不对一切都失去信心，只要你对孩子也能像我对待他们那样好，只要你能使孩子们永远觉得你是他们的母亲。这样虽然你只不过是一个贫穷的仆人，虽然你只不过是一个低下的妓女，虽然你有许多缺点，但在我眼中，你将永远是好的。"

噢，兄弟，你看我把事情弄成这样。假如我们不是非得这样的话，我们原本是不会分手的。我们不是每一次都原谅了对方的缺点，最后都言归于好了吗？我们互相间是那样的了解，我们都相信对方没有恶意，这就是爱情吗？我不知道，但在我们俩之间确实有一种不可分割的东西联结着。

接着我便到远处的农村与大自然对话。我走到沃尔伯格，从那儿又到了莱德斯根丹。你知道那儿的风光——高大的树木庄严肃穆，旁边却是矮小、难看的绿色别墅，还有由那些退休的荷兰人，以过于丰富的想象力设计出来的各种花盆、棚架和门廊等，显得荒唐怪诞。绝大多数房子都很难看，然而却有一些房子显得古老堂皇。此刻，在那一望无垠的沙漠似的草地上空，飘过来一团团云朵，风吹拂着水渠对岸的一排排村舍和一簇簇树丛。那些树飘逸洒脱，太富有戏剧性了——在每一个人物身上，我想这样说，不过此刻我指每一棵树，但那里的整个风景要比单棵饱经风霜的树木美丽，因为此刻即使连那些显得荒唐怪诞的小别墅也别有一番情趣，它们错落有致，滴答着雨水。

这一切对我来说似乎是一种象征，它象征着即使一个行为举止荒唐怪诞的人，或者是一个变化无常难以捉摸的人，如果真正的悲伤落到他头上——一种灾难打击着他的时候，他也会成为一个独特戏剧性的人物。另外，我还联想到了现今的社会正在衰落，虽然它不时沐浴在复兴的阳光底下，但仍呈现出巨大、抑郁的黑色轮廓。

是的，对我来说，自然风景的戏剧性，人生悲伤的戏剧性最能打动人心。噢，不过一定得有一丝儿阳光、一点儿幸福，足够形成对比，以突出这个黑色轮廓，但让其余部分仍处于黑暗

《盛开的果园和白杨》 ■ 荷兰 ■ 凡·高

之中。

我要继续工作，毫不犹豫、精力充沛地——我不知道对她或者对我结果将会怎样，但当我独自开辟自己的道路时，我想自己的创作将会比以前更好。因为当我说我们作为朋友而分手时，这是真的——但这次分手是最后的，毕竟我比自己所想象的更能顺从于命运。我真的相信她仍然有潜在的好的一面，但问题是，它应当已经被激发出来了。

亲爱的兄弟，如果你能够真正理解我的感情，理解我是怎样把自己的一部分奉献给那个女人，忘记了其他一切事情，集中精力于拯救她——如果你能够感觉到我是怎样把自己的信念寄托于"崇拜悲伤"，而不是寄托于幻觉，那么，兄弟，你就会知道，我心底里的灵魂与现实生活是多么的不同，它们之间远远脱节，甚至连你现在对此也是难以想象的。

我已为自己准备了一本有效期为12个月的护照。有了这本护照，我就有权利到任何我想去的地方，并且在那儿待多久都行。德伦特的一个农民将向我提供食宿，一天收一盾钱。开始时我想拿点钱给那个女人，剩余的用于工作。

我刚刚收到你的来信，我刚从卢斯杜农后面的沙丘回到家里，浑身都湿透了，因为我在雨中坐了三个钟头。我带回了一幅描绘扭曲、多节的小树的习作和一幅描绘雨后农庄的习作。画中的一切都是古铜色的。一切都像人们只有在一年中的这个时候才能看到的大自然的样子，或者像人们在杜佩雷的一些画作中所看到的景色，它美丽得使人们难以想象。

提奥，在离开前我当然有一种非常沮丧的感觉，如果我相信那个女人会重新振作起来，如果她的好意不是这么令人怀疑，我是不会这么沮丧的。我必须努力工作，要不我会被这种沮丧的情绪压倒，而这样于她也没有什么好处，但是我所喜欢的孩子们以后怎么办？我不能为他们安排好一切，但愿那个女人愿意负起责任。

我面前摆着一张德伦特的小地图。我看到上面有一片相当大的白色的地方，没有标出村庄的名字。霍赫芬运河就在这里穿过，然后突然终止，我看到在空白处写有"泥炭地"字样。在空白处的四周，有好些黑点，标有村庄的名字，有一个红点标出霍赫芬[1]镇的所在地。在边境处，有一个湖——黑湖——这是一个引人联想的名字，我想象在湖边会有各种各样的挖泥工。

我明天出发。

1　霍赫芬（Hoogeveen），荷兰德伦特省的一个小城。

《播种者与落日》 ■ 荷兰 ■ 凡·高

第12章
我想我找到了属于自己的那一片小天地

德伦特　1883年9月[1]

我入住了一家乡村小旅馆，距离火车站不远。来的途中我在火车上看到了费吕沃[2]地区的一些美景，但当我们到达这些地方的时候，一切都已经笼罩在了夜色之中。此刻我坐在宽敞的旅馆大堂内，这里的大堂和布拉班特的没有什么两样。一位妇人坐在那儿削马铃薯——一个多好的人物形象！

在村庄的码头，我看到了一些非常典型的运送泥炭的大型平底驳船，还见到了一些船妇，其穿着打扮和她们在草地里干活时完全一样——多么富有诗情画意的形象。村子里有四、五条运河纵横交错，不论你沿着哪一条运河顺流而下，你都可以不时地见到外形奇特的旧磨坊、农家场院、码头、船闸等，另外，你总可以见到繁忙的运送泥炭的驳船队。我和当地的村民谈过好几回了，计划哪一天坐着驳船，顺着霍赫芬运河而下，穿越大片的泥炭田野，直至普鲁士边界和黑湖。这个所谓的小村庄其实只不过是建在码头边上长长的一排房子而已。

昨天，我发现了一块从未见过的非常奇特的墓地。试想一下，一小块石南丛生的荒地，四周环绕着茂密的小松树，形成一道树篱，一般路人都会认为这只不过是普普通通的一片小松林，但它却有一个入口，进去以后你便看见许多长满野草和石南属植

1　1883年9至11月间，凡·高曾在荷兰东北部的德伦特省（Drenthe）生活了三个月左右的时间。

2　费吕沃（Veluwe）位于荷兰中部的海尔德兰省（Gelderland），在该地区广泛分布着稀有丘陵、森林沼泽和一些珍稀野生动物，风光优美。现在该地区已建成为荷兰最大的国家森林公园（National Park De Hoge Veluwe）。公园内建有世界上凡·高藏品排名第二、仅次于阿姆斯特丹国立凡·高博物馆的库勒慕勒博物馆（Kröller—Müller Museum），馆中收藏有超过275幅凡·高的绘画作品，包括《吃土豆的人们》、《夜晚露天咖啡座》等，因而该森林公园亦称为"梵谷森林"。在海外华人中，凡·高较为流行的译名为"梵谷"。

物的坟墓，其中许多坟墓前立有白色墓碑，上面刻有名字。一座座坟墓爬满石南，非常好看。飘逸的松脂香味给这片地方笼罩上一种神秘的气氛。邻近墓地的那片黑黝黝的松树林，将耀眼的天空与崎岖不平的地面分隔开来。

作画绝非易事，我想尝试一些更富有表现力的新方法，例如添加一些雪等，一定很新奇。

今天早上天阴，但很美，自从我到这儿以来，头一回没有太阳，尽管如此，天气还是宜人的，所以我准备出发。

这片石南荒原比布拉班特的荒原要广阔得多，在下午时不免显得有些单调，尤其是在阳光的照耀下，但我不愿意错过的正是这种光照的效果，过去，我曾经徒劳无功地画过好几回。大海也并不总是那么富有诗情画意的，如果人们不想使自己受到欺骗而弄不清楚它们的真实特点的话，就必须要细心地观察那种时刻及其光线效果。在炎热的中午，荒原有时令人难以忍受——就像在沙漠里一样使人感到疲倦、冷漠和敌意。描绘强烈日光照耀下的荒原，表现地平线渐渐消失在无边无际的远方，这样的尝试常常会令人头晕目眩。

然而，在那使人恼怒和厌倦的同一处地方，当傍晚时分一个可怜的瘦小身影在暮色中闪现，当那广袤的被太阳烤焦的黑黝黝的地表映衬在柔和的淡紫色的夜空下，当将要消失的最后那道细小的深蓝色地平线将天穹与大地分开，这时的宏大肃穆丝毫不比朱尔斯·杜佩雷的画逊色！而那些人物形象、那些男人和女人，他们具有完全相同的特点。他们并不总是有趣的，但如果你耐心仔细地观察他们，就会发现他们与米勒画中人物相似的那一面。

我正在画一幅习作，画的是被遮掩于小白桦树林后面的一轮落日，树林生长在夜雾湿气升腾的沼泽草地上。在草地远处的地平线上，你刚好可以看见淡蓝色的一排树，点缀着零零星星的房顶。其余的时间我画一些素描，但是你知道，我应当尽量多作些油画。我真希望自己能得到多一些颜料和其他绘画材料，但我的钱几乎已经花光，所以，请写一封信给科尔叔叔，告诉他我现在一个人在德伦特。事实上，我需要钱，有了钱我才能够在德伦特东南部的远足中取得一些好的成果。

我希望很快就能给你寄去我在这儿画的习作，收到后请看一看，它们中的一些或许正是维瑟林所需要的。

我还开始作一些水彩画，我同时还作一些钢笔画，主要的目的是为日后创作油画打基础。因为使用钢笔你能比在油画习作中描绘更多的细节，所以作画最好是一式两份，一份为结构图，另一份为上色图。

开始，我这儿的模特儿挺难对付的。他们取笑我，开我的玩笑，尽管我付给他们不错的报酬。由于他们的不合作，使我无法按时完成一些已经开始画了的人体习作，不过，我没有就此打住，而是集中精力于一个家庭。现在，从这家人中我可以有一个老年妇女、一个姑娘和一个男人作我的模特儿。

我收到一封拉帕德从西泰尔斯海灵镇[1]寄来的信，他在那儿工作很努力。如果渡海去泰尔斯海灵岛方便的话，我希望今年冬天去那儿看看他，同时画几幅习作。按照我的估算，去那儿往返的路费大约需要三个盾。我希望能在这儿逗留的六个月内积蓄下这笔钱。在这儿我发现开支比在海牙少。在没有做好事先的精心筹

1　西泰尔斯海灵镇（West Terschelling）是荷兰泰尔斯海灵岛(Terschelling)上的一个小镇，该岛是著名的旅游胜地，距离阿姆斯特丹约136公里。

划之前就出发远足太冒险了，而且在远足之前我想先还清欠拉帕德的钱，不过，能够再次与一个画家相聚，花些钱肯定还是值得的，而且此行还有助于消除我的孤独感。

这儿乡间的空气和生活对我的身心很有好处。我的房东一家人都非常好。男东家在一个仓库工作，这家伙的脸有时候就活像一棵红卷心菜——他是一个真正干苦力的。女主妇非常勤快，爱整洁，养育有三个孩子。他们也许会倒腾出后阁楼来给我作画室。

上星期我到了泥炭地的纵深处。我觉得这儿越来越美了。只有特别精心制作的画才能够真实地再现现实中的这些美景，表现出它们庄重、朴实的特点。

我盼望你的来信，因为尽管景色很美，但我仍然感到压抑。我被一种沮丧、绝望的感觉压得喘不过气来。虽然我并不希望那样，但我对人们对我的作品说些什么，对我个人给他们留下什么印象等问题非常非常敏感。假如我受到质疑，假如我孤立无援，我便会产生一种空虚感，从而影响我创作的积极性。我渴望的是一种能够互相理解的真诚相待，它不会因为一时的挫败而受到影响。两人互相信任，都相信工作是能够完成的，而且一定得完成，这样，两人就会异常强大，他们必须要互相鼓励。

从心底里我觉得自己一般不易与别人处好关系，这使我有些焦虑，因为正是这种人际关系，对我将来在创作道路上能否取得成功至关重要。

当我环顾四周时，一切似乎都太令人难受，太贫乏、太破烂了。此刻正是令人沮丧的雨季，当我走到自己居住的阁楼的一个角落时，不知道为什么一种伤感油然而生。太阳透过一扇单页玻璃窗，照在一只空空的颜料盒上，落在一束画笔上，笔尖上的毛已经磨得所剩无几。幸运的是，这种沮丧感是那样的奇怪，以至于具有了某种滑稽的特点——足以使人不至于为此而流泪。

去年对我来说，是以入不敷出而结束的，我欠下的债比我告诉你的数字还要大。虽然目前我已经还清了所有其实并不太紧迫的债，但自己却因此而陷入了无钱购买颜料的地步。我不敢再向别人借钱，因为过一段时间以后，便会债台高筑。你到这儿来看我的时候，正好赶上我们俩心情都不好，所以没有进一步深谈，但现在我得跟你实话实说，海牙的生活对我来说实在是太昂贵了。

是的，我现在住在这儿了，几乎还清了债。这儿的自然景色是那样美，比我原先的想象更美，但我过得很不开心，距离安稳和舒适相差一大截，因为只要看一眼我给你的那张小阁楼草图，你就可以知道，它与自然美景是不协调的。

如果有能力支付，我应该叫人把我留在海牙的东西全部送过来，把这个小阁楼改造成画室，使它光亮些。当周围有人走动的时候，模特们就会拒绝摆姿势，所以，画室是必要的。我现在是让模特们在仓库里摆姿势，可那儿光线太暗。另外，我还想添置自己所需要的所有绘画材料。我真希望能够一劳永逸地解决经济问题，如果有谁能帮助我，那我心中最大的担忧就得到缓解了。一位画家没有信贷是不行的，不仅画家这个行业需要信贷，木匠和铁匠同样也需要信贷。

我来这儿时太匆忙，现在才知道缺少什么，感到自己的行动过于轻率，可是，不这样我又能怎样？去年那女人一出院，我就应当和她一块到这儿来的。要是这样，我就不会欠债，我们也不用分手了。要是事先知道最终结果是这样，我也许早在六个月前就和她分手了——尽管现在我是自食其果，但我仍然为自己忠于这个女人的时间更长而不是更短而感到高兴。我至今没有收到她的只言片语。我写信告诉她，我会把我的地址寄给隔壁的那个木匠。我很担心她，虽然我知道，如果有困难，她早就写信给我了。

只要天气好，我就不会去想那些乱七八糟的烦心事，因为我看见那么多美好的东西，但目前正值雨季，估计还要延续几个月，所以我更清楚地知道，自己已经被困在这儿了，将会孤立无援。今天早上天气稍好，于是我出去作画，但出去后发现画不了，少了四、五种颜料，结果无功而返，我心里特别难受。

我必须得坦率地告诉你，最近我将你寄给我的钱用来还债了，很对不起。我不知道，即便是为了使自己闲着无所事事，是不是也不应该首先考虑自己？因为在冬季到来之前，我将不可能完成计划中必须要画的习作了，谁会因此而感谢我？

也许你还记得我在博里纳日时的情景吧？我很担心同样的事情也会在这儿重演。我当时和现在，都始终认为这并不是一件好事。当时穷困到实际上是无家可归，不得不像个流浪汉那样四处漂泊，既找不到栖身之处，也找不到充饥之物，更无任何工作的可能。兄弟，如果没有后勤保障就冒险深入乡下，我会陷入这样的绝境的。

喜欢主动出击的我——一贯以行动而不是靠说大话来证明自己——虽然我人已经到了德伦特，但还是不敢贸然采取下一个行动。我计划的远征在没有得到经济支持的情况下就实施是愚蠢和不可行的。这种事情如果没有多余的后备资金以应急，是要冒很大风险的。一个人在不能完全确信自己无论在什么地方都不会灰心丧气之前，不应当出门远征。他不能让自己在每家客栈都被人怀疑其支付能力，所以，与富有诗意的最终目标相比，世间的一切事情都是平凡乏味的，一切都首先得未雨绸缪。

此外，一想起那女人的命运以及我可怜的小家伙和另一个孩子的命运，我就心如刀割。我想继续帮助他们，但我没有能力。父亲来信问我他是否可以帮帮我，但我对他只字未提我的烦恼，我希望你也不要对他说起此事，他自己的烦恼就已经够多的了。

我正处于需要一点点信任、一点点信心和一点点温暖的时刻，但我自己却毫无信心，我的一切都不如意。我的脑子老是围绕着以下的想法打转：我工作了，生活上也节俭，却仍然避免不了负债。我一直忠于那个女人，最后却不得不离开她。我一贯憎恨阴谋诡计，但却找不到一个信任我的人。我问自己是否应当对你说："让我认命吧，我受不了这么多了，又没有机会从别的途径得到帮助。难道这还不足以证明我们必须放弃吗？"

唉，兄弟，我真的非常沮丧——我身处一个美丽的乡村，我想工作，我绝对需要工作。同时，我又不知所措，完全不知道该如何克服这些困难。

我现在在德伦特最边远的新阿姆斯特丹[1]给你写信。我是乘坐驳船穿越石南荒原，经过漫长的航行后才到达这儿的。这一地区的风景真是美不胜收——我无法用语言来形容，但你可以想象一下，运河两岸就像是百里画廊，尽情展示着米歇尔或卢梭的画作。

只见平坦的地平面布满着五颜六色的狭长地块，越接近地平线的地方就越显得狭小，并且由于零星点缀着的草皮小屋或小农庄，或几棵羸弱的桦树、白杨、橡树等而变得更加显眼，到处都是

1　新阿姆斯特丹(New Amsterdam)，是荷兰德伦特省的一个边远小镇。

《收割》 ▪ 荷兰 ▪ 凡·高

一堆堆泥炭。河面上，从沼泽地深处驶出来的满载着香蒲草的驳船忙碌地往返着。不时出现的人们有时具有一种异常的魅力，他们之中不乏像奥斯塔德[1]画中的滑稽人物，其相貌使人想到猪和乌鸦，但不时也可见到一两个可爱的人，像荆棘丛中的百合花。

今天，我看到了在驳船上举行的一次葬礼，那场面非常奇特——裹着外套的六个女人站在船上，男人们沿着运河穿越的荒原岸边拉着这艘船，一个头戴三角帽、身穿马裤的牧师在运河的另一边跟着船。

哦，这次远足使我很高兴，因为我看到的东西太多了。今天傍晚，这儿荒原的景色美不可言。只见天空呈现出一片柔和的淡紫白色，透过夜空唯一的一道缝隙，依稀可以看见蓝天。在地平线上，闪耀着一道红光，在它下面是笼罩在黑暗之中的连绵的褐色荒原。红光映衬着许多屋顶低矮的"离奇"、"古怪"的小茅屋，还有堂吉诃德式的磨坊和一座座巨大奇特的吊桥，这一切在瑟瑟颤动的夜空底下显露出它们古怪的侧影。处于夜色之中的这样一个村庄，窗户的亮光倒映在水面或泥淖、水坑上，有时会显得温馨舒适。我发现黑白之间的对比经常是很奇特的，譬如在漆黑的荒原上流淌着一条有白色沙质河岸的运河。在这儿你仍然可以见到年代悠久的大型草皮小屋，屋子里甚至还没有把马厩和人住的地方隔离开来。

在驳船上，我画了好些习作，但我没有停留在只画习作上，而是腾出手来给其中一些习作上色。

---

1 奥斯塔德（Adriaen van Ostade, 1610—1685），荷兰画家，以农村风俗画而著称，他的画洋溢着一种农民般粗犷而朴素的幽默感，较好地表达了他对荷兰下层人民及其生活的亲切感受。

有时候——就像你考虑去美国的时候——我考虑去西印度群岛当兵，但这种想法只出现在当我被环境所压倒，处于极度痛苦和消沉的时候。我真希望你当时能看到这些宁静的荒原，因为这种景色能使人静下心来，能激励人们适应环境，以更大的热忱和坚定性去工作。我多么希望我们能在这儿一块散散步、一起作作画啊！依我看，这儿实在太美了——我的意思是，这儿充满着宁静。

你知道吗，我想我找到了属于自己的那一片小天地。

亲爱的兄弟，仅仅通过嗅闻，我数不出装在口袋里的玉米究竟有多少粒。我也不能穿透马厩的木门看到里面的东西，但我有时候能够透过隆起的物体知道那儿是否有一袋马铃薯，或者一袋玉米。虽然马厩的门是关着的，但当一头猪被宰杀的时候，我仍然能够听得到它的尖叫声。同样，透过我所获得的一些暗示，我能够判断出你目前的处境。从我看到的一些征兆来看，你是不是遇到了大公司常出现的那种严重危机？我没有看错吧？

我希望你在沮丧的时候记住，你不是孤单一人。我亲爱的兄弟，你知道我现在的情况，但如果你在某些事情上不顺心，不要觉得自己孤立无援。千万不要绝望，我向你保证，我始终是值得你信赖的。

最近我一直在想你提到的去美国的计划，我不能同意这一计划，即便你在那儿有着很好的人脉，譬如，你与诺德勒公司[1]的良好关系。我完全理解你此刻在古匹儿公司的处境，一定是四面楚歌。令我吃惊的是，你在信中写道："当我本周试图与他们沟

---

1 诺德勒公司（Knoedler & Company），美国著名的画廊和艺术品经销商，成立于1846年，位于纽约的70号大街，早年曾是古匹儿公司的分公司。

通的时候，他们完全不给予理会。"此时的古匹儿当然与文森特伯伯还是合伙人的时候已经有了天壤之别。当时我只是公司一个最低级的职员，但即便如此，过了十多年后，我依然觉得自己的心还是牵挂着公司的。自那之后，公司的雇员是不断增加了，但真正懂得艺术品生意的人却越来越少，这是非常令人伤心的。在文森特伯伯时代，公司的雇员并不多，但是大家能够真正通力合作。现在对你个人而言，真的特别困难，你的心思是放在公司上的，你对公司的忠诚是其他人所无法相比的。

现在有一些现象对我来说是如此奇怪，以至于使我认为做生意绝不能搞大兵团作战。公司的那些管理部门，既好管闲事，又高高在上，所有的那些账目簿记——全是一派胡言乱语，那不是做生意的方法。做生意是一种行动，旨在激发个人的洞察力和能力，而现在人们不重视这些，于是抱怨出现了：组织不到充足的画源。个人的行动、个人的能力，特斯蒂格有，你也有，同时你还有一定的地位，然而，在已经发生了变化的大环境下，你的地位是不会起什么作用的，在"平庸的胜利"面前，你会四面碰壁。

你也许会说，是的，但是你的绘画事业比我的还要糟糕和更不稳定。在绘画领域里，个人的能力或者个人的行动也未必能够解决所有的问题，例如，解决不了一个人在一段时间内的吃饭问题。这一点我承认，但如果我的运气好一些，如果我能够找到一些对我的作品有好感的人——如果这样，我可能就会说不同的话了。

我欠你很多很多，是你的资助使我能正常工作，正是为了这一点，我才想对你说，我丝毫不怀疑你会赞同掌握一门手工艺是人生的一大乐事，虽然它首先就与你在现实生活中的地位极不相称，但是，虽然它并非全部依赖于个人的行为，却比做生意与个人的行为有着更为直接的联系。另一个能够给予你极大帮助的是，在艺术世界中你有着永不枯竭的新鲜感，而我就是在被挡在艺术殿堂之外许久，才开始从事这一工作的。

你一定不要自认为"我不是当艺术家的料"，你绝对拥有一位艺术家所需要的精力和智商。想想我在伦敦时的情景吧，当时我是多么经常地站在泰晤士河的堤岸边作画，直到夜晚才从南安普敦街回家。要是当时有人告诉我什么叫透视，我就会少走很多弯路，进步也会比现在大得多！

你说道："我过去觉得自己是大自然的一部分，现在我再也没有这种感觉了。"让我告诉你，兄弟，我自己也深有同感，我能深切地领会你提到的那种感觉。造成这种感觉的是街道、办公室和神经紧张。

我感到自己不仅对大自然变得麻木不仁，而且更糟糕的是对人也同样变得麻木而没有感觉了。人们说我精神不正常，我知道这不符合事实，因为在内心深处我觉察到了自己的病态并努力去医治它。为此我徒劳无望地努力着——不错，我没有取得任何成功，但因为决心要恢复正常人的思维能力，使我从来不怀疑自己拼死所做的一切工作。我的内心总在说："让我干吧，我会有所作为的，让我有耐心去改变目前的状况。" 对此我想了一遍又一遍，尤其是在那挣扎浮沉的岁月里，但在那种情况下我也找不出什么办法来改变自己的处境。

试想想，大地如何在我的脚下开裂，试想想，这会使一个人陷于多么悲惨的境地，无论他是谁。我在古匹儿画店干过六年，我的根在那儿。我那时候想，如果哪一天我离开那儿了，我便有六年诚实的工作经历可以回忆。如果我去别处找工作，我可以充满自信地提到我的过去，但现实不是如此。在人们的眼中，我只是一个"失业者"，而且一切都来得那么突然、迅速、致命和彻底。于是我去申请一个新的职位，打算再干一番事业，可是一个失业者逐渐成了别人怀疑与不信任的对象。我可以去英国，也可以去美国，但这无关紧要，因为无论在哪你都像一棵被连根拔起的树。虽然古匹儿公司间接地使我受到了伤害，但它毕竟是我早年起步的地方。小时候我认为它是世界上最美、最好、最大的公司——但如果我回去，那里的人是不会欢迎我的。

还是远离那个惹是生非的漩涡吧。你认为我说的"即刻改变方向，以恢复你和大自然的和谐"是愚蠢可笑的吗？你越沉溺于这种情绪，你的精神就越紧张，而精神紧张是你我长期要面对的敌人，对于它究竟会耍什么诡计，我比你更有体会。

当我说你此刻精神有病时，不要生我的气，这是事实。请改善你与大自然、与人的关系吧。如果只有成为一个画家你才能做到这样的话，那就做一个画家吧，不要理会各种非议和障碍。

相信我，兄弟，在我写这封信的时候，我又爱上了磨坊，特别是在德伦特，我此刻的感觉简直就像我初次发现艺术魅力时那样喜悦。你同意把这看作是一种正常的情绪，对吗？——让我们去欣赏大自然的事物，心平气和地去画它们，给它们染上色彩。

最近我对自己身上发生的变化感到惊奇。我发现周围的环境是那样深深地吸引着我，它是那样有条不紊、具有控制力和富于新鲜感，我觉得自己完全融化在这一环境中了。我渴望尝试去做各种我一直想做但至今还没有做的事情。我知道情况是不断变化的，我能否留在此处是根本确定不了的，也许事情会出乎我们的意料。我有时会情不自禁地想到未来，那时我不再孤独，而且你和我都以画家的身份，结伴一起在这片泥炭沼泽地里作画。

从你的身上我看到，你作为一个人，有着一些与巴黎相矛盾的东西。我不知道这种东西历经了巴黎多少年风雨的浸染。是的，你身体的一部分已经扎根在那里，但是有某种东西——一种难以言表的东西——依然保留着原生态，这就是你的艺术元素。如果你成为一名画家，你就会第一次拥有同伴、友谊和立足点。现在的画商都有着某些偏见，我想你也同样没有完全摆脱，其中较突出的一个观点是，相信绘画才能是与生俱来的。是的，它是天生的，但并不是像人们通常所想象的那样。一个人应该拿起画笔，掌握绘画技巧，掌握技巧是一件很困难的事情——你不能指望一个人的绘画技巧会自然而然地学会。有些东西是需要去挖掘的，并不像绝大多数人所想象的那样不学自通。只有通过绘画实践，一个人才能成为画家。

现在的美术品交易全都堕落了——我怀疑那昂贵的价格，即便是杰作也是如此，那样的高价能否维持下去。一个时期以来，价格涨得如此之高，将来肯定是不可持续的。你像文森特伯伯一样精明，但你不可能做文森特伯伯曾经做到的事情，因为在这个世界上像阿诺德公司[1]那样的奸商太多——他们都是些贪得无厌的豺狼。与他们相比，你只不过是一只绵羊，但做一只绵羊总比做一条狼好，宁可受害也不能害人。我希望——或者更确切地说，我确信——我也不是一条狼。

这对画家会有很大的影响吗？不，没有。因为他们中的绝大多数人在成名后的最后阶段，从这种过高的价格中得到的好处很

1　阿诺德公司（Arnold & Tripp），巴黎一家著名的艺术品经销商。

小，即使没有飞涨的价格，他们——米勒和柯罗——也不会画得差些，或者画得少些。我宁可每月挣150法郎当一个画家，也不愿意每月挣1500法郎去干别的行业，即便是当一个画商我也不愿意。我觉得当一个画家更像个男子汉，不像某些人的生活是建立在投机倒把的基础之上的，他们受各种习俗的约束。

拿巴比松画派[1]的画家来说吧，我不仅认为他们是男子汉，而且认为他们所做的一切，甚至包括最微小、最隐秘的个人细节，都散发出一股幽默和活力。"画家的家庭生活"虽然也有不幸和悲痛，但有一点长处，它拥有友好、真诚和真正的人类感情。它不追求社会地位，它不属于所谓的进步文明世界，这种文明只不过是一种幻想。我说这些是因为我鄙视文明吗？恰恰相反，我尊重并且把真正的人类情感，把人类与大自然保持和谐而不是对抗的生活看作是文明。我问自己：什么能使我成为一个更好的人？

当我把城里的居民和这里的人做比较时，我会毫不犹豫地说，我觉得荒原上的居民，这些泥炭工，似乎更好。最近，我和我的东家就这个问题做过一些交流，他本人就是个农民。他偶然问起我伦敦的情况，对这座城市先前他已听说过许多。我对他说，依我看，一个普通农民，耕田种地，并且在劳动中肯动脑子，他是最文明的人，过去如此，将来也永远如此。在城里，你从非常、非常稀有的最好的人当中，可以找到几个几乎同等高尚的人，虽然他们之间不尽相同，但一般而言，在乡下比在城里更

---

1 巴比松画派（Barbizon School），法国19世纪的风景画派，其领袖为卢梭和米勒。巴比松为法国巴黎枫丹白露森林进口处，风景优美。19世纪30至40年代，一批不满七月王朝统治和学院派绘画的画家，陆续来此定居作画，形成画派。它不仅以写实手法表现自然的外貌，并且致力于探索自然界的内在生命，力求在作品中表达出画家对自然的感受，以真实的自然风景画创作否定了学院派虚假的历史风景画程式，揭开了19世纪法国声势巨大的现实主义美术运动的序幕。

有可能找到通情达理的人。一个人离大城市越近，坠入堕落、愚昧和邪恶的深渊就越深。

一个人若不能意识到自己只不过是像原子般渺小，从根本上来说就是十分错误的！某些幼年时期留下的观念，如维持某种社会地位或某些习俗至关重要，抛弃它会是一种损失吗？甚至连我都没有考虑过这个问题。我只不过凭经验知道，那些习俗、那些规规矩矩的举止和观念并不好，并且常常是致命的，是确信无疑的不好。我的结论是，我什么都不知道，但与此同时我确信，生活是如此的神秘，那套所谓的"习俗"系统肯定是过于狭隘了。

现在有人对我说："如果你没有目标、没有抱负，那你就是一个没有原则的人。"我的回答是："我并没有告诉你们说我没有目标、没有抱负，我是说强迫别人去解释不可能定义的事物是最徒劳无益的。"生活——工作——这才是有益的。一个人对社会应当有所贡献，但同时必须感到绝对自由，相信"理智"而不是相信个人的判断。个人的判断是人性的，而理智是神性的，但这两者之间又互有联系。

假设你我在我们的同类之中真的像绵羊，好的，很有可能哪一天我们会被自己的同类吃掉。如果你意识到自己虽然具有使别人富有的一切品质、知识和能力，但却可能不得不过贫困的生活，你会感到不太愉快，但也没有理由因此而失去平静。我并不是对金钱不感兴趣，而是不理解那些贪婪的狼。

我知道有两个人的心灵在挣扎着斗争着：当画家还是不当？我指的是拉帕德和我自己。这种思想斗争有时候是很激烈的，它使我们和某些对待事物不是那么认真的人之间产生了分歧。有时候我们感到痛苦，但每一次的忧郁都会带来一些光明、一些进步，人们的性格因而得到发展。追求真正质朴的人本身是质朴的,即使在艰难的时刻,他们对生活的看法也是充满友善和勇气的。

我一直很欣赏古斯塔夫·多雷[1]的一句名言:"我有牛一般的耐性。"我觉得它包含着某种美德,某种坚定执着的诚实态度,是一位真正的艺术家所说的话。难道人们不应当向大自然学习忍耐,在看着玉米慢慢成熟、看着事物逐渐发展的过程中培养耐性吗?难道人们应当把自己看作是如此的死气沉沉,甚至连做梦都不敢想自己还会再有发展了吗?难道人们应当有意阻碍自身的发展吗?

这里的农村真是美极了,一切都在召唤着你:画画吧!兄弟,一定要来,和我一起在荒原上、在土豆地里画画,和我一起跟随在犁耙和牧羊人身后,和我一块坐在炉火旁——让那横扫荒原的暴风吹拂你的脸庞。

挣脱你的镣铐吧。我不知道将来会怎样,不知道将来会有什么不同,或者我们是否会万事如意,但不要在巴黎寻找幸福。不要去美国寻找幸福,在美国也是一样的,完完全全一样。做一次彻底的改变吧,到这荒原来试一试。

我承认,一个人很难知道自己应当做什么。金钱在社会中起着冷酷无情的作用,但在我心中清晰地显现出这样一个希望,即从事绘画开头几年可能会十分艰难,但它能释放我们真正的潜能,最终也能使我们的生活过得去。我一贯的策略是宁愿多冒点儿险,也不愿安于现状。如果一个人因为冒的风险太大而遭到失败——好,就让他失败吧。总之,我不希望由于我的需要而成为

1　古斯塔夫·多雷(Gustave Doré,1832—1883),19世纪法国最著名的插图画家,出生于法国的斯特拉斯堡,早在童年时代就显示出了超人的艺术天分。他为拉伯雷、巴尔扎克等伟大作家所作的插图使他一举成名,而他为《圣经》以及但丁、弥尔顿、塞万提斯等人的作品所作的插图,也成为插图界难以逾越的巅峰。

《囚徒放风》■ 荷兰 ■ 凡·高 ■ 根据古斯塔夫·多雷作品绘制

你留下的原因。如果你希望留下，那就留吧，但不是为了我的缘故，因为我认为那样是绝对错误的。

当然，我很想去巴黎待上一段时间，我想在那儿可学的东西一定很多。假如我能在一家印刷行找到一份工作，那对我来说将是帮助而不是阻碍。与此相关的任何工作我都愿意做，尤其是当这样做能够养家糊口时，但是，巴黎最吸引我、最能帮助我进步的地方是能够和你在一起，能够和一个真正了解绘画、理解我为什么要进行试验的人探讨和争论。我之所以不排斥巴黎，是因为你在那儿，但与这儿美丽的沼泽地相比，巴黎的确对我毫无吸引力。这里的景色美丽无比，我觉得在实践中我能够画得更好。其实我的心已被牢牢地拴在这儿了，这是不言而喻的，不过我想让你知道，什么时候当你认为去巴黎将会对我有所帮助时，我是不会反对的。

前些时候，你在来信中谈及我们在性格上的某些差异时，你得出的结论是，我更像一个思想家，对此我能说些什么呢？我的确感觉到自己擅长思考，但我觉得自己在这方面的能力并不特别突出，我认为自己从根本上来说并不是一个思想家。每当想起你，我便注意到你富有个性的行为，其中包含着如此丰富的感情和如此真实的思想，所以，我的结论是：我们之间相似要多于差异。

当我想到我们的性格问题时，我发现我们和清教徒之间有着明显的相似之处。我指的是在克伦威尔[1]时代从旧大陆乘坐五月花

---

1 奥利弗·克伦威尔（Oliver Cromwell, 1599—1658），英国17世纪资产阶级革命的领袖、政治家和军事家。在1642至1649年的英国内战中领导国会军战胜了王党军，处死了国王查理一世，成立了共和国。1653至1658年担任英格兰、苏格兰和爱尔兰护国公。

号轮船到达美洲，并在那儿定居、决心过俭朴生活的一小群男女。

然而毕竟时代不同了：他们砍伐森林，我们则要在绘画中表现森林。我知道，历史上被称作早期移民的那一小群人的创举对后人影响很大。至于我们自己，我认为我们很少能从哲学的高度来思考其影响，只寻求一条尽可能笔直的人生道路，思考影响不是我们的习惯。

我之所以提到早期移民，是因为他们的性格特征：我想向你说明那些头发浅红、额头宽大的人不仅仅是思想家，也不仅仅是实干家，而是两种品格都兼而有之。在鲍顿的一幅画里，在那些清教徒中我认出一个人的矮小外形，我想该是以你为模特画的吧。我还能找出以我为模特的另一个人，不过我的外形没有那么富有个性。

我曾经考虑过成为一个思想家的问题，但后来我越来越明白，我不适合以此为职业。不幸的是，人们普遍持有一种错误的看法，即一个认为需要探讨哲理的人是一个不切实际的人，属于空想家之列。这是一个颇受社会尊重的错误看法，我就常常由于过于坦诚而被碰得头破血流，但清教徒的历史，像克伦威尔和卡莱尔所证明的那样，使我明白了思想和行动并不互相矛盾。

我承认，我并不反对思想，只要同时我也能绘画。我这辈子的目标是尽可能多、尽可能好地画画和素描，这样，当我最后离开人世时，我希望可以带着爱和少许遗憾回顾过去，想着："唉，那些画要是我都能画出来该多好！"提奥，我声明，我喜欢去想人的手、脚和头是如何连接在躯干上的，而不喜欢想自己在多大程度上像或者不像一个画家。

《吃土豆的人们》■ 荷兰 ■ 凡·高

第13章

画《吃土豆的人们》是一场使我感到
极为兴奋的战斗

纽南[1]　1883年12月

或许你会很吃惊，我决定先回家住上一段时间。这是一件我很不愿意做的事情，但这三个星期以来，我一直感觉很不舒服——因感冒和精神紧张而引发的各种小毛病都一起向我袭来。我必须设法结束这种状况，要是不换换环境，情况可能还会更糟。

然而，到家后我的内心却很受伤。离家两年后回来，我发现家人表面上处处都做得很周全，家庭氛围似乎充满着亲切和友爱，而实际上，在涉及我们各自观点的问题上，我认为原先那些愚昧无知的东西仍旧没有，哪怕是最丝毫、最微小的一点点变化。我再次陷入烦躁不安，感到难以忍受。在每一件事情上，我感受到的都是犹豫、拖拉，而不是爽快的理解，这是一种令人窒息的氛围，它使我的热情和干劲荡然无存。由于他们的这种态度，你所做的每一件事情，都有四分之三的工作算是白做了，这是愚蠢的，兄弟。

我觉察到，父亲和母亲对我怀有一种本能的——我不称它为敏感的——看法。他们把我收留在家里，就像是收留了一条粗野的大狗一样感到担惊受怕：它会四脚湿淋淋地跑进屋里来，它会妨碍所有的人，它会叫得很大声，而那只狗则觉得，他们收留它是有条件的，他们对它的宽容仅限于在"此屋"内。

好吧，不过这个畜生曾经是一个人，虽然现在只是一条狗，但却具有人的感情，这种感情甚至非常敏感，能够觉察出人对它的态度。这只狗实际上是父亲的儿子，它被遗弃在街上流浪太久了，在那种地方它不得不变得越来越粗野，不过，父亲多年来早

1　纽南（Nuenen），荷兰南部北布拉班特省的一个小镇，此时凡·高的父亲在这个镇的一个教堂里供职。凡·高于1883年12月到1885年11月回家在此处居住了两年时间。起初他与父母同住，后来因与父亲闹矛盾而离家独居。在此期间，凡·高在创作上收获颇丰，完成了他具有里程碑意义的名作《吃土豆的人们》。今天的纽南因凡·高的缘故而成为一座旅游名城，城内有凡·高纪念馆和多处纪念凡·高的雕塑、建筑物等。

《凡·高画像》 ■ 英国 ■ 约翰·罗素

就把这事给忘了。唉，还提那伤心事干吗。

你认为我伤了父亲的感情，你袒护他，把我狠狠地训了一顿。我欣赏你的这种做法，虽然你是在反对一个既不是父亲也不是你的敌人的人。父亲、你和我打心底里都希望大家能够和睦相处、重归于好，但我们似乎无法实现这一愿望。我渴望它能实现，但是你们不理解我，恐怕你们永远也不会理解我。

当我坚称自己是一个农民画家时，那是实实在在的事实。将来，你或许会对此认识得越来越清楚。在乡下，我感到轻松自在，我与矿工、挖炭工、织工和农民度过的那么多夜晚并不是徒劳无益的。除了在我画画太忙而没有时间思考的时候以外，我总是坐在炉旁沉思。由于每天从早到晚不间断地目睹农民的生活，我完全被他们的生活所吸引，简直把别的一切都忘了。事实上，除了希望生活在真正的农村核心地区和描绘农村生活以外，我没有任何别的奢望。我觉得，我的工作在那里，因此我应当加倍努力工作，并坚定不移地开辟出自己的道路来。

我相信你对此持有不同的看法，你也许希望我走的是另外一条道路。当你在这儿时，我不想谈论这一话题，因为我不想和你发生冲突。你当时说我的情况有点儿像当年的毛弗，他当学徒时曾在布隆门达尔待了很长一段时间，你说我在此地待的时间甚至比他还要长。这或许是事实，但我看不出移动对我有什么好处：在这里我能做更多的事情，而且花费更少。我有时候想，你更看重在城市里能做什么，而我则认为一个画家生活在他所描绘的环境之中更为重要。

在能够使人们接受我的画之前，我还要度过一段艰难的日子，但是，我是不会自暴自弃的。我记得曾经读过德拉克洛瓦谈他的17幅画如何遭到拒绝。他们是多么勇敢的人，那些先驱们！在今天，这场战斗也还得进行下去。我也许是一个微不足道的小人物，可是我将继续自己的战斗。

你来信说到人们对米勒的画反应冷淡，这无论对画家或是卖画的人来说，都不是一个好消息。米勒本人已有所觉察，他已经知道这一点了。你说：当来自城里的人画农民，画他们的肖像时，尽管他们画得非常好，但为什么总是在无意之中使人们想起巴黎的郊外？这是不是因为画家们亲自深入到农民生活的灵魂之中做得还不够呢？德格罗画出了真正的农民，他是米勒风格的优秀大师之一。虽然目前他还没有得到公众的普遍认可，仍旧像杜米埃、像塔萨尔特[1]那样默默无闻，但已经有一些人，如梅勒里[2]，在模仿他的风格作画了。至于所谓的公众认可，几年前我看到勒南[3]如此写道：想干些真正有益或有用的事业的人，不应当指望得到公众的赞同或欣赏，相反，他应当预计到，也许只有极少数人会支持并参与他的事业。

对我而言，我坚信有这样一些人，他们虽然进了城市并被困在那儿，但他们仍然保留着对农村不可磨灭的印象，终生都怀念田园的风光和那儿的农民。我记得我曾经如何一连几个钟头在城里漫无目标地闲逛，经过一个又一个商店的橱窗，为的只是能看上一眼农村的景色，至于是什么景色，则根本不在乎。

本周我开始画一幅农民晚上围坐在一起吃一盘土豆的画。

1　塔萨尔特（Nicolas François Octave Tassaert, 1800—1874），法国画家。

2　梅勒里（Xavier Mellery, 1845—1921），比利时画家。

3　勒南（Ernest Renan, 1823—1892），法国哲学家、历史学家和宗教学家。

我刚从那间农舍回来，并且一直在油灯下画着这幅画。我起早贪黑，连续三天一直在作这幅画。到了礼拜六晚上，在这幅画干透之前，已不可能再做任何进一步的加工修改了。

我把这幅速写画在一张相当大的画布上。我相信科尔叔叔肯定会对它吹毛求疵的。你知道什么是对付他们挑剔的有利论据吗？那就是自然光的绝妙效果，需要非常敏捷的快手才能画得出来。我很清楚，杰出的大师们既懂得如何精心画好最后的点睛之笔，同时又懂得如何使整个画面充满生气。当然，目前我还没有能力做到那样，然而，从我目前所能达到的水平来看，我觉得自己已经具有一定把握，把我所见到的东西真实地表现出来。当然，并不是完全一模一样，或者更确切地说，永远不会一模一样，因为人们总是从自己的角度来观察自然，而我正在努力去做的是画出一种姿势，而不是一只手，是表情本身，而不是精确无误的一个人头——例如，画出一个泥炭挖掘者抬起头来在风中吃力地吸气或者说话时的表情。简言之，要有活生生的东西。

我想把我在农舍里画的那幅吃土豆者的速写做些修改，使它成为一幅真正的画。波尔捷[1]也许会对这幅画有兴趣而把它陈列出来，或者我们可以送它去参加某个画展。我很高兴听到波尔捷对我作品的看法，即他在其中发现了"个性"。我努力使自己越来越富有个性，很少考虑人们赞同或者不赞同。我的意思并不是说我也同样不在乎波尔捷先生是否给予我正面的评价，相反，我将努力创作出使他对这一看法持更加坚定的态度的作品。

现在，我已制作出这幅吃土豆者的石版画。波尔捷先生想要

1　波尔捷（Alphonse Portier，1841—1902），巴黎的一位画商。

多少就给他多少。它不同于道[1]或范申德尔[2]笔下的灯光。本世纪
（19世纪）画家的一个最大成就就是对黑色画法的创新，黑色之
中带有亮光，向波尔捷先生指出这一点也许并不多余。

我相信印象画派是确实存在的，但我对他们知之甚少，不过
我却知道谁是印象派的先驱和最重要的代表人物，他们像轴心一
样，在其周围聚集起一批风景画和农民画画家，他们当中包括德
拉克洛瓦、柯罗、米勒及其他画家。我想说的是，绘画和色彩自
有其规律或原则，亦可称为基本原理，人们在寻找客观真实性时
要依赖于它们，而不是求助于什么人。因此，我想告诉波尔捷，
我坚定地相信德拉克洛瓦和那个时代的人。

对于米勒的肖像画，有一句话是这样评论的："他的农民好
像是用他播种的地来上色的！"说得多么确切、多么真实啊！可
见，懂得如何在调色板上调配那些说不出名字，但却是一切事物
的真正基础的颜色是多么的重要。关于这一点，画商们的说法显
得十分含糊和武断。

我或许无法说服你亲自去研究德拉克洛瓦关于色彩的种种理
论。尽管我显得有些落伍，因为我与美术界已经很久没有交往——因
为我举止粗鲁而被逐出门外——重要的问题仍然是：作为一个鉴赏
专家，你应当和画家一样懂得色彩和透视的一些规律。请原谅我，
但我说的是大实话：这对你会有实际的用途，它将使你高于一般的
艺术品商人。

我还认为，如果是由亨利·皮尔来做决定的话，《黑猫》杂
志也许就不会拒绝我的这幅速写了。我相信，一件作品感情越丰

1　道（Gerard Dou，1613—1675），荷兰画家，以家庭风俗画和肖像画而闻名。

2　范申德尔（Petrus van Schendel，1806—1870），荷兰画家。

《自由引导着人民》 ▪ 法国 ▪ 德拉克洛瓦

富，越忠实于自然，它所受到的批评和引起的敌意也就越多，但从长远来说，最终它会得到好评的。《吃土豆的人们》反映的至少是一个有着我真实感情的题材。我能够指出它的许多不足和某些完全错误的地方，但它相当真实，比起某些完全没有缺陷的画也许更为真实。

为了描绘农村生活，人们必须要掌握许多东西。另一方面，我不知道有什么工作能够使人们在追求物质生活的同时，还能够平静，我的意思是指内心的平静。我认为绘画就是你心灵的家园，人们不会感到想家，而我对文明世界的东西已经感到厌倦了。作为一个画家他感到更幸福——至少他感到自己还真实地存在着。

冬天踏着深深的积雪，秋天踩在厚厚的黄叶子上，夏天走在成熟的麦田里，春天漫步在绿草之中，真是令人心旷神怡。永远和割草者以及农村姑娘待在一起，夏天头顶广袤的蓝天，冬天围坐在火炉旁，你会感到一切都凝固了，过去如此，将来也永远如此，这种感觉美不可言。你可能睡稻草、啃黑面包——但你只会因此而变得更健康。

今天，我美美地散了好几个钟头的步。我不是说不列颠尼或卡特威克或博里纳日的自然风光不比这儿更迷人、更令人激动，而是，这儿的荒原和村庄也非常、非常的美。

我又在画《吃土豆的人们》。我新画了一些头部的习作，尤其对人物的手做了较大改动。我不知道这幅画完成后波尔捷会说些什么。除非我确实知道它有意义，否则我是不会送出手的，但我正在取得进展，我认为其中包含着许多不同于以往你在我画中所见到的东西——这一点是显而易见的。我指的是其中包含着的真实生活的气息。也许，你现在可以在其中发现你不久前在信中提到的东西。虽然它富有个性，但它同时又使你想起其他画家——它与其他画家似乎有着同属一个家族的相似之处。

我本想在你生日那天把这幅画送给你的。虽然现在这幅画只花了我较短的时间，但画头和手的习作却占用了我整整一个冬天。画这幅画的最后几天，十足是一场战斗，不过它是一场使我感到极为兴奋的战斗。

我试图准确无误地表明，这些在油灯下吃土豆的人，在挖地时也用的是他们伸进盘子里拿土豆的同一只手，以表现体力劳动者以及他们如何诚实地谋生。我想使人们对完全不同于我们文明社会的另一种生活方式有个印象，所以，我一点儿也不在乎它是否立刻会得到每一个人的喜欢或欣赏。

不过，喜欢看农民穿着他们最好的衣服的人，可以按照他们的喜爱去画，至于我，我深信画出他们的粗鲁比画出他们的文雅效果更佳。我觉得，一个农家姑娘穿上布满尘土、打满补丁的蓝裙子和齐腰的上衣才是最漂亮的，她的这些旧衣裳历经日晒雨淋后颜色变得非常柔和，可是，假如她穿上一件贵妇人的礼服，她便失去了她最典型的迷人之处。一个农民，身着粗布衣服在田间劳动，比穿着燕尾服一类的漂亮衣服在礼拜天上教堂更具有代表性。

同样，我认为在一幅农民画中表现某种传统的精致文雅也是不妥当的。如果一幅农民画散发出咸肉的烟熏味以及土豆的腾腾热气，有什么关系？它并不影响健康。如果马厩散发出马粪的气味，那是马厩应有的，如果田地里散发出成熟的小麦或土豆的香气，或者散发出鸟粪或人、畜粪的气味，那对健康有益，尤其是对城里来的人更有益，这样的画可以教给他们一些东西。描绘农民生活是一件需要严肃认真对待的事情。如果我不努力创作出能唤起那些认真对待艺术和生活的人的严肃思考的作品来，我就应当受到自己的谴责。我在"沙龙"的大批展品中见到过许多画，就绘画技巧来说它们无懈可击，但却使我觉得十分空洞和乏味，因为它们既不能为丰富我的感情，也不能为净化我的心灵提供任何的精神食粮。

你知道对一幅画来说，临近完成的那几天是最关键的，稍不注意就会前功尽弃，因为在画没有干透之前，在上面用大画笔涂抹很有可能会把画弄坏。改动的地方一定要用小画笔小心翼翼、从容不迫地改，所以，我干脆把它拿到艾恩德霍芬的一个朋友那儿，叫他监督我千万不要让我那样把画给毁了。过三、四天，我将去那儿用鸡蛋清洗刷画面，然后进行最后的润色。那位朋友见过我制成石版画的那幅习作。他说他没有想到我能够把素描和上色这两件事情的衔接处理得如此娴熟。

这幅《吃土豆的人们》整个画面显得很暗，在空白处我却几乎一点儿白颜料也没有使用，仅仅用了一些中性颜色。这颜色的本色是一种很深的灰色，但在这幅画中却显得很白。让我告诉你我为什么要这样处理。

画面上展示的是一间屋子昏暗的内部，屋顶悬挂着一盏小油灯。肮脏的亚麻桌布和被烟熏黑的墙壁，还有女人们头上戴着平时她们在地里干活时戴的那种邋遢的无檐帽，所有这些，在头顶小油灯的照射下，透过眼睫毛，都变成了很深的灰色，而那盏灯，虽然只是黄中泛红的一点儿小火苗，却比我们平时所说的白色更亮，甚至亮得多。

至于他们的肤色，我很清楚，表面看来似乎像人们所说的肉色。起初，我试图在画里用黄褐色、红褐色和白色调和起来画他们的肤色，但那样色彩太浅，显然不合适，怎么办呢？当时我已经把全部头像都画完了，而且还画得非常仔细，但我还是毫不犹豫地立刻重画。在现在完成的这幅作品里，他们的肤色像还带着泥土的、没有削过皮的新鲜土豆的颜色。

在这幅画中，我把自己的记忆绘制成画。在画中，我让自己的想象插上翅膀自由飞翔，这与画习作不同，画习作不允许有加工创造的过程，但在画习作的过程中却使我积累了想象的食粮，以使日后画得更加精确。在这一点上，德拉克洛瓦的话对我有重大指导意义，这是我第二次从他那里得到启发——头一次是他关于色彩的理论，而这一次则是他关于绘画创作的理论。他声称，最好的画是根据自己的记忆画成的。他说："要用心来画画。"不过，我先前已经把头像画了多少遍啊！同时，我还每天晚上跑去现场认真琢磨某些细节。

现在，我已经把画带回了人们吃土豆的那间农舍，并根据原场景做些最后的修饰润色。我认为画已经完成了——这是比较而言的，因为实际上我永远也不会把自己的作品看作是已经完成了。

我不知道你是否会在这幅画里发现什么使你高兴的东西。我希望你会发现。我想你从中可以看出我有自己观察事物的方式，但也有与别人，譬如与某些比利时画家一致的地方。所以，尽管这幅画风格不同，时间也比荷兰的前辈大师们，如奥斯塔德等，晚了两百多年，但它同样来自最草根的农民生活，也同样具有独创性。

我十分欣赏波尔捷说他不打算收回他曾说过的话，我也不在意当时他并没有把我最初的一些习作展示出来，但如果现在要我寄一幅画给他，那他必须要答应展出才行。至于杜兰德—鲁尔[1]，尽管他以前也曾认为这些素描没有多大价值，这幅画也请一定拿给他看。他也许会嘲笑它，不过还是要给他看看，以便使他看到，毕竟我们的作品还是有活力的。你可能会听到他说："多么粗劣的画！"你可以相信这一点，我也相信，然而，我们必须继续画出独特、朴实的画来。

如果将《吃土豆的人们》放在金黄色的背景中，它会显得很好看，但挂在用深色成熟小麦颜色的糊墙纸糊就的墙上，也同样好看。如果背景为黑色，它会显得很难看，而在暗淡的背景下则根本看不清楚。这是因为它所表现的是一个非常阴暗房间内部的一瞥。实际上，这幅画也似乎显得已经被镶在了金色的画框里，因为对实际的观看者来说，壁炉和炉火的红光映照在白墙上，白墙虽然是画外之物，但实际上它反照着全部的光线。其结果是墙壁与画面发生共振，调配成了金黄色调，使画面中某些人料想不到的地方现出亮光，消除了该画如果不幸被挂于暗色或黑色背景中时所产生的斑驳样子。画中的人影是用蓝色来画的，而金黄色调对此起到了很好的衬托作用。

我一直太专注于作这幅画了，以至于把搬家的事给忘了，可这毕竟是一件需要过问的事情。

至于《吃土豆的人们》和今后我所创作的画的关系，我敢说它将保持它独有的价值，并且从它你可以看出我能够干得更好。我喜欢作这幅画，我一直怀着某种激情去画它。它没有使我感到厌倦，也许出于这一原因，它也不会使别人感到厌倦。因为我相

---

1 杜兰德—鲁尔（Paul Durand—Ruel，1831—1922），法国画商。

信这一点，我才把它送去给你。

　　近来，每当我在太阳底下坐了一整天后回到家里，便累得不想再动笔写信了。今天因为是礼拜天，我才又提起笔来。

　　迄今我已经完成了好几幅人物画像：一个手持铲子的女人的背影，另一个妇女正弯腰拾起麦穗，还有一幅是正面像，头几乎触到地面，在挖胡萝卜，第四个在捆麦子。对这儿的农民我已经观察了整整一年半时间，我尤其注意观察他们的动作，主要是为了能够抓住他们的个性。

　　对于肖像画仅仅要求其在理论上和习惯上正确的时代已经一去不复返了，或者准确地说，尽管有不少人仍然主张这样，但反击即将来临。艺术家们在提倡个性，噢——人民大众也一样。

　　这些摩尔人、西班牙人的绘画，画面上展现的这些红衣主教们，所有的这些历史绘画，他们不停地画呀画呀，画了一幅又一幅，有什么用？他们为什么要这样做呢？几年之后，它们变得陈腐、呆板，越来越没有味道。嗯，也许它们还真画得不错，也许吧，而现在，当评论家们驻足于这样一幅画前时，例如一幅邦雅曼—康斯坦[1]的画作，或者一幅我不知道出自哪位西班牙人之手，描绘红衣主教举行宴会场面的画作，他们往往习惯性地摆出一副哲学家的神态，大谈其"高超的技巧"。

　　对于意大利人和西班牙人那种受到高度赞扬，但却缺乏表现力、陈腐得可怕的技巧，我越来越不感兴趣了。现在我问你：在受到赞扬的所谓具有"高超技巧"的绘画后边，隐藏着一个什么样的

1　邦雅曼—康斯坦（Jean—Joseph Benjamin—Constant，1845—1902），法国画家。

人，什么样的预言家或哲学家或观察家，隐藏着一种什么样的人格？实际上，常常什么也没有，但是，站在许多名不见经传的画家的画作前，你觉得它们都是用心、用感情、用激情和用爱画出来的。如果人们考虑到这些因素，那么，当我批评现今那些在"技巧"这个常被人们滥用的词上大放厥词的批评家的评论时，我还是大错特错吗？当这些批评家走到一幅反映农村生活的画作前面时，他们也会摆出同样的一副架势来大谈特谈其"技巧"的。

一幅根据农村生活或一幅像拉法埃利[1]的作品那样根据城市工人的感情画的画，其技巧的难度与一幅雅凯[2]或邦雅曼-康斯坦的高雅绘画和对模特儿的要求大不一样。在巴黎，只要你给钱，各种各样的阿拉伯、西班牙和摩尔人模特儿随处可以找到，但要画巴黎捡破烂的人，而且在他们自己居住的社区里，画家遇到的困难要多得多，而他的画则更为严肃庄重。

你也许认为我这样批评错了，但在我看来那些外国画全都是在画室里画出来的。

请走出画室到野外现场去作画吧！那里可是什么情况都有可能发生。从你将收到的那四幅画上，我至少赶走了一百多只苍蝇，这还不包括清除上面的灰尘和沙子；不包括我一连好几个钟头背着它们穿过荒原，钻过树篱，画被荆棘丛留下划痕；不包括在烈日下的荒原中徒步走了好几个钟头之后到达目的地时，我热得疲惫不堪、精疲力竭；不包括那些当地人并不像职业模特儿那样能够站着一动不动给你画，结果是你想要得到的效果每一天都发生变化。

创作出直接源于现实生活的绘画作品，意味着你要日复一日地

---

1 拉法埃利（Jean—François Raffaëlli，1850—1924），法国画家。

2 雅凯（Gustave Jean Jacquet，1846—1909），法国画家。

生活在那些农舍里，像农民那样生活在田地里。夏天要忍受太阳的酷热，冬天要不畏冰雪和严霜，而且要待在户外而不是在室内，不是那种只是偶尔到户外去走走，而是像农民那样一年四季都如此。

从表面上看，画农民、画捡破烂的人和各式各样的劳动者似乎比画别的什么都来得简单，但实际上任何题材都没有像画这些普通人那么难！

据我所知，迄今还没有哪一间美术学院教学生画挖地者、播种者、画把水壶放上炉子的女人或女裁缝，但在每一座城市里却都有一间美术学院，他们拥有众多可供人们选择用来画历史人物，譬如阿拉伯人、路易十五等的肖像的模特儿——但这些人物之中没有一个是现今还存活着的。

当我把一些描绘挖地者，或描绘正在除草或拾麦穗的农妇的习作送给你和塞雷[1]时，你们或许会发现其中的不足，对我来说，知道这些不足是很有用的，但我想指出它们是有其价值的。所有的学院派肖像画都是以同一种方式来构思的——它们简直完美无缺，但它们没有向我们展示任何新的东西。

一个经由美术学院培养的巴黎画家，在画农妇时他总是以一种凝固的、一成不变的方式来表现其四肢和身体结构，有时他或许画得很能抓住观众的眼球——其比例和结构都准确无误，但是，伊斯拉埃尔斯、杜米埃或莱尔米特，尤其是德拉克洛瓦，当他们画肖像画时，给人感受最深的是他们人物的形态与动作，而比例有时则显得几乎是随心所欲，"在学究们的眼中"，其身体的结构甚至常常是错误的，但这样的人物却栩栩如生。

---

1 塞雷（Charles Emmanuel Serret，1824—1900），法国画家。

我的意思并不是说，画一个挖地者就一定要画出其个性，我是说农民一定要像个农民，挖地者一定要像个挖地的人，那样的话他们身上就会具有一些在本质上属于现代的东西——这样的一个人物便不会成为可有可无的。描绘行动中的人物，意味着能画出一个在本质上属于现代的人物，而这正是现代艺术的核心，过去无论是希腊人或者文艺复兴时期的画家，还是传统的荷兰画派都没有这样做过。在传统的荷兰画派中，你见过一个挖地者、一个播种者吗？他们曾试图画过一个"劳动者"吗？没有。在老一辈大师的绘画中，人物是不劳动的。甚至连奥斯塔德和特伯格画笔下的人物也不像现在人们画的人物那样处在行动之中，虽然他们率先开创了描绘农民和工人肖像的农村风俗画的先河。埃内[1]和勒菲弗尔[2]将这一传统发扬光大，创作了线条简洁的现代裸体人物画，但是，农民和工人毕竟不是裸体的。

真的，即便是在本世纪（19世纪），在众多的画家当中，为行动而画行动的画家仍然是凤毛麟角，少而又少，以至于绝大多数画作或素描都是为肖像而画肖像，其结果是人体的外形虽然在线条和形体上十分完美、无可挑剔，但毕竟显得不自然，与现实生活有太大差距。

我最近很忙，因为农民都在地里抢收麦子，收割只持续短短几天，它是人们所能够见到的最美的景象之一。

那些表现农村生活或平民百姓生活的人，尽管有可能一时成不了名，但从长远来看，他们可能比那些热衷于画具有异国情调的闺房和红衣主教的宴会的人，更有可能流芳百世。

我深信，在这方面我们可以相信现代艺术。正是这种对艺术

1　埃内（Jean Jacques Henner，1829—1905），法国画家。

2　勒菲弗尔（Jules Joseph Lefebvre，1836—1911），法国画家。

《靴子》 ■ 荷兰 ■ 凡·高

的坚定信念使我找到了在自己的作品中想要表达的东西，即使冒着生命危险我也要努力达到这个目的。

你最近来信说道，塞雷曾"信心满满"地向你指出《吃土豆的人们》在人体结构上的某些缺陷。我只能回答，这是我经过许多个夜晚，在昏暗的灯光下观察农舍、画过四十个头像之后得出的印象，所以我的出发点显然不同。

请告诉塞雷，如果我的肖像画从学究式的眼光来看是正确的，那我会感到绝望的。如果像照相那样画一个挖地者，那他一定不会像一个挖地的人。请告诉他我崇拜米开朗琪罗创作的人物肖像，虽然无疑他们的脚太长，臀部太大。告诉他，对我来说，米勒和莱尔米特才是真正的艺术家，原因是他们并不用生硬死板的分解方式，机械地按照事物的原样来作画，而是按照他们自己——米勒、莱尔米特、米开朗琪罗——的感觉来作画。告诉他，我最大的愿望就是学会他们那种非常不正确的画法，学会那种偏离、那种重新塑造和对现实生活的改变，以使它们变得——是的，不真实，如果你喜欢这样说的话——但实际上却比生活的真实更真实。

今天收到你的来信，你信中对《一篮苹果》那张习作的评论使我十分高兴。你观察得真是太仔细了！这是你自己的意见吗？你过去不太注意这一类东西——在色彩问题上我们正日趋一致。让我解释一下这幅习作的色彩是如何调配而成的。在画中，红、绿互为补色，而苹果本身的红色孤立地看显得很俗气，因而旁边描绘一些绿色的东西。另外，还有一、两个另一种颜色——粉红色——的苹果，使整个画面显得更加和谐。那粉红色是由红、绿两种颜色调配而成的，这就是为什么各种颜色之间显得很和谐的原因。特别令我高兴的是，你注意到了颜色的结合，不管你是出于直觉还是出于别的什么原因。

《鸟窝》是我有意以黑色为背景而画的，因为我想在这些习作中公开表达这样一种理念，即物体并不一定非要呈现在其自然环境之中，它亦可以被呈现于传统的背景之中。它与自然界中真正的鸟窝是不同的。人们平时几乎看不见鸟窝本身，人们只看见鸟。

你认为，如果一幅画的阴暗部分处理成深色，例如黑色，那就错了，我不这样认为。因为如果那样，伊斯拉埃尔斯的《赞德沃特的渔民》和德拉克洛瓦的《但丁》就都不对了，因为它们最具震撼力的地方恰恰就在于蓝黑色或紫黑色的使用。伦勃朗和哈尔斯[1]不也使用黑色吗？还有委拉斯开兹[2]呢？关于"人们不应当使用黑色"的看法，请你好好反思，不要盲从。你思考后可能得出结论，你过去对于色调这一问题的理解是错误的，或者充其量只不过是似懂非懂。在这方面德拉克洛瓦和当代的一些画家或许能教给你更多的东西。

如果你碰上什么有关色彩理论的好书，请寄给我看。事实上，通过对色彩规律的研究，人们能够摆脱对大师们的一种仅凭直觉的盲目崇拜，从而转变为分析自己为什么欣赏以及应该欣赏什么。这样做在当前尤其必要，因为现今人们的批评是多么的专横和肤浅。

在色调的处理上，我尽量遵守大自然的天然秩序和本色。我研究大自然以便不做蠢事，保持理智，但我却不大计较我的色调

1　哈尔斯 (Frans Hals, 1581/1585—1666)，荷兰画家。

2　委拉斯开兹 (Diego Rodríguez de Silvay Velázquez, 1599—1660)，西班牙画家。

是否完全与大自然相同，只要它在我的画中好看——像它在大自然中一样美就行了。

我画了一幅秋景图，树上挂着黄叶。是的——当我把它想象成一首金黄色的交响曲时，画中的黄色基色与树叶的颜色是否完全一致又有什么关系呢？这关系甚小。在很大程度上，甚至可以说一切都取决于我对一种颜色千变万化的色调的感知。

你是否会把这看作是滑向浪漫主义的危险倾向？是对"写实主义"的背叛？是喜欢色彩专家的调色板甚于喜欢自然？或许是的。德拉克洛瓦、柯罗、杜佩雷、多比尼、布雷东，我还可以再多举出三十个画家来，他们不都是本世纪（19世纪）绘画艺术的精英吗？虽然他们超越了浪漫主义，但他们不都根植于浪漫主义吗？幻想和浪漫主义为我们时代所有，而画家必须具有想象力和感情。幸运的是，写实主义和自然主义并不是不受其影响。左拉并不只是机械地在事物面前举起一面镜子，他出色地创作出了诗一般的作品，这就是为什么他的作品那么美。无论是肖像画或风景画，画家总是力图使人们相信他的画不同于镜中的自然景物，不同于模仿，不同于复制。在米勒和莱尔米特的作品中，现实与象征并存，他们不同于那些被称为"写实主义者"的人。

以库尔贝为例，他的一幅肖像画比现实生活要真实得多——富有男子气概，神情潇洒，以黑色为背景，用红棕、金黄、冷紫等各种美丽的深色调画出阴暗部分，加上一小块着色的白亚麻布，在观众的眼里显得很和谐——画得比你喜欢的任何一个画家都好，通常那些画家都笨拙地试图绝对忠实地画出人物面部的原色。一个悠闲自得地沉浸在思考之中的男人或女人的头像美如仙人。当人们费尽心机试图百分之百地去模仿时，却失去了与大自然色调的

《采石工人》 ■ 法国 ■ 库尔贝

真正的和谐。整个自然色调的和谐一致要用一种相似的色彩区域来再现，但效果可能与原物不完全相同。

韦罗内塞[1]在画他的《迦拿的婚宴》中上流社会的人物肖像时，运用了他调色板上所有华丽的色彩。然后，他想到了一种浅天蓝色和一种珍珠白色。他把这两种对照鲜明的颜色调和在一起作为背景色——这样处理效果极佳，它与大理石宫殿周围的环境和天空天衣无缝地融为一体。那背景是那样的美，它是画家精心选择调配色彩后自然而然得到的效果。如果画家同时把宫殿和人物看作同等重要的一个整体来考虑，他会采用这种画法吗？建筑和天空全都是普普通通的物体，它们都从属于其中的人物，画家的目的是为了完美地凸显人物。无疑，那才是真正的绘画，即心中要装有一个东西，然后让其周围的物体都从属于它，为它服务。

人们效仿自然，却发现自己总与现实相左——但我并不想长久地摆脱这种困境，我不愿意错失那种谬误。人们从效仿自然的无望努力开始，却发现自己一错再错。最后人们平静地根据自己的调色板来进行创作，结果发现是自然顺应它并效仿它，但是，这两个相互对立的事物并不单独存在。人们所付出的努力尽管看来徒劳无益，但却拉近了人与自然的关系，使人们对事物的了解更全面、更正确。

我画了另一幅习作，是描绘家中花园池塘的秋景图。毫无疑问，它确实是一幅描绘那个地方的画作。我肯定，人们一定会发现它太暗、太黑了，但我认为长期以来我们太缺少暗黑色的作品了。

如果我在习作上留下一道道画笔的痕迹，你不必为此烦恼。为了保持画面的色彩，明亮部分特别需要画得厚一些。如果让它

1　韦罗内塞（Paolo Veronese, 1528—1588），文艺复兴时期意大利威尼斯画派画家，他的名作《迦拿的婚宴》现存于法国巴黎的卢浮宫。

们保留一年，然后用刀片把它们快速刮去一些画痕，得到的色彩
则要比原先只是薄薄涂一层更为雄浑厚实。这种做法既为前辈大
师们也为当今法国画家所采用。

你自己也已经观察到了，我的习作经过一段时间后颜色变得
更好，而不是更差。当油画画好一年以后，颜料中所含的少量油
性物质便挥发掉了，而固体成分则保留了下来。如何使色彩经久
不褪，对于绘画来说是十分重要的。遗憾的是，像深蓝一类不易
褪色的颜料价钱很贵。《吃土豆的人们》颜色不太好的原因就是
颜料之过错。我之所以想到这一点，是因为先前我画了一幅大型
的静物习作，当时我试图获得与《吃土豆的人们》相同的色调，
但后来由于我不满意又重画了一遍。从这次经验来看，我现在所
使用的矿物蓝比过去使用的那种颜料效果要好得多。

我对铬酸铅颜料和深色胭脂红的性能还不是十分了解，但我知
道，如果画美洲的落日时使用铬酸铅颜料来做过渡色，很快就会褪
色的。

现在，我特别喜欢用画笔来作画，连画素描也用画笔而不用
炭笔。最近我就画了一幅相当大的速写，画的是贫瘠荒原上的一
座古老的磨坊，在夜空的衬托下，显现出一个黑色的轮廓。

前几天收到卢尔斯[1]的一封信，他谈到了我的画。他说，特斯
蒂格和维瑟林已经看过这些画了，但他们并不喜欢。至于我寄给
你的那些头像，其中一定有些好的，这一点我几乎可以肯定。

为了绘画，如果必须的话，我愿意永远与困难做斗争。毕
竟，人生在世不是为了贪图个人的享受，因此无须与自己的邻居
比看谁更有钱。我们无法阻止青春年华的逝去，但真正使我们感

1　卢尔斯（Wilhelmus Johannes Leurs，1828—1895），荷兰海牙的一位绘画材料经销
商，也是一位画框制造商。

到幸福，使我们在物质上感到快乐的是能够保持青春，而且希望永远如此。至于我，我认为能够使一个人始终保持活力和能够不断更新自己的最大机会，存在于当今的平民阶层之中。不管怎样，我都努力在绘画当中寻找自己的幸福，除此之外别无他求。

假如我想挣钱，我就得注意画些肖像画。在城市里，上流社会的人，包括一些高级妓女，对肖像画极为重视。米勒发现船长们甚至"尊重"那些能为他们画肖像画的人（也许这些肖像画是准备送给他们岸上的情人的）。在勒阿弗尔，米勒以这种方式使自己摆脱了经济困境。

我相信你会喜欢我现在带去的这幅风景画的——那幅画有黄叶的风景画。画面上展现一道黑色条纹的地平线，映衬在天空一道蓝白相间的明亮条纹之下。在那道黑色的条纹中，红的、蓝的和绿的或棕色的小色块构成了房顶和果园的轮廓，田野是绿色的，更高处的天空是灰色的，映衬着黑色的小树和黄色的树叶，前景完全被黄叶所覆盖，掩映在黄叶之中有两个小小的黑色人影和一个蓝色人影。右边，有一根白桦树干，黑白相间，还有一株绿色树干，树上挂着红棕色的叶子。

我打算星期二离开这儿。这次的离开很突然。如果不是因为我在这儿找模特儿有麻烦，我恐怕会在这儿过冬的。尽管画模特儿对我来说没有任何问题，但这里的人们总是心存疑虑，他们比我原先想象的要害怕得多。所以我不打算再在这儿找模特儿，直到我肯定他们不再害怕为止。我离开几个月后再回来，或许会使情况有所改善。

随着每一次新年的到来，时间流逝得更快，更多的事情发生，发生的速度更快。我经常都要面对种种严峻的挑战，但外部的环境对我越不利，我内心的精神源泉——即对绘画的热爱——就越强壮。

《夜晚露天咖啡座》 ■ 荷兰 ■ 凡·高

第14章
最富有创造激情的人，往往都是与当时的社会环境格格不入的人

安特卫普　1885年11月[1]

我来到了安特卫普。我以月租金25法郎的价格在画像街194号一家画店的楼上租了一间小房。

我喜欢安特卫普，我现在已经把这座城市的每一个角落都走遍了。我沿着船坞和码头散过好几次步。对于一个来自沙砾地和石南荒原以及寂静小村庄，长期只生活在宁静环境中的人来说，这个地方给我的对比度十分鲜明，令人充满好奇。我很希望你能到这儿来和我一块散散步，以便看看我们的感受是否一样。这座城市简直像是一个看不透的神秘的迷宫，每时每刻都显露出其有趣的不同之处。

在一间英国人开的高雅的酒吧里，透过窗户我看到了最肮脏的泥潭和一艘海轮，一些个头高大的码头工人和外国水手正忙着从船上卸下牛皮和水牛角之类的货物，一个年轻娇俏的英国姑娘正站在窗前望着外边。

安特卫普是一座色彩绚丽的城市。一天晚上，我去看了在码头为水手们举办的一次大众舞会，非常有趣。舞会上有几个非常漂亮的姑娘，其中最棒的那个却很丑——我的意思是，她的身材体形给我的印象深刻，很像贝拉斯克斯[2]或戈雅[3]画中的漂亮女子。她穿着黑色的丝绸衣裳，很有可能是当地的一位酒吧女招待。她那张脸并不美，五官有些不够端正，但她却像弗兰斯·哈

1　1885年11月底，凡·高决定去比利时的安特卫普（Antwerp），在那里他待了3个月时间，直至1886年2月底。在此期间，他了解了出生在安特卫普的佛兰德斯画派的代表人物鲁本斯，并接触到了日本的浮世绘画作，这些对他此后的绘画历程产生了很大影响。现今的安特卫普是世界著名旅游城市，它除了是比利时的第二大城市、欧洲第二大港口、世界最大的钻石加工和贸易中心之一以外，还拥有众多收藏质量很高的博物馆，如鲁本斯故居博物馆、皇家艺术博物馆、民间艺术博物馆、国家海运博物馆以及钻石博物馆等。

2　贝拉斯克斯（Diego Rodríguez de Silvay Velázquez，1599—1660），西班牙画家。

3　戈雅（Francisco José de Goya，1746—1828），西班牙画家。

尔斯[1]画中的人物那样富有生气。她舞跳得好极了，踩的是旧式的舞步。她与一位富有的小个子农场主跳了一曲，那位农场主在跳华尔兹时胳膊居然还能夹着一把绿色的大雨伞。其他姑娘穿着普普通通的短上衣和裙子，披着红色的披肩。水手、船上的侍者和一些看上去像是退休船长模样的人，都兴高采烈地纷纷来到码头凑热闹。

在这些日子里我满脑子都是伦勃朗和哈尔斯，因为在这儿遇见的人当中，有太多的人使我想起他们那个时代。我以后打算多参加这种大众舞会，以便有机会多接触妇女、水手和士兵，熟悉他们的头部特征。参加这种舞会要付20生丁[2]的门票，这包括一杯啤酒。他们很少喝烈性酒，进去后你可以一个晚上都待在里边娱乐——至少我是这样的。看到人们如此兴高采烈地享受生活，你也会受到感染的。

我真希望自己在此地有些名望，真希望能得到我看到的模特儿！既然我在其他地方都找得到模特儿，我想在这儿也一样。这里女子的形象给我留下了非常深刻的印象，我更想画她们而不是想拥有她们——尽管说真的，两者我都想得到。

我注意到这里有很多摄影师，他们似乎生意兴隆。在他们的影楼里也挂有一些肖像画，很明显是以照片为蓝本而绘制的。在这样的肖像画中，你看到的总是那种一成不变的眼睛、鼻子和嘴巴，与蜡像无异，呆滞而冷漠，一句话，无生命。一幅真正创作出来的肖像画是有生命的，它直接源自画家的灵魂。在这座城市里似乎有数不清的美女，我敢肯定，在这里画肖像画是能够挣到钱的。

1　弗兰斯·哈尔斯（Frans Hals，1581/1585—1666），荷兰画家。
2　生丁（centime），法国的货币单位，相当于分，100生丁等于1法郎。

《吉普赛女郎》 ■ 荷兰 ■ 哈尔斯

我越来越相信，为艺术而创作是所有伟大艺术家做人的准则：他们绝不气馁，即便快要饿死，即便要与所有的物质享受说再见。伊斯拉埃尔斯年轻时鲜为人知，且一贫如洗——然而他仍然坚持去巴黎。另外，从龚古尔兄弟[1]俩身上，人们也可以看到在生活中是多么需要坚韧不拔的精神，而社会却不会因此而感谢他们。

对于我在这儿的开销请不要生气，这不是一个令人开心的话题，但现实就是如此残酷，如果一个人想画画，他首先必须得活下去。

我很想了解你现今的住房情况。如果我去巴黎，能够住在某个偏远区域（如蒙马特区）一个便宜的小房间或一家旅馆的阁楼上，我就心满意足了。至于我们能否住在一起，能否拥有一间宽敞体面的画室来画画和待客，都是次要的，尽管这是我一直梦寐以求的事情，但实际上在过去的十年间，我们很少能够待在一起，所以如果你发现我们之间感到越来越陌生，那我可是一点儿也不会吃惊的。

我们目前经济拮据，也许最为明智的做法还是先等一等，然后才租用一间画室。如果我们再工作一年，如果我们俩的身体能够更好些——这样我们抗压的能力就会比现在强得多。我常听到画家们抱怨："我租了一间豪华的房间，以吸引更多的人来拜访我，但打这以后，谁也不来了，而我自己住在这样的房间里也并

---

1 龚古尔兄弟，哥哥埃德蒙·德·龚古尔（Edmond de Goncourt, 1822—1896），弟弟茹尔·德·龚古尔（Jules Huot de Goncourt, 1830—1870），两人均为著名的法国自然主义小说家。弟弟于1870年先去世，哥哥于1896年去世前立下遗嘱，为了纪念他的弟弟，要用遗产作为基金设立龚古尔文学奖。现在龚古尔文学奖已经成为法国最有影响的文学奖之一。

不感到舒适自在。"还是先让我到科尔蒙[1]美术学院学习一年时间吧，与此同时，你可以对生意行情再做一次更为全面的调研。我想我们值得冒这个险。在这一年的时间里，我们相互间会更加了解，更加亲密，这样或许会给我们带来较大的变化。

这样的一间画室——当它开张时，我们必须要认识到这将是一场战斗，一般的人对此是不闻不问的。因此，从一开始我们就应当充满信心，以某种精神力量来支撑自己——想做有贡献的人，想有所作为，这样当他临死时就可以无愧地说：那些敢作敢为的人闯过的地方，我也闯过了。我们可以尝试做两件事：一是自己创作一些质量上乘的好作品，二是同时也收藏和经营我们所欣赏的其他人的作品。如果我们坚守努力创作、力争有所作为的立场，我们就能冷静地讨论一切问题而不会轻易发怒失控，即使这些问题与古匹儿公司或我们家有着直接的关系。我从一开始就必须告诉你，我希望我们俩不久以后都能各自找到妻子，该是时候了。这是我们过上更健康的生活的首要条件之一，在与女性的交往中，一个人特别能够学到很多关于艺术的东西。

令我高兴的是，现在你自己也提议我先到科尔蒙美术学院去。据说在巴黎学生们较自由，在选课方面他们比在这里具有更大的自由度。我想你肯定认识一些聪明有才华的画家，他们不会拒绝对我的作品提出一些批评意见，给予我一些指导的。

科尔蒙也许与韦尔莱[2]说同样的话：我必须要画上一年的裸体画或塑像素描，仅仅因为我一直以来都是以写生为主的。这样我

---

1 科尔蒙（Fernand Piestre Cormon, 1845—1924），法国画家。

2 韦尔莱（Charles Michel Marie Verlat, 1824—1890），比利时画家，后来担任安特卫普美术学院院长。

就能把男人和女人的形体熟记于心了。当像韦尔莱或科尔蒙那样的人物对一个学生提出这样的要求时，我向你保证，这不是一个坏的信号，因为有许多学生韦尔莱是懒得搭理的。

能凭借自己的记忆而画出人体的人，比不能这样做的人更多产。在这里的美术学院中他们几乎不用女模特儿，至少在课堂上完全不用，私下里也很少使用。甚至在上古人塑像临摹课时，可能男人的塑像有十个，而女人的塑像才有一个。在巴黎，当然情况会好一些。我以为，在男女人体的反复比较当中，一个人可以学到很多东西，因为男女的形体在各个方面都是不同的。要掌握这一点可能特别特别的难，但是如果没有困难，艺术还成什么艺术，生活还成什么生活？

你千万不要认为我多年的室外写生积累已经付之东流。室外写生经验正是那些囿于学校或画室里的人所欠缺的——即欠缺对他们所生活的现实世界的观察力。在科尔蒙美术学院，我将要与画塑像的人相处好几年时间。如果我只在那儿待几个月，那就不算太长。因为我一直是画写生的，所以也许比其他人胆子更大，能迅速完成画稿和较好把握整体，但他们对裸体了解得更多一些，而我过去却没有这种机会。

对于绘画本身以及绘画技巧，我悟性较好。我开始学绘画与我开始学写字一样，显得自然而轻松，但是，当一个人追求严肃、全面地表现某种概念的独创性和包容性时，绘画就显得比写字要有趣得多了。

你提到了在科尔蒙美术学院的一些才华横溢的画家——我渴望成为他们当中的一员。

我昨天完成了一幅素描，是参加夜校班的比赛时而作的，画的是罗马时期恺撒的塑像。我相信我会得全班倒数第一，因为其他人的素描千篇一律，如出一辙，而我的刚好与众不同，但是，我看到了他们自认为是最佳的作品是怎样画出来的，因为当时我正好就坐在这幅画的后边。这幅素描笔法正确，但是它是死的。我所看到的其他素描也都是如此。

这里的课程于3月31日结束。3月份以后，我将直接去巴黎，然后选择或者去卢浮宫作画，或者到美术学院学习。这样我就可以把最为紧迫的事情先办好——即首先完成一批临摹古人的习作，这对我将来到科尔蒙美术学院学习将会有很大的帮助。到了那个时候，我应当已经很适应巴黎的生活了。

不管怎样，安特卫普使我很开心。但愿我能以离开安特卫普时同样的好心情来到这里。我希望今后能再回来。这座城市很像巴黎，是来自不同民族的人们的聚居地：人们到这里来是为了赚钱做生意的，为了它的热闹活力，为了寻欢作乐享受生活。我没有目睹安特卫普昔日的繁华，听说过去比现在还要热闹繁华得多。

今天几乎可以算得上是春日了。我想，在乡下人们会听到云雀的第一次歌唱。早上我出去远足，几乎走遍了整座城市，包括公园和主要大街。在城市里人们已经能呼吸到一些春天复苏的气息，然而，人们还是能明显感觉到弥漫于商务活动和人们情绪上的压抑气氛。

如果一个人对当前各地出现的罢工潮持悲观态度，我并不认为他是反应过度。再过几十年，罢工者当然会证明他们这样做并不是毫无用处的，到那时，他们将证明自己取得了成功，但是，现在靠工作来养家糊口的人却经历着艰难，而且越来越艰难，因为可以预见，情况将会一年比一年差。

因此，虽然春天来了，但是千千万万的人们依然在凄凉中徘徊。

和一切伟大的乐观主义者一样，我也看到了云雀在春天的天空中欢呼翱翔，但我更看到了身体曾经很健康的20岁妙龄少女如何成为肺结核病的牺牲品，她也许会在死于疾病前便投江自尽。如果一个人经常与有身份的人为伍，生活在富裕的资产阶级当中，他也许会对此熟视无睹，但是，一个像我这样常年过着入不敷出艰苦生活的人，他不可能不承认，大苦大难是影响人生的一个重要因素。

我在这里期间，一直有一个法国老人做伴，我曾为他画肖像——这幅画得到韦尔莱的肯定。这个老人年事已高，冬天对他来说比对我更加难熬。我陪他去看医生，他也许要接受手术。为了他，我很有可能还要在这儿多待几天。毕竟，在这个世界上没有什么东西比人更有趣了，研究他们永远也不会有够的时候。这就是为什么像屠格涅夫这样的人，能够成为伟大艺术家的原因：他们教导我们要学会观察。

柯罗比其他人心境更为安详和平静——难道他的一生不就是像个劳工那样平淡无奇吗？难道他对别人的苦难不敏感吗？当他已是70来岁的老人时，他一定常看晴朗的天空，但与此同时他也常到野战医院去，那儿躺着奄奄一息的伤员。

幻想会消失，但崇高将永存。有人怀疑一切，但他不会怀疑像柯罗、米勒、德拉克洛瓦这样的人。我想，一个人即使不再对大自然感兴趣，但他对人类仍然是关心的。

你也一样，日子过得并不舒心，高兴不起来，烦心事一大堆，高兴事却很少。当一个人受到孤立和误解，并失去一切物质享受的机会时，唯有一件东西是依然存在的——信念。人们本能地感觉到，许多事情正在发生变化，人们感觉到了类似于暴风雨来临前的那种令人窒息的沉闷和压抑，但他们会说：虽然我们现在仍然感到沉闷，但我们的后代必将能更加自由地呼吸。

一个叫左拉和一个叫龚古尔的人，虽已是成年人，但却有孩童般的纯真，相信这一点。他们都是最严谨的分析家，其判断既冷峻又准确。还有屠格涅夫和都德，他们的创作不但有明确的目标，而且还具有一定的前瞻性。你知道，支撑一个人的精神力量，就是他和其他人共同努力、梦寐以求的事业得以实现。这增强了他的力量，这使他感到幸福无比。

这样的时刻总有一天会到来的，到了那时，你会准确无误地知道，你一切物质享受的可能性都已命中注定、无可挽回地丧失殆尽，但你也会明白，你在失去物质享受的同时却以创作能力得到同步增长而作为补偿。

一个人不可能准确无误地预见任何事情，但是如果仔细分析一下，他就会明白，本世纪（19世纪）最伟大、最富有创造激情的人，往往都是与当时的社会环境格格不入的人，他们创作的动能总是源于个人自发的冲动——在绘画和文学方面都是如此。我对音乐不太懂，但我想也是一样的。从小事情做起，无论如何都坚持不懈，有骨气而不是有金钱，冒险多于赞誉——这就是米勒、森希尔、巴尔扎克、左拉等人典型性格的写照。

龚古尔兄弟所完成的工作量是巨大的。他们这种工作与思想的共生共存，是结合得多么完美。艺术家之所以遭受痛苦的折磨，其主要原因就在于他们彼此之间不和，他们不能合作共事，不能心心相印，而是虚伪相待，我几乎每一天都可以为这种理论找到证据。

特别令我感动的是当今一些伟大思想家深沉的淡定。托尔斯泰、狄德罗——他们是发动革命的伟大人物。主导一个时代的精神力量是天才人物的著作，它们激活那些缺乏思想、随波逐流的人们朝着一个目标、朝着一个方向前进。

我想起龚古尔兄弟两人生的最后历程，想起年迈的屠格涅夫的晚年生活。他们像女性那样敏感、细腻、聪颖，对自己的痛苦也很敏感，然而总是充满着活力和自信——完全不是那种冷漠的虚无恬淡，也不是蔑视生活。这些人物像普通女性那样死去：他们没有对上帝一成不变的信念，没有抽象的概念，他们总是牢牢地立足于生活本身，而且仅仅相信生活本身。

我们至今尚未达到这种境界。我们首先得工作，首先得活下去，我们并不关心通常意义上的幸福还是不幸福，但不管怎样，绘画掌控着给予人们第二次青春的奥秘。卡莱尔也是一个敢作敢为的人，具有对事物与众不同的洞察力。我越深入追溯他们的人生轨迹，就越能发现他们共同的故事：自始至终金钱匮乏，身体虚弱，遭人反对，孤立无援，忧虑烦恼。

我全身心都集中于获取我所希望获取的东西——自由设计自己的职业生涯。这意味着要克服重重困难，而不是在困难面前低头让步。

遗憾的是，当一个人渐渐取得经验时，他却失去了青春。如果不是这样，生活该是多么美好。

《罗纳河上的星空》 ■ 荷兰 ■ 凡·高

第15章
未来的画坛必将属于那些创造性地运用色彩的画家

巴黎　1886年3月[1]

请不要因为我这样突然到来而生我的气。来巴黎是我朝思暮想、梦寐以求的事情，我认为这样做能够节省时间。我们会把事情处理好的，请你相信我。

我已把你种植的那些花卉画成了一组图画：一枝百合花——有白色的、粉红色的、绿色的——由黑色衬托，有点像珍珠母镶嵌在日本黑漆器上，一束以蓝色为背景的橙色卷丹花，一束以黄色为背景的紫色大丽菊花，以及以浅黄色为衬托的插在蓝色花瓶里的红色唐菖蒲花。

我很愿意交换两幅伊萨贝[2]的水彩画，特别是有人物的画。可以试用我的花卉组图来做交换。另外，能否从普林森赫那里弄到奥托·韦伯[3]那幅美丽的《秋天》？我愿意拿四幅系列画来做交换。我们现在更需要画作，而不是素描。

我身上只剩下两个路易，我很担心恐怕维持不了从现在到你回来这段时间的生活。

昨天我看到了唐吉[4]，他把我刚画好的一幅油画挂在橱窗里。自你离开以后，我已经画了四幅，现在正在画一幅大的。我知道，这些长幅油画很难售出，但时间长了以后人们会明白，这些画中有开阔的野外风景，情趣高雅。

1　1886年2月底，凡·高来到当时的世界艺术之都巴黎，在此居住了两年时间，巴黎时期是凡·高创作上的一个新时期。在弟弟提奥的介绍下，他认识了很多印象派画家，譬如高更、修拉、毕沙罗等。他的画风也因受到印象派画家的影响而发生了一些变化，画面变得明亮起来。他还在创作中吸收了印象派的一些技法，如点彩法等。同时他开始较深入较系统地研究日本的浮世绘画作，并且深受其影响。这一时期凡·高创作了一些巴黎街景画，如《塞纳河上的桥》，并开始创作大量的自画像。由于这一时期他与提奥同住，因而写下的信件极少。

2　伊萨贝（Louis Gabriel Eugène Isabey，1803—1886），法国画家。

3　奥托·韦伯（Otto Weber，1832—1888），德国画家。

4　唐吉（Julien François Tanguy，1825—1894），巴黎的一个艺术品商人。

这批油画适合于餐厅或乡间别墅的装饰。依我看，毫无疑问将来某一天你肯定也会像其他画商一样发家致富，而如果你热恋并结婚，你肯定会拥有自己的乡间别墅。你钱赚得多，当然就舍得花，你会越过越好的。这些年月一个人看起来富有，比看起来寒酸，日子要好过得多，过上幸福的生活总比自杀好。

你谈到咱们家的情况使我很感动。你说道："他们（父母亲）都很好，但见到他们还是不免有些伤感。"十多年前，或许你发过誓，无论如何都要保持家庭的兴旺发达。如果你结婚了，母亲一定会很高兴的，为了你的工作和身体健康，你不应该仍然孤身一人。

至于我，我觉得自己已经失去了结婚和生儿育女的欲望。时不时令我感到难过的是，35岁本该是娶亲的时候，我却有这种感觉。有时候，我怨恨绘画这一倒霉的行业。黎施潘[1]不知在什么地方说过："酷爱艺术意味着失去真正的爱情。"

我认为这句话说得对极了，但另一方面，真正的爱情却使你讨厌艺术。我时常觉得自己年纪大了，情绪沮丧，但仍然只是个绘画的热爱者，而不是一个走火入魔的绘画狂人。

为了事业的成功，一个人必须要有抱负，而抱负似乎显得很荒唐。一个人即使绘画取得了成功，也是永远得不偿失的，这个想法使我感到消沉沮丧。我的事业将来到底会怎样，我不知道，时下最最重要的，是减轻你的负担。将来这并非不可能，因为我希望自己能够取得足够大的进步，使你能大胆地展出我的作品，而不用降低你自己的审美标准。然后我就离开，到南方某个地方去，就看不到这么多像我一样被人们讨厌的画家了。

1　黎施潘（Jean Richepin，1849—1926），法国诗人、戏剧家和小说家。

阿尔勒　1888年2月[1]

旅途中，我一边想着这片新鲜的乡村田野，一边想起了你。我对自己说，以后你也会常到这儿来走走看看的。依我看，一个人在巴黎工作，如果没有一个疗养之地供他休息以恢复健康，重新获得安宁和静谧，那几乎是不可能的。没有这个条件，他的身体就会遭到无可挽回的摧残。

我刚完成了一幅白色的风景习作，背景为小镇。另有两幅小习作，画的是雪中争奇斗艳的一支杏花。这种时候在巴黎我是不可能做成什么事情的。

但不幸的是，这儿的生活成本居然也和巴黎差不多。我每天大概要花费5法郎。

我接到高更[2]的一封来信，说他已有两个星期卧床不起，手头非常拮据，因为他要偿还一些早已到期的债务。他想知道你是否卖出了他的什么作品。他太急需用钱了，愿意将他的作品进一步削价。

可怜的高更真倒霉。我很担心，在这种情况下，他康复的时间可能会延长。对于他身陷困境我真的很难过，尤其是在他身体状况很不好的时候。他并不是那种具有能吃苦耐劳品质的人，恰

1　阿尔勒（Arles），另一个译名为阿尔，法国南部普罗旺斯地区的一座历史文化名城，城内的很多古迹都被联合国教科文组织列入世界文化遗产名录。在1888年2月至1889年5月的一年多时间里，凡·高旅居于此。阿尔勒气候炎热，阳光灿烂，大大提高了凡·高对色彩的敏感度。在此期间，他先后完成了多幅向日葵画，以及《割耳后的自画像》、《夜间的咖啡馆》、《凡·高的卧室》、《阿尔勒吊桥》、《红色葡萄园》（被认为是他生前唯一卖出的画作）等两百多幅油画和一百多幅水彩画，这是他一生中创作中最为丰富最为辉煌的巅峰时期。如今，城内有多处纪念凡·高的建筑物和雕像，凡·高已经成为这座城市一张亮丽的名片。

2　高更（Paul Gauguin，1848—1903），法国后印象派画家、雕塑家、陶艺家及版画家，与塞尚、凡·高合称后印象派三杰。他的画作充满大胆的色彩，在技法上采用色彩平涂，注重和谐而不强调对比，代表作品有《讲道以后的幻景》、《我们从哪里来？我们是什么？我们到哪里去？》等。

恰相反，困难会击倒他，使他的创作不能正常进行。我的上帝，我们能看到一代身体健康的艺术家吗？

他说，在各种折磨人的困难中，再也没有什么东西比缺钱使他更发疯了，而他偏偏又觉得自己就是命中注定的穷光蛋。现在唯一能做的就是写信给拉塞尔[1]求援。毕竟，我们已经努力劝说过特斯蒂格买下高更的一幅作品。除此之外我们还能做什么？你能为公司买下他那幅海景画吗？如有可能，他就可以暂时摆脱困境了。

我们许多人的生活是多么艰难——毫无疑问，我们自己就是这些人中的一员——将来也依然如此。我坚信最后我们是能够取得胜利的，但艺术家从中会得到什么好处呢？他们能看到少一些烦恼的日子吗？想到比较幸运的一代艺术家将要到来，对我们多少也是一种安慰。

特斯蒂格非常熟悉英国的行情，他在那儿可以说是如鱼得水，所以我想，应该由他在英国举办印象主义画展。我们应当告诉特斯蒂格有关里德[2]的情况，让他明白这笔英国生意他是有竞争对手的，而我们倾向于让他干。

如果这样，艺术家协会的意愿会得到较好的体现，因为特斯蒂格不会反对我们首先要考虑照顾艺术家的利益，而其中最重要的是绘画作品要提价。在英国，问题的全部关键在于：艺术家要么贱价把作品卖给那里的画商，要么就联合起来，为自己挑选不会欺骗他们的聪明能干的画商。我们现在必须直言不讳，你认为可以吗？还有，梅斯达赫和其他人必须停止嘲笑印象派画家。

如果特斯蒂格能主动将印象派画家介绍到英国去，那该有多

1　拉塞尔（John Peter Russell，1858—1931），澳大利亚画家。

2　里德（Alexander Reid，1854—1928），苏格兰艺术品经销商。

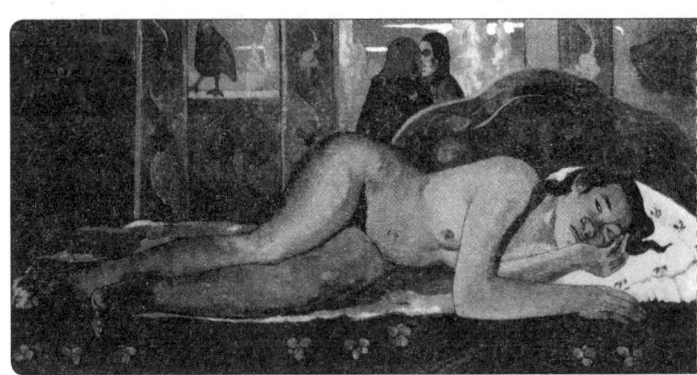

《永不再》 ■ 法国 ■ 高更

好！假如他不愿意干，我们还可以请里德或维瑟林做我们的英国代理商。

不管怎样，如果德加[1]、莫奈[2]、雷诺阿[3]、西斯莱[4]以及毕沙罗[5]等人能主动站出来说："大家请注意了，我们五个人每人画十幅作品，我们每年都这么做……我们邀请你们，吉约曼[6]、修拉[7]、高更、贝尔纳[8]、安格坦[9]、洛特雷克[10]以及凡·高等'小街艺术家'们，与我们携手合作……"

这样，这些伟大的印象派"大街艺术家"[11]们既可以保持自己的声誉，同时也可以堵住别人的嘴巴，使其他人再也不能责备他们把这种声誉带来的利益据为己有。这种声誉，首先是依靠他们自己的个人奋斗和个人天赋而获得的，但是，要想使这一声誉得以保持并与日俱增，却要依靠整个艺术团队的众多作品来支撑，而这个团队中的大多数人迄今为止一直在入不敷出的贫困状态下

---

1 德加 (Edgar Degas, 1834—1917)，法国印象派画家，尤其擅长表现动态中的人物。

2 莫奈 (Claude Oscar Monet, 1840—1926)，19世纪法国印象主义绘画运动的发起人和领导者之一。莫奈的名字与印象派的历史密切相连，他的《印象·日出》使这一画派以此得名。印象派的创始人虽说是马奈，但真正使其发扬光大的却是莫奈，他不遗余力地宣传和推广印象派的理论和实践。莫奈擅长光与影的实验与表现技法。他最重要的风格是改变了阴影和轮廓线的画法，在莫奈的画作中看不到非常明确的阴影，也看不到突显或平涂式的轮廓线。代表作有《卢昂大教堂》、《维特尼附近的罂粟花田》等。

3 雷诺阿 (Pierre Auguste Renoir, 1841—1919)，法国印象派重要画家。

4 西斯莱 (Alfred Sisley, 1839—1899)，法国印象主义绘画运动的发起人和领导者之一。

5 毕沙罗 (Camille Jacob Pissarro, 1830—1903)，法国印象派重要画家。

6 吉约曼 (Armand Guillaumin, 1841—1927)，法国印象派画家、雕刻家，毕沙罗的密友。

7 修拉 (Georges Seurat, 1859—1891)，法国后印象画派（点彩派）的创始人之一。

8 贝尔纳 (Emile Bernard, 1868—1941)，法国画家兼作家。

9 安格坦 (Louis Emile Anquetin, 1861—1932)，法国画家。

10 洛特雷克 (Henri Marie Raymond de Toulouse—Lautrec, 1864—1901)，法国后印象派画家。

11 凡·高在此处以戏谑的口吻给德加、莫奈、雷诺阿、西斯莱以及毕沙罗等人冠以"大街艺术家"的头衔，因为当时他们早已成名，他们的画室以及出售他们画作的画廊大多处于繁华的中心大街。相对而言，被他称为"小街艺术家"的吉约曼、修拉、高更、贝尔纳、安格坦、洛特雷克以及凡·高本人等，当时初出茅庐，尚未成名，他们的画室以及出售他们画作的画廊大多处于冷青的边远小街，故有"大街"和"小街"之说。后来的历史证明，前者成为了印象派的代表人物，而后者则成为后印象派的代表人物。

搞创作。

今天早上，天气终于暖和了些——我已经饱尝了凛冽北风的滋味。我先前在这儿的乡村散步过好几回，但现在刮这种风，什么事情也做不成。天空蔚蓝，阳光灿烂，冰雪差不多都融化了，但外面刮的风很冷，又干燥，令人身上起鸡皮疙瘩，但我已经看到了许多美景——一座坐落在山上的旧教堂遗址，周围长满了冬青树、松树和灰色的橄榄树。我希望很快就能画这一美景。山上到处都是杏树，它们已经开始开花了。

我刚画好一幅习作，像毕沙罗保存的我的那一幅一样，不过这次画的是橙子树。至今我已完成了八幅画，但这算不了什么成绩，因为我自己还不能创造出一种舒适或温暖的环境来搞创作。

今天我完成了一幅油画，画的是一座吊桥，一辆小马车正在桥上通过，蔚蓝的天空映衬着吊桥的轮廓——桥下的河流也是蓝色的，河岸呈橙黄色，点缀着绿油油的草地，一群洗衣妇女身穿长罩衣，头戴着五颜六色的帽子，正在河边洗衣服。我还完成了另一幅风景画，画的是一座乡间小桥，河边有更多的洗衣妇女。我还画了一幅车站附近两旁有法国梧桐树的林荫大道。

老弟，在此我感到自己仿佛置身于异国他乡的日本。对于该地区的情况，我暂时也只能谈这么多，但该地区那种壮丽的景色，我还没有领略到。这就是为什么——即使开销较大，作品又一文不值，对此我不胜烦恼——但我依然没有绝望的原因。在这里我能够看到新鲜的事物，我每天都在学习，或许我学得很慢，但多少总有点儿进步。我必须要达到这样的目标，即我的作品将能够弥补我今天的花费。我承认，我并非事事成功，但我的确在稳扎稳打地前进。

《阿尔勒的吊桥》■ 荷兰 ■ 凡·高

你提到打算在巴黎的"独立艺术家协会"[1]第四届画展上，展出我的两幅描绘蒙马特区丘陵的大型风景画，我没有意见，你怎么处理都行。其实我对今年的创作期望更大一些。非常感谢你为该画展所做的努力。

这次画展不是很重要，但它使我想起，以后搞画展在印刷目录册时，请将我的名字写成我在油画上用的那个签名，即文森特，而不是凡·高，理由很简单，这里的人不懂得发凡·高后一个名字的音。

最近我一直在一个果园的露天下创作一幅油画——画的是一块丁香花地，一片芦苇栅栏，两棵玫瑰色桃树，背景为明媚的蓝白相间的天空。这也许是我画过的最好的一幅风景画。

我刚把这幅画带回家，便收到姐姐寄来的一份纪念毛弗的荷兰文通知。读后有某种东西——我不知道是什么——哽咽在我的咽喉，于是我在画上写道：

纪念毛弗
文森特及提奥

如果你同意，我们俩就按这幅画现在的样子寄给毛弗夫人。我不知道家里人对这幅画会怎么说，但这无关紧要。

依我看，纪念毛弗的任何作品都必须是既体贴又轻松，不应该是一幅基调过于压抑和沉重的习作。

1　独立艺术家协会（Société des Artistes Indépendants），1884年成立于巴黎，由修拉等人发起，该协会经常在巴黎不同的艺术沙龙里举办各种各样的画展。

啊，绝不要以为故去的人已经逝去，

只要还有人活着，

故去的人就永远活着，永远活着。

这就是我的感觉。没有什么比这更令人伤心的了。总之，他的逝世对我来说是一次沉重的打击。

唉！我越来越觉得，人是万种烦恼之根源。虽然想到自己还没有过上真正的生活未免感到有些伤感——我是指人的本能欲望比画画本身更有价值，生儿育女，比画画或做生意更有价值——但是，想到朋友们其实也像你一样并没有过上真正的生活，你就觉得自己活得还算不错。

你会说，假若那样，没有艺术和艺术家，倒是一件大好事。乍一听起来，这话说得很真实，但是，希腊人、法国人和老一辈荷兰人都已经接受了艺术。而且我们知道，艺术在经过不可避免的消沉阶段之后，是如何获得新生的。因此我认为，鄙视艺术家及艺术的人，是一点儿也不高尚的。当然，我并不认为目前我的作品配得上你给予我的厚爱。将来，当它们的水准提高到能与你的厚爱相匹配了，我会认为那是因为你为此付出了与我一样多的心血，是我们俩共同浇灌了它们。

你能善待画家。我越向你诉说，就越觉得没有什么东西比热爱人民更具有艺术性了。如果一个人所从事的工作有着远大的前景，如果一个人知道这种工作有着重要的原则和连续性，那么，他就能更加淡定地去工作。对于这种"淡定"，他便拥有了双重的权利去坚守。

正因为人民所关心的才是最重要的，也正因为这一点是我们

《玫瑰色的桃树——为纪念毛弗而作》 ■ 荷兰 ■ 凡·高

办每一件事情的核心，所以，我们必须要在荷兰广交朋友，建立友谊，更确切地说，是恢复原来的友谊。就印象派画家而言，更是如此，因为现在除了我们必胜以外，再也没有什么可害怕的了。

莫泊桑的《两兄弟》一书，我正读到一半。这本书写得很好。他在序言中谈到艺术家有夸张的自由，在小说中作家可以创造一个比我们现实的世界更美好、更纯洁、更富有同情心的世界。接着，他解释了福楼拜那句话的意思，福楼拜说："天才就是持久的耐心，独创就是信念加上对事物的认真观察。"

我相信，我们绝对有必要去追求一种在颜色和设计上都有所创新的新艺术，还有一种新的艺术生活。如果我们以这种信念去创作，依我看我们的希望是不可能落空的。

我正在画两幅画，我想把它们复制出来。我感到最难画的是那棵粉红色的桃树。我现在还完成了一幅小梨树画——地面呈紫罗兰色，背景是一道墙、笔直的白杨树以及蓝湛湛的天空，一截紫罗兰色树干和白花，枝干上停着一只硕大的黄蝴蝶。这是一幅竖挂于两幅横向油画之间的画。我一共画了六幅鲜花盛开的果园。我打算再画三幅，也是一竖两横那样搭配。每天我都坚持画上一点，同时还把它们挂在一起比对。

好啦，你已详细了解了我计划为你画的那些鲜花盛开的树木及其装饰意图。我还想画一幅普罗旺斯的果园，当中呈现人们兴高采烈的场面。我还必须画一幅繁星密布的夜景，里面有柏树。这里的夜空有时候非常美妙动人。我现在对工作有一种持续的狂热。接下来，我必须要画很多素描，因为我想模仿日本浮世绘版画的风格来画一些素描。

画完果园画后，我就全待在室内了。因为已有二三十幅油画，我们不必要太多，即使我能完成两倍这么多的画。

我向你保证，我在这里创作的作品，比去年在法国阿涅尔乡间的作品好多了。我希望今年取得大的进展，我真的需要这样。这些果园画以及"英式小桥"，将组成第一批组画。这些画正放在顶棚的阳台上晾干呢！

我刚给你寄出了一卷小幅的钢笔素描画——有一打之多。这些素描是用削尖的芦苇秆画的，其效果与使用鹅毛管是一样的。你知道该如何保存这些素描吗——装订成册，每册可以有6页，或10页，或12页不等，像日本浮世绘画册一样。我想送这样一本素描画册给高更，再送一本给贝尔纳。

在目前的情况下，我在这儿能够作画就心满意足了。当然我在这儿根本称不上是"过日子"，但我又能怎样？我们都知道，这种艺术生活不是真正的生活，但对我来说却是至关重要的，如果有了它我还不满意，那就是忘恩负义了。

离开巴黎是我的一个正确的选择。事后我得到了丰厚的回报！我停止了酗酒，停止了大量抽烟，我开始思考而不是不思考——我的上帝，这些都是一个人沮丧和衰竭的表现啊！在这美不胜收的自然环境中工作，有助于提高我的道德水准，尽管我觉得目前自己的压力还是过大了。

我的可怜的弟弟，我们的疯癫病，确实是我们的生活方式所造成的。这纯粹是艺术家的生活方式，但这同时也是致命的遗传所致的。我们必须承认，我们属于那种有悠久的家族病史的人群。

我时常想起格鲁比大夫[1]。我认为他对治疗这种病是很在行

---

1 格鲁比（David Gruby，1810—1898），巴黎的一位医生，以倡导"顺势疗法"而著名。凡·高和提奥曾找他看过病。

的：最明智的疗法是，吃好睡足，不贪女色。当时格鲁比紧闭着嘴巴，然后他说"不要女人"！你还能回忆起他的表情吗？当时他多么像德加画中的一个人物。当时我们无言以对，因为当你整天都得绞尽脑汁，盘算、考虑和计划时，就会令你的神经难以忍受了。简言之，这是透支生活，这实际上就注定了你一定会患脑病和脊椎病，但你这么做肯定是一个不畏艰难险阻的人。德加就是这么干的，而且做出了成就。

听到你又去找格鲁比就医的消息，我心里很难过，但你去了，我就放心了。我宁可放弃绘画，而不愿意看到你为了赚钱而玩命地去干，你懂吗？

你若能在乡间住上一年，与大自然接触，呼吸新鲜空气，享受和煦温暖的阳光，就能使格鲁比的治疗法更加容易贯彻执行。

我在这里很好，这是因为我有工作，与大自然接触。没有这些，我就会变得郁郁寡欢。如果你所在的地方，有一份工作吸引着你，如果印象派的画家们能够融洽相处，那将是一件大好事。因为孤独、忧虑、困难、得不到善待和同情——所有这些，都是难以忍受的。精神上的痛苦或失望，比无节制的生活更伤害我们——我是指发现自己心力衰竭还穷快乐的我们。

我认为，这里很适合于画肖像画。这里的人虽然对绘画大体上全然无知，但是他们在仪表和生活方式上，比北方人更有艺术性。我在这里见到了一些人，他们长得颇像戈雅或贝拉斯克斯画中的人物，十分漂亮。他们总是在黑色的长袍上别上一朵小玫瑰花，或者设计出白、黄、玫瑰色相配的衣服，或绿、玫瑰色相配的衣服，或蓝、黄色相配的衣服，从艺术的角度来看，这些衣服是无懈可击的。修拉或许能在这儿找到非常典雅、富有诗情画意的男性形象，尽管他们穿着现代服装。

至于阿尔勒的妇女，人们议论很多，不是吗？人们说她们不再是原先那种模样打扮，因为她们正在颓废堕落，但这并不影响她们外表的美丽——在此我指的是那种罗马风格打扮的妇女，她们显得平庸，有点儿令人生厌。但也有许多例外。

如有些妇女就很像弗拉戈纳尔[1]或雷诺阿画中的美女，还有一些妇女难以在迄今为止的绘画作品中找到相似的形象，难以给她们贴上合适的标签。目前急需做的事情就是找人给妇女和儿童画各种类型的肖像画，但我认为自己不是一个合适的人选。在这方面，我还不够资格。如果美术界出一个莫泊桑，能用轻快的笔触描绘这里美丽的人和事，我会由衷地感到高兴，但这个即将出现的人，我无法想象，他能像我一样住在小咖啡店里，戴着假牙工作，而且还接触妓院里的妓女。

至于我，我将坚持创作下去。在我的作品中，总有一些东西是永存的。我希望，今后能有一些艺术家在这个美丽的乡间崛起，为它而创作，正像日本人为他们的家乡创作一样。用不着担心，我将永远热爱这个农村。它很像日本浮世绘艺术。一旦你爱上它，就永远义无反顾。

未来的画坛必将属于那些创造性地运用色彩的画家。马奈[2]已朝着这个方向努力，但印象派的画家们比马奈具有更鲜明的色彩。我想这个大方向是对的，我们必须朝着这个目标奋勇前进，

---

1 弗拉戈纳尔（Jean Honoré Fragonard，1732—1806），法国画家。

2 马奈（Edouard Manet，1832—1883），19世纪法国印象主义绘画运动的奠基人之一，但是他从未参加过任何印象派的展览，但他深具革新精神的艺术创作态度，深深影响了莫奈、塞尚、凡·高等新兴画家。受到日本浮世绘绘画及西班牙画风的影响，马奈大胆采用鲜明色彩，舍弃传统绘画的中间色调，将绘画从追求三元次立体空间的传统束缚中解放出来，朝二元次的平面创作迈出了革命性的一大步。代表作有《吹短笛的男孩》、《草地上的午餐》等。

《金发浴女》 ■ 法国 ■ 雷诺阿

不要怀疑，不要动摇。

我很高兴你售出了一幅德加的作品。莫奈在风景画方面是佼佼者，而谁在人物肖像画方面独领风骚呢？你会认为，相比之下，我寄给你的作品却很差劲。目前，我对自己不满意，对自己的创作也不满意，但我对自己最终能够做得更好还是抱有一丝希望的。

虽然迄今为止我已付出了很大努力，但我的运气不佳。晚努力不如早努力。到年底，我就该成为一个截然不同的人了。我该有自己的家，安安稳稳地恢复健康。我很有把握，画架上很快就会新添几幅新油画。只是你拼命工作，却看到自己挣的钱哗哗地流进了那些令人憎恨的人手里，真叫人泄气。

我准备把我所有的习作都装箱寄给你，除了几幅我已经毁掉的以外，但我不打算在所有的画上都签上我的名字。有许多画我已经从画框上取下来，有十四幅是带画框的。

如果你把最好的画自己保存下来，并把这些画当作是我的付款，这样当兑付现金那一天到来时，我将以这种方式给你带来近一万法郎的收入。这样想想我会感到高兴一些。在这些寄售的画中，有一幅玫瑰色果园，一幅白色果园，还有一幅小桥。请把这三幅画当作你个人的收藏品，不要出售，因为我认为日后每幅画会价值500法郎。

如果我们大胆的相信，印象派作品的价格将来会走高，我们就应大量创作，但我们更有理由老老实实地沉下心来，集中精力，提高创作质量，而不是虚度光阴。经过几年的努力，或许我们就能补偿一点过去的损失。我距离这一目标还很遥远，但我感到当前的环境是万事俱备只欠东风。如果我还不能取得成功，那只能怪自己了。

昨天和今天，这儿又刮起北风了。我本星期画了两幅静物画。

第一幅是一个蓝釉彩咖啡壶，左边放着一个杂色杯子，品蓝色和古铜色相间；一个牛奶罐，图纹是淡蓝色和白色的小方格；右边放着一个白色杯子，饰有蓝色和橙色图案，放置于一个灰黄色的陶盘中；一个陶罐，或者说一个花饰陶器，呈蓝色，饰有红色、绿色和褐色图案；最后还有两个橙子，三个柠檬。桌面上盖着一张蓝布，背景呈青黄色，这样一共有六种不同的蓝色，四到五种黄色和橙色。这幅画使其他所有的画都黯然失色。虽然只是一幅静物画，但却栩栩如生——毫无疑问，是因为画得好。

另一幅静物画，是插有野花的花饰陶罐。

旅店老板因扣压我的行李而受到训斥，我已得回12法郎。我想，我毕竟是个劳动者，而不是一个观光旅游的外国人。如果我像现在这样任人盘剥，未免显得太软弱无能了。

我又画了两幅新习作：一幅是公路旁的农场，周围是一片玉米地；另一幅是长满深黄色金凤花的草坪，一条长着鸢尾属植物的水沟，叶子呈绿色，花呈紫色，后面是小镇，一些灰色杨柳树，一条狭窄的蔚蓝天空。

我还画了一座小桥和公路旁一侧的景物。这里的绘画主题极像荷兰的主题，不同之处在于色彩。这里阳光所照之处都呈硫黄色。或许这正是我可以挖掘主题的地方——假设作这样的画能够收回成本的话。

随着我血液流速的逐渐加快，我渴望成功的想法也在不断加快。我正在摆脱昏昏欲睡的麻木状态。我感到不需要那么多娱乐消遣了，受到感情的折磨少了，能够更心平气和地搞创作，一个人独处也不感到枯燥无味了。总之，我比以前老成稳重了些，不

《静物画》 ■ 荷兰 ■ 凡·高

再像以前那么悲观了。

事情就是这样，今后仍将如此，但在艺术家生活的高潮中，时不时总涌动着一种渴望——渴望那种永远实现不了的真正的生活。有时候你完全失去了那种一心扑向艺术的愿望，而且一时还恢复不了。要知道，你是一匹套车的马，你会一次又一次地被拴在同一驾马车上。你渴望在草地生活，与太阳、河流和其他马儿做伴，同样是自由自在的。

我不知道谁把这种情况叫作死亡与不朽的降临。你拉的马车，一定对你不相识的人有益处。因此，如果我们相信新艺术，相信未来的艺术家，我们的信念就不会欺骗我们。当仁慈的老柯罗在弥留前几天说"昨天晚上，我在梦中看到一幅风景画，画中的天空呈玫瑰色"时——在印象派画家的风景画里，不是已经出现了玫瑰色的天空，而且还有黄色、绿色的天空吗？所有这些都意味着，一个人感受到的东西将会出现，而且确实会真的出现。

尽管如此，对我们这些还未濒临死亡的人，我倾向于这么看待自己，我仍然觉得这件事比我们自身更加伟大，其生命比我们的生命更加长久。

我们并不认为我们正在死亡，但我们确实领悟到了这一真理：其实我们自己是微不足道的。为了跻身于艺术家的行列，我们正付出高昂的代价，包括健康、青春和自由等，它们当中没有一件能给予我们快乐，我们只是像一匹套车的马，拉着满满的一车人外出春游踏青。

未来的艺术是存在的，而且它将是多么的可爱、多么的年青，即使我们今天为它献出青春，也必须心平气和地朝着它而奋斗。写下这样的话也许是非常愚蠢，但我的感受就是这样。依我看，你也像我一样忍受着折磨，眼睁睁地看着自己的青春像过眼烟云一样消失，但是，如果青春在你所干的事业中再现，恢复了生机，那么什么东西也没有失去，一个人的创作能力就是他的另一种青春。

我想在这里找到某种小小的休养场所，好让巴黎那群可怜的拉车的马——即你和我们的几个朋友，可怜的印象派画家们——在他们精疲力竭时能外出溜达吃吃草。

我收到高更的一封来信，他说已收到你的去信和随信附去的50法郎，他很感动。他似乎非常忧郁。他希望能找到一些资金来建立经营印象派作品的商店。我个人认为，高更最过硬的资产就是他自己的油画，他能够做得最好的生意就是绘画本身。

你知道吧，我想我们可以创建一个印象派协会。协会的存在能给予我们更多的勇气去面对生活、去搞创作，至于协会的盈亏，我们可以共同承担。去年我们在谈到建立一个艺术家团体的时候，我就表达过同样的观点，现在我依然没有改变。对此，我是经过深思熟虑的，但如果高更和他的资助人明天代表某一画商协会来向我索取十张画，说实在的，我还没有充分的思想准备是否拿给他们，但我却很愿意给某一艺术家协会五十张画。

这是一场伟大的革命：为艺术家的艺术！上帝，上帝啊！这也许是乌托邦——但对我们来说更糟糕。我觉得人生如此短暂，来去匆匆——唉，一个人当画家，他就必须创作下去。

接受高更的作品要冒很大的风险，我们必须仔细斟酌，帮助他是一件长期的事情——仅仅出售几幅油画救助不了高更，正像也救助不了我一样。可能要等上好几年时间，印象派画家才能在市场上获有稳定的价值，但我相信，高更和其他艺术家是会取得胜利的。令人遗憾的是，由于心情郁闷，高更停止了工作——他拥有多么高的天赋。

你知道，我一向认为画家单身生活是多么愚蠢，让你在我身上花这么多钱，使我感到不安，但为了补救这种情况，我唯一能做的就是找到一个有钱的女人，或者找到一些愿意与我一起作画的伙伴。我现在不愿去找女人，但却愿意去找绘画伙伴。我会充分尊重别人的利益，不会把自己的意愿强加于人，同时，别人还可以从我所花费的钱中获益。这样一来，不但工作效率提高了，而且你还有两三个人同时在一起干活，而不是一人孤军作战，对此你会获得一种满足感。

这就是一个协会的开端。贝尔纳也将来到南方参加我们的聚会。我还认为，你可以成为法国印象派画家协会的一个牵头人。如果我在把他们召集在一起方面有所作用，那么我愿意看到他们个个都比我强。高更说，当水手们搬动重物或起锚时，总是齐声呼喊，以鼓足干劲，而这正是艺术家们所欠缺的！

对于你在你的住所举办莫奈画展，我表示热烈祝贺，遗憾的是我没有机会去参观。我自我安慰的唯一方法是一头扎进大自然里，尽情欣赏这里美不胜收的美景，这样就能使我忘却一切。莫奈在2月至5月间，设法画好了那十幅作品，真了不起。快手并不意味着质量就不那么好，这取决于一个人的自信心和经验。

《向日葵》 ■ 荷兰 ■ 凡·高

第16章
从某种意义上来说，
向日葵属于我

阿尔勒　1888年9月

最近总有某种东西像一台马达似的驱使我尽可能多地画一些人物画。时至今日，我不但觉得如果我在画模特方面创出自己的风格，我就能成为一个不同凡响的画家，而且我还觉得我很有可能看到自己具有艺术创作能力的日子一天天逝去，正像在生命的过程中一个人会逐渐失去充沛的精力一样。

我画了一幅邮递员的肖像画，他只坐了一次就画成了。这正是我所擅长的。我应该经常这样做——和第一个进来的人一边喝点儿什么，一边画他，不是画水彩画，而是画油画，而且是当场画。如果我画了一百多幅这样的画，其中就会有一些好作品。我应该在行为举止上更像是一个法国人，更像是一个嗜酒者。对此我甚至有点儿上瘾——不是酒瘾，而是想做一个吊儿郎当的绘画者。当我作为艺术家有所得的时候，是否同时也失去了作为人的一些东西？

如果我有信心这么干下去，就会变成一个有名的疯子。不过，我现在依然是一个微不足道的人。而且你知道，我远没有这样的野心去做出艳惊四座的壮举。我宁可等待下一代人去做，或许他们在肖像画的技法上能做出与莫奈在风景画上同等的成就——莫泊桑式的宏大和绚丽的风景画。我知道我不能——我没有他们的高度，但是，难道不正是福楼拜们和巴尔扎克们造就了左拉们和莫泊桑们吗？因此，向即将到来的新一代，而不是向我们，敬上一杯酒吧！

你是个极好的油画评判家，你能看出和理解我可能具有的独到之处，也能看出在我献给当代大众的画中那些毫无价值的东西，因为在笔法的清晰明快方面，许多人超过我。这更多的应该归咎于我的创作环境：狂暴的北风，命中注定的早逝的青春，加

《邮递员约瑟夫·鲁兰》■ 荷兰 ■ 凡·高

上十分的贫困。就我而言，我一点也不想改变自己的地位。能像现在这样继续搞创作，我就很满足了。只有这一点对我产生了正面的影响，因为现在颓废的恰恰不是我。高更和贝尔纳现在正在讨论"像儿童那样去画画"——我认为这远比"像颓废派那样去画画"好。人们怎么会在印象派身上看到颓废的东西呢？事实恰好相反。

我在努力描绘秋天，以"马赛曲"般的热情，一边品尝着味厚的炖鱼，一边作画——当你知道我画的是一些美丽的向日葵时，你不会感到吃惊吧？

有一点我确信不疑，即要画一幅真正表现南方风景的画，光靠所谓的聪明是不够的。只有经过对事物长时间的观察，才能使你的构思逐渐成熟，使你具有更深刻的洞察力。如果我们研究日本浮世绘艺术，就会发现某个聪明、达观、洞察力强的画家是如何去利用自己的时间的。他去研究地球与月球的距离？他去研究俾斯麦的政策[1]？不，他研究一片草叶，但这片草叶引导他去画这株植物，然后描绘四季，描绘乡间广阔无垠的天地，描绘动物，最后引导他去描绘人物。就这样，他度过了自己的一生。

到这儿来吧，现在就来，这难道不是这些生活节俭的日本浮世绘画家们教给我们需要追求的目标吗？他们置身于大自然，好像他们自己就是那些花草一样。因此，我们必须回归自然，不必顾忌这个世俗世界给予我们的教育和工作。如果你不变得放松一

1　俾斯麦（Otto Eduard Leopold Von, Prince of Bismarck, 1815—1898），普鲁士王国首相、德意志帝国政治家，1871—1890年出任德意志帝国首相，世称"铁血首相"。他是德国统一的主导力量，并为此谋划了与丹麦、奥地利及法国的战争。

些、快乐一些，你是不可能学习日本浮世绘画的。

我羡慕日本浮世绘画家，在他们的作品中一切都表现得极为清晰。他们的作品就像呼吸一样自然而简单，他们寥寥几笔就能轻松自如地画好一张人物画。啊，我也必须尽力，争取在将来的某一天，能用寥寥几笔就画好一张人物画，画好一个年轻人、一匹马，而且做到画中的头、身和腿等各部分的比例都协调得体。

我画了一幅油画，描绘在硫黄色阳光下的房子及其周围的环境。这个题材很难表现，但正因为其困难，我更要征服它。画面上左边的房子是粉红色的，它的百叶窗是紫罗兰色的，这就是我常去吃饭的餐馆。马路的尽头有两座铁路桥，我的邮递员朋友就住在那儿。

米勒认为这幅画很糟糕。他说他不能理解为什么会有人画这样乏味的杂货店和死气沉沉的房子还能自得其乐，听到他这么说，我心里想，左拉在《小酒店》的开头描写了一条林荫大道，而福楼拜则在《布瓦尔和佩居谢》的开头描写了巴黎维勒特码头的一个角落，这两段描写在书中都是十分必要的，并非多余可以删去的。

托尔斯泰写了一本题为《我的信仰是什么？》的书。他似乎不相信什么肉体或灵魂的复活。最重要的是，他不相信天堂——他的思维方法像一个虚无主义者，但他认为扎扎实实地做好自己正在做的事情非常重要，因为一切可能都掌握在你的手中。如果他不相信复活，他似乎相信一种等值的东西——生命的延续和人类的进步——人类和人类的事业毫无疑问必定会一代一代延续下去。他本人是个贵族，但他后来变成了一位劳动者。他能制作靴子和炒菜锅，他还能扶犁耕地。我虽然不会做这些事情，但我可以尊重一个有足够力量将自己改造成为新人的人。

如果你喜欢《星夜》和《翻耕的土地》这两幅画，我是不会感到吃惊的，因为它们比我的其他作品具有更多朴实无华的东西。如果我的创作能这样继续下去，如果我的绘画技巧越来越娴熟自然，我就用不着为钱而发愁了，我的画将更易为人们所接受。

我现在手中已有十幅油画新作了。我给这些画只上了薄薄一层油彩。因此，画面中的一笔一画难以截然分开，色调往往互相交融。总之，在整体效果上我必须仿照蒙蒂塞利[1]的重彩手法来着色。有时候我认为自己是蒙氏真正的继承者，只是我还没有像他那样画一些情侣肖像画。拉罗盖特夫人曾对我说："蒙特塞利，蒙特塞利，唉，他早该成为南方某一画派的领军人物了。"

是的，难道你没有看出来，我们正在创建这样一个画派吗？高更所干的，我所干的，是继承了蒙蒂塞利的艺术手法的，我们将努力向那些好心人证明，蒙蒂塞利并不完全在加涅比埃尔的咖啡馆桌旁四肢一伸便与世长辞了，这位好心的老人仍然活着，他的未竟事业延续到了我们身上，我们将要把这一事业的基础打得更加牢固。我相信，一个由色彩主义者组成的新画派将在南方扎根发芽，因为我看得越来越清楚，北方的画家们靠的是运用画笔的能力，而南方所谓的"风景画派"的画家们，则希望通过色彩本身来表达某种主题。在南方，在强烈的阳光照射下，我觉得毕沙罗说得对，高更在写给我的信中也说过同样的话："简单、肃穆，这就是强烈阳光的效果。在北方你绝对不可能察觉到这一点的。"

---

1 蒙蒂塞利（Adolphe Joseph Thomas Monticelli, 1824—1886），法国早期的印象派画家，对高更、塞尚和凡·高的创作均有较大影响，生前名声并不大，其声誉是在他去世之后才得到提升的。

《星夜》■ 荷兰 ■ 凡·高

我越来越认识到，绘画行业唯一正确的道路，就是按照自己的兴趣，按照自己从艺术大师身上所学到的东西——坚定的信念——去进行创作。我相信，创作一幅优秀的画与找到一颗钻石或一颗珍珠一样难。创作意味着苦恼，作为一名画商或一名艺术家，你是要冒着生命危险去工作的，但当你一旦找到了宝石，你就不应该再怀疑自己的能力。正是这种信念激励着我坚持搞创作，即便我因此而陷入人不敷出的贫困境地也不退缩。

我相信，就妇女的姿色容貌以及其美丽的服饰而言，阿尔勒城曾一度是那样的光彩夺目、无与伦比，然而，现在它却显得如此千疮百孔、凋败不堪，但是，如果你在此地待久了，你还是会觉得它昔日的风采又复活了。我曾一次又一次地想起蒙蒂塞利的画——色彩对描绘这些妇女的美丽起到了多么大的作用。特别富有魅力的是她们服装的粗线条，以及色彩的绚丽夺目，真是令人难以忘怀。画中的妇女们是以她们皮肤的色调来吸引人，而不是以她们的身材，但是，由于我初来乍到，如果我现在就动笔画她们，会有一定的困难。

我刚收到高更和贝尔纳的自画像。在高更自画像的背景里，可以看见墙上挂有贝尔纳的自画像，同样在贝尔纳自画像的背景里，可以看见墙上挂有高更的自画像。高更的自画像当然画得很棒，但我也同样非常喜欢贝尔纳的自画像。这两幅自画像从表面上看只不过是对画家本人的一种指涉而已——几种不太协调的色调、几条黑色的线条——但却具有一种真正的马奈式的特点，不过，我觉得高更的画更加细腻，更加耐看。

现在我终于有了机会，能把自己的画与大伙儿的画做一番比

《悲惨者》 ■ 法国 ■ 保罗·高更

保罗·高更自画像题·献给凡·高。

较了。我寄给高更作为交换的自画像就起到了这方面的作用。这幅画是灰色的，以淡色孔雀蓝为衬托（没有黄色）。衣服是一件镶有蓝边的棕色外套，但我把棕色夸大成了紫色。头部使用淡色彩，是用厚厚的颜料涂成的，背景也是淡色彩，几乎看不到任何阴影，但我把双眼画得微微斜视，就像日本人的眼睛那样。

我已经写信告诉高更，如果允许我在自画像上夸大自己的个性，那么我在自画像里就不仅仅试图表现我自己，同时也试图表现一名普通的印象派画家的精神风貌。当我把高更的画与我的画做比较时，我觉得我的画同样是严肃的，但却不那么令人绝望。贝尔纳说，他也想要我一幅这样的画，虽然他已经有了我的另一幅画。我很高兴，他们并不厌恶我在人物画方面所做的努力。

我终于完成了一幅阿尔勒妇女的肖像画。这幅画我只花了一个多小时就涂抹完毕，背景为浅柠檬色，脸部为灰色，全身的衣服除了黑色还是黑色，使用的颜料为未经任何调制的纯普鲁士蓝。这位妇女倚靠着一张绿色的桌子，坐在一张用橙木制作的扶手椅上。

我还画了一张妓院的速写，因为我打算要画一张描绘妓院的画。我最新完成的是两幅十分奇特的习作：一幅是描绘一把黄色木椅，椅垫是灯芯草编织物，红色的瓷砖地映衬着一堵墙壁（白天的景致）。另一幅是夜景图，画的是高更的扶手椅，画面呈现出一种红色和绿色的夜间效果，椅子上放着两本小说，旁边点着一支蜡烛，使用的画布粗糙厚实，颜料也很厚实。

有一天，高更来对我说，他看到莫奈的一幅画，画的是在一个日本大花瓶里插着的向日葵，相当不错，但是他更喜欢我作的那幅向日葵。我并不赞同他的看法，但是如果当我到了40岁时，

《高更的安乐椅》 ■ 荷兰 ■ 凡·高

我画出了一幅人物肖像画，达到了如他所提及的向日葵那样的水准，我相信我将能与任何一个画家，无论是谁，平起平坐。因此，坚持不懈地努力吧！

我个人认为，高更有点儿不太适应阿尔勒这个不错的小镇，不适应我们工作的黄色小屋，尤其不适应与我在一起。高更精力非常充沛，富于创造性，然而正是因为这一点，他需要更多的安静，然而，他能到哪儿去找安静呢？

第二天，即12月24日，我们收到了高更发来的电报，要提奥到阿尔勒去。因为文森特在极度兴奋和发高烧的状态下，割下了自己的一只耳朵，并把这只耳朵作为礼物赠给妓院的一个妓女。当时的场面有些失控和混乱。罗林，那个邮递员，设法把他弄回家中。接着，警察来过问此事，他们发现文森特躺在床上淌着血，失去了知觉，便把他送进了医院。提奥在医院里找到了他，并守护在他身边，一同度过了圣诞节。后来高更与提奥一同返回巴黎。到了12月31日，传来了文森特已经好转的消息。

约翰娜·凡·高[1]

我现在是在住院外科医生雷伊[2]的办公室里给你写信。他说我这种过度兴奋的状态只是暂时性的。他坚信，几天后我就可以恢复正常。

不过我还得在医院里多待上几天，然后我不想惊动任何人，

悄悄地回到家中。那位清洁女工和我的朋友罗林一直在关照我，把一切都安排得井井有条。罗林一直都对我很好，我敢说，他将是我永远的朋友。

一旦出院，我又能在那条熟悉的小路上散步了。好天气很快就要来临，到了那时，我就又可以到鲜花盛开的果园里去作画了。

我的好兄弟，你专程赶来令我十分不安。我真的不希望你因此而担惊受怕，毕竟我没有受到多大的伤害，你没有理由为我担心。我原来是多么希望能让你看到阳光灿烂的阿尔勒，可现在你看到的却是悲哀的阿尔勒！

我希望我鲁莽的行为只不过是有点艺术家的怪异。由于一根血管被切断而大量失血，导致我好几天持续高烧不退。

最近好几天我都没法写信，但那已经成为过去。我刚能重新提笔，就首先给高更写了几行字，叙叙我们之间的深厚友情。在医院里我常常思念他，即便我在发高烧、身体相当虚弱时也是如此。我把他吓坏了吗？他为什么连一个字也没有给我写来？你看到了我送给他的那幅我的自画像了吗？还有出事前几天他所作的那幅他自己的自画像？如果你把这幅自画像与他在布列塔尼[1]寄给我的那幅自画像做一个比较，你就可以看出，从总体上而言，他在这儿得到了休息，心境更加平静了一些。

我已给母亲和维尔[2]去了封短信，目的是让她们放心，我怕你和她们提过我生病的事情。

明天我就打算恢复工作了。我打算先画一、二幅静物画，以

---

1 布列塔尼（Brittany），法国的大区之一，位于法国西北部的布列塔尼半岛，英吉利海峡和比斯开湾之间，现在的布列塔尼地区由四个省组成，首府是雷恩。

2 维尔(Willemina Jacoba van Gogh, 1862—1941)，在家里昵称"Wil"，凡·高的妹妹。

便热热身，找回画画的感觉。一旦自我感觉良好，我就打算给雷伊医生画一幅肖像画。他听说过伦勃朗的画作《蒂尔普教授的解剖课》。我告诉他我们会设法给他弄一幅这张画的版画，供他学习研究用。对此他会很高兴的。

今早我到医院去换药，跟雷伊医生一起散步了一个半小时。我们无所不谈，包括讨论自然史。我告诉他，我一直后悔自己没能当上一名医生。我还说，对那些认为绘画作品很美的人来说，最好是把画仅看作是一种对自然的模仿。

我现在身体状况良好，伤口在愈合，大量失去的血正得到补充。现在最令人担心的是失眠。我过去非常害怕一个人独自在房间里睡觉，我一直都担心自己无法入睡，但现在最困难的时刻已经过去，我敢说这种情况不会再出现了。我在医院里经历的这场磨难是令人恐惧的，不过我可以告诉你一件怪事，在这整个过程中，我自始至终都想着德加。过去高更和我常谈起他。我曾向高更提到德加说过的话："我之所以活着，是为了画那些阿尔勒妇女。"

请跟德加说，目前我尚未有能力去画她们——那些阿尔勒妇女。告诉他，如果高更在火候未到之时赞扬我的画，请不要轻信。至今，那些画只不过是出自一个病人之手。我一旦康复，就会立即开始作画，但我将不可能在短期内就取得很大的成就，因为在一定程度上疾病拖了我的后腿。

就在收到惠函之前，今天早上我收到了你未婚妻的来信，宣布你们订婚的消息。我已经去信给她表示衷心的祝贺。我在这封信中也同样向你表示衷心的祝贺。我原来曾担心，由于我偶染小疾会妨碍你登上那非常必要的人生旅途，这样的人生旅途我长期以来梦寐以求，却至今未能实现，但现在这种担心烟消云散，我

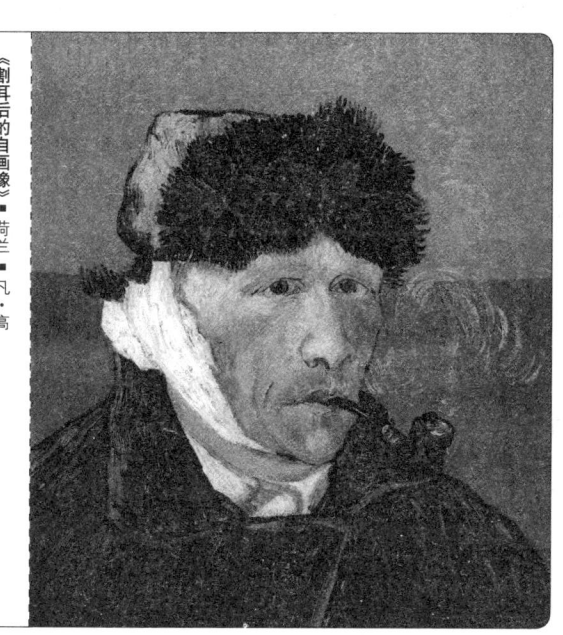

《割耳后的自画像》 ■ 荷兰 ■ 凡·高

也感到自己完全康复了。

我一直认为你能结婚是由于你有社会地位，你在我们家庭中也有地位，同时这也是多年来母亲的夙愿。办完了这桩婚姻大事之后，你将会得到更多的宁静，即便遇到比先前多一百倍的困难。

当你举办婚礼时，你不知道我有多高兴。如果在古匹儿画店里时常展出一、两幅我的画作能使你妻子高兴的话，你可以这么做，但我建议你展出我那两幅向日葵画。你会发现，这两幅油画很能吸引观众的眼球。这样的油画能使人的视觉产生变化，很耐看，你驻足看得越久，就越发现它内涵的丰富。

你知道牡丹属于让南[1]，蜀葵属于科斯特[2]，而从某种意义上来说，向日葵属于我。

我们都是同一条战壕里的战友，老朋友高更和我在心灵上是息息相通的。若说我俩都有一点儿疯癫，那又怎样呢？难道我们的画笔所传之神韵还不足以说明我们是地地道道的艺术家，从而足以消除那些认为我们的大脑有问题的怀疑？或许有那么一天，人人都会患上精神病、舞蹈病或者别的什么病。难道就没有对症的药物吗？在德拉克洛瓦、柏辽兹[3]和瓦格纳[4]的身上都发生过同样的事情。至于我们这些人所患的那种艺术家所特有的疯癫症，我一向认为我们可以把心放宽一些，对我们而言，坚信将来必有丰厚的收获就是对我们最好的治疗和安慰。历史将又一次证明，

---

1 让南（Georges Jeannin, 1841—1925），法国画家。

2 科斯特（Ernest Quost, 1844—1931），法国画家。

3 柏辽兹（Hector Berlioz, 1803—1869），法国作曲家。

4 瓦格纳（Richard Wagner, 1813—1883），德国作曲家及诗人。

追逐世俗名利只不过是过眼云烟，很快就云消雾散，只有人心依旧，始终交织着对早已入土的故人往事的唏嘘感叹，以及对即将到来的新一代人的翘首期盼。

我的病情看上去已有明显好转，我的心中百感交集，充满着希望，病情好转之快令我惊讶感叹。今天是个难得无风的好日子，一种作画的强烈欲望在我心中油然而生，令我震惊，因为在这之前我根本不敢奢望自己还会迸发出这样的创作激情。此刻，在我的言语中依然流露出我以往的那种过度兴奋，不过这并不令人感到意外，因为在整个欢乐美好的塔拉斯孔[1]乡间，人人都显得有点儿疯癫。

假如你我的身体出了毛病，那后果除了是痛苦与烦恼之外，还能是什么呢？我们的理想抱负也会因此而完全破灭。让我们默默地工作，让我们彼此多多珍重吧。

这样会得到你所属的社交圈子的理解吗？也许不会，得到的很可能是那些艺术家们的怀疑，他们怀疑我是否在工作，是否在与这个群体同甘共苦。我似乎觉得，目前印象主义画派要自我组织起来并坚持下去是不太可能的。也许我对这些事情太认真了，也许那太伤我的心了。

你将尽你的义务，我将尽我的义务。只要做到了这一点，我们就可以算得上是用实际行动而不是说空话来证明自己了，这样，当我们走到人生旅途的尽头时，我们就能心平气和地相会。至于在我疯癫时出现幻觉，胡言乱语说我所钟爱的一切都被抛弃了，我不承认这是事实，我不打算做个虚伪的预言家。疾病或是

---

1 塔拉斯孔（Tarascon），法国南部的一个地区，隶属于普罗旺斯大区。

死亡，在我看来的确没什么可怕的。

高更十分迷恋我的向日葵画，如果他想从我的两张向日葵画中挑选一张，我希望他能做一个平等的交易，让他送给你或你未婚妻两幅他自己的画，而且中等水平的画还不行，要高水平的画才能接受。

2月里，文森特又一次被送进了医院。他认为有人要给他下毒。萨勒[1]医生，就是提奥在12月去探望文森特期间，劝其多关照文森特的那个在阿尔勒的新教牧师，来信询问他能帮做些什么。雷伊医生2月13日来电说："文森特好多了，但仍在医院。"

约翰娜·凡·高

我在这儿的好处正如里韦[2]曾说过的："他们是一群病人，所有的人都是。"这样至少我不会感到孤单。现在我已经感觉到了来自病友和雷伊医生的友好，我宁愿永远生病待在这儿，而不愿意待在所谓的正常人中间，接受他们所谓的"好意"，听任他们絮絮叨叨着令人难以置信地对画家和绘画的偏见。这儿的人有些迷信，这种迷信导致他们害怕绘画，在城里我曾听到过他们这样的谈话。

不幸的是，我很容易受到别人信念的影响，但却不能嘲笑可能潜藏于这种所谓的真理背后的荒谬之处，但不管怎样，我已在这

1　萨勒（Frédéric Salles，1841—1897），阿尔勒的一位新教牧师。

2　里韦（Louis Marie Hippolyte Rivet，1851—1931），巴黎的一位医生。

儿待了有一年多时间了，我几乎耳闻了所有与我、高更以及绘画有关的恶言恶语。医院里的人现在都认识我了，一旦我病情复发，什么也不用说，他们知道该怎么办。我一点也不想再接受别的医生的治疗，而且目前也无此必要。所以，既然我已经是两度进精神病院，我为何不能既来之则安之，耐心等待结果？

你不必太挂念我，不要自寻烦恼。病情很可能会自然而然地发展，再说了，我们也不可能通过采取什么预防措施来改变自己的命运。再说一遍，不管发生什么事，我们都要挺住。假如我知道你已经放下心来，我就会觉得好受些。

谢谢你提出让我到巴黎去的建议，不过我想大都市的繁华热闹对我绝对不合适。

2月27日，文森特再次被送进医院，这次是毫无原因的。因为在整整一个月的时间里，他都保持着最大程度的沉默。

约翰娜·凡·高

从你的来信中，我感觉到了一种作为兄弟的极度痛苦，因此，我认为是我打破沉默的时候了。我是在完全清醒，没有半点疯癫的情况下，以你所熟悉的兄弟的身份来给你写这封信的。以下就是当时的事实。

有一群人（据说共有80多人签名）向市长递交了一份请愿书，在请愿书中把我说成是一个不宜自由居住的人。据此，警察巡官下令把我再次拘禁。于是我被锁起来关了一整天，有狱警监管。警方不去查证我是否有罪，他们似乎也没有能力去查证。在我灵魂深处的法庭上，对于这一切我有很多很多东西要申辩，但我又不能生气，我认为在这种情形下，为自己辩护就等于指控自己。我只想让你知道真相。

你明白了吧，当我发现这里竟然有这么多人怯懦地站在一起，反对一个孤孤单单的人，而且他还是一个病人时，这对我来说是一个多么大的打击。由于一直以来我都尽力向当地群众显示我的友好和善意，而且我从未怀疑过他们的善意，所以这样一个打击确实令人有点儿措手不及、难以承受。

从精神状态来说，我受到了很大的刺激。不过尽管如此，现在我已经逐渐恢复了平静。强烈的精神刺激只能加重我的病情。假如我不抑制自己的愤怒，我会立即被视为一个危险的疯子。另外，经历了反复的发作，我已经产生了自卑感。在这儿，我什么都不缺，唯独缺少自由。

我跟市长说，假如能使那些善良的人们永远快乐，我随时都可以跳入水中，但是不管怎样，即便在我自己的心中已经留下了创伤，我也从未伤害过他们一丝一毫。另外，我告诉他们，像现在这么耗着，我们大家在经济上都承受不起。没有钱我也不能搬离这个城市，我已经有三个月没有工作了。要不是因为他们的打扰和惹事，我本来是能够工作的。

这是一个耻辱，而且毫无意义。我不否认，我宁肯去死也不愿引发和承受这种烦恼。算了，多说也没用，受罪而不抱怨是一个人在生活中应当学会的东西。也许我们所能做的，就是嘲笑我们这些小小的不幸，同时在一定程度上也能嘲笑人类历史上那些大的灾难。像个男子汉那样去接受命运的挑战，坚定不移地朝着自己的既定目标走下去。在当今社会里，我们艺术家只不过是一个破罐子而已。最要紧的是咬紧牙关，面对厄运，你才是好样的！

我自己判断，我现时的言谈并不完全像个疯子。你将看到，我在病情发作间歇期间所创作的油画是严谨的，一点也不亚于平时的其他作品。我对工作的欲望远远胜过工作给我带来的疲劳。请相信，假若没有干扰，我的工作定能像前几年在果园里作画时一样出色，也许更好。我所要求的仅仅是，在我作画，或吃饭，或睡觉时，甚至在我偶尔逛逛妓院时，人们不要干涉我，毕竟我还没有妻子，而现在，他们什么都横加干涉。

亲爱的兄弟，我坚信不久我就能得到较好的恢复，就可以解除监禁了。现在，我自己感觉良好，除了有一股无形的、难以言状的忧愁的暗流偶尔袭来。总之，我的体力是强壮了而不是衰弱了，我现在已经开始工作了。如果我不得不终生待在精神病院里，我也只好下定决心待下去，我想我是能够在里面找到合适的绘画题材的。无论我现在的情感多么丰富，无论我在生理方面的激情已经衰退的年纪上获得了多么巨大的语言表现能力，我也不可能在背运晦气、支离破碎的过去的基础上，重新塑造出一个完美的新形象来。因此未来如何，对我来说没什么两样——即使我待在精神病院里——我想最终的命运也是一样的。

幸运的是，这儿天气晴朗，阳光灿烂，人们很快就把暂时的忧愁抛在脑后，人人都洋溢着兴高采烈的情绪和各种美好的幻想。

此时，我的画架上正搁着一幅画，画的是一个位于大路旁的桃树果园，以阿尔卑斯山脉为背景。我一共作了六幅描绘春天景色的习作，其中有两幅是大幅的果园画。我不得不向塔塞[1]要了10米油画布和一些颜料。我真的非常需要这些材料，因为春天的美

1　塔塞（Guillaume Charles Tasset，1843—1925），巴黎的一位美术材料销售商。

《阿尔勒疗养院的花园》 ■ 荷兰 ■ 凡·高

景稍纵即逝非常短暂。还有，谢谢你寄来的几期《短笛》杂志，上面刊登有福兰[1]的插图，与之相比，我这些习作的基调不免显得有些伤感。

使我得到一些安慰的是，我已经开始把疯癫视为一般的疾病而坦然处之。另一方面，在发病期间，我却又认为自己的幻觉都是真实存在的现实。你知道，如果酗酒是引发我疯癫的原因之一，那么它是一个日积月累的结果。所以，如果体内酒精的毒素能够清除的话，那肯定也得经历一个缓慢的过程。或者，如果引发疾病的元凶是吸烟，那么道理也是一样的。

所以，就老老实实按照雷伊医生和萨勒先生所说的去做吧。不管怎样，我们都必须承担起自己该承担的那一份时代流行病——即过了几年身体健康的舒心日子之后，或迟或早也该轮到我们闹闹病，这样才算公平。如果可以任由我选择，我一定不会选疯癫病，可是一旦你得了这种病，你就不会再得第二次。假如得了这种病后还能继续作点画，那就是一种莫大的安慰了。

我不知道自己是否还能经常写信，因为我的脑子并不总是清醒的，不一定总能写出有逻辑性的信件来。

当我稍微好转一些时，我便能清醒地认识到，我过去在身体和心理两个方面都处于一种亚健康状态，这种情况恐怕在我身上已经持续了很长一段时间。其他人自然会很快发现我的这种精神错乱的症状，但与此同时，我自己却自我感觉良好，这显然不是事实。意识到了这一点，使我发现自己过去或多或少地存在着将自己的主观判断强加于人的做法，其实人们是关心我、是希望我

1　福兰（Jean Louis Forain，1852—1931），法国画家。

好的。这无疑是一个遗憾，当在我的内心世界里有了这样的反思时，我已经无法改写历史了。

希望你能把我这一次入住精神病院仅仅视为一种形式而已，不管怎么，病情的反复发作使我觉得再也不能拖延下去了。虽然我的思维能力正在逐步恢复，但我现在仍集中不起精神来，不能很好地打理自己的日常生活。我一贯是、现在仍然是一个可怜的利己主义者，我想对我来说，最好就是立即入住精神病院，我没法放弃这一想法。尽管我认为大自然本身对治疗我的这种病会比其他任何药物都更有效。

我希望，凭借我的艺术才能，总有一天我还能重返画坛，即便待在精神病院里也一样。巴黎艺术家那种浮躁浅薄的生活对我有什么好处？我绝不愿意被埋没在那样的生活之中，那种生活缺乏点燃创作激情的因子，而这种因子对我重新开始作画是必不可少的。

大城市的浮华喧嚣对"印象主义画派"自然会有好处，但对你我而言简直就是受罪。正如我的好朋友罗林所说的："那是在为他人作嫁衣裳。"至少我们应当知道为谁、为何这么做。

记住，不要做一个彻头彻尾的盲目排外的印象派画家，毕竟，任何事物都有其好的一面，对此我们不能视而不见。当然，印象派画家在运用色彩方面一直在进行探索，即便在他们误入迷途时也没有停止，但是德拉克洛瓦不是也达到了，甚至比他们更加炉火纯青的境界吗？让一切模式都见鬼去吧！米勒几乎不讲究什么色彩，但是他的作品不照样非常了不起吗！在这方面，疯癫还是有益的，它减少了人们的排他性。其实，印象主义画派的许多特征并不具备人们主观臆想的那种价值。

我们必须学会欣赏那些不属于印象主义画派的画家——如茹

尔当[1]、佩林，以及所有那些我们在青年时代就很熟悉的画家们的长处。为什么要忘记他们？为什么要漠视他们具有同等水准的绘画作品？为什么认为多比尼、科斯特、让南等算不上是善于运用色彩的画家？我或许过于偏重从技巧上来探讨色彩理论的问题，但我认为这样做并非有什么不妥。毕竟，在人物塑造领域，德拉克洛瓦、米勒以及一些雕塑家要比印象主义画家强得多——甚至强于朱尔斯·布雷东。

总之，我的兄弟，我们看问题应该客观公正一些：一方面，我们应该保持对印象画派的某种永恒的热情；另一方面，我又逐渐回到我到巴黎前所持的观点上面去了。既然你已结婚成家，我们不必再为了伟大的抱负而生存，请相信我，就为了小小的抱负吧。我把它视为不可多得的安慰，我一点也不抱怨。

噢！你对皮维[2]和德拉克洛瓦的评价完全正确，他们的确向人们展示了绘画究竟能达到什么样的水平，但还是让我们不要为高不可攀的事情去伤脑筋吧。作为一个画家，我将来不可能成为一个重量级的人物，对此我绝对有自知之明，但倘若性格、教育、生活环境等一切因素都变了，那倒有可能会是另外一种情形。

许多画家都有疯癫病，这是一个毋庸置疑的事实。一个画家得了这种病，最轻的病症是使你做事情难以集中精力。如果我还能全神贯注地工作，那当然很好，但我恐怕只能永远疯癫沉沦下去，对此我已经无所谓。他们在医院里有的是空病房，足够提供给十几、二十个画家当作画室来使用。

---

1 茹尔当（Adolphe Jourdan，1825—1889），法国画家。

2 皮维（Pierre Puvis de Chavannes，1824—1898），法国画家。

《在阿尔勒的卧室》 ■ 荷兰 ■ 凡·高

第17章
病魔最终将造就我坚韧不拔的意志

圣·雷米[1]　1889年5月

到这里来我想是做对了。看到了这座医院里形形色色的疯子和精神病人的真实生活之后，我对精神病院的那种莫名其妙的恐惧开始消退。环境的改变对我是有好处的。

我一向把工作看作是自己的义务，这种想法再次非常强烈地占据了我的脑子，我的工作能力很快又重新回到了我的身上，然而，工作常常是那样过度地吸引我，我想，在我的余生中最好能保持一分散漫，行动不要过于迅速。

我在这儿拥有一间小房，屋内只见蟹青色的墙纸，两幅海绿色的窗帘，窗帘的图案是淡色的玫瑰花，点缀着星星点点的血红色彩，使整个画面明亮起来。这两幅窗帘很可能是某个富有然而却破了产的死者的遗物，图案非常高雅漂亮。一把很可能也是来自同一主人的破旧的扶手椅，现已重新用棕、红、白、黑、勿忘草蓝色，以及深绿色涂抹得色彩斑斓，犹如一幅迪亚斯或蒙蒂塞利的画作。透过窗户的铁条向外看去，可以看到一块有篱笆围着的麦田，俨如一幅范霍延的风景画，清晨时分，可以看见一轮朝阳喷薄而出，在麦田上冉冉升起。除了这间小房——由于医院里还有30多间空房子——我还另外拥有一间工作室。

先前，对疯子我有一种抗拒心理。一想到有那么多的同行，

1　圣·雷米(Saint—Rémy de Provence)，法国南部的一个小镇，人口不到一万。割掉耳朵后的凡·高遭到了阿尔勒居民的抗议，因此他自愿来到距离阿尔勒25公里处的圣·雷米。从1889年5月8日至1890年5月16日，凡·高在当地的圣·保罗精神病院接受了一年多时间的治疗，这是由修道院改建而成的一家私人性质的专业医院。身处精神病人之中，凡·高的内心反倒平静了许多。他在圣·雷米共完成了148幅画作，其中包括著名的《星夜》、《麦田》、《卧室》、《丝柏》系列画等。如今，凡·高已成为这座小镇一张亮丽的名片。该镇的游客服务中心特别开辟了一条"凡·高艺术之旅"的游览路线，不但介绍他曾经在此居住过的医院，同时也引荐他当时的创作地点，使游客不但可以重温当年凡·高在此驻足作画的情景，而且还可以欣赏凡·高作品的"原生态"实景。

如特鲁瓦永、马沙尔[1]、梅里翁[2]、琼[3]、马里斯、蒙蒂塞利等，他们最终都以发疯而终结其一生，我就忧心忡忡、不寒而栗。现在想到这一切时我却能坦然处之了。我认为他们得了精神病，并不就意味着比如果他们染上的是其他疾病更为可怕。我看到了这些艺术家恢复了他们以往的平静，我重新发现了同行前辈们的这一点，难道不是一种有益的收获吗？这是一件令我十分感激的事情。

虽然有些人整日都在不停地号叫或者胡言乱语，但大家还是能够互相理解，在发病时都能互相帮助。他们说自己必须容忍别人，这样别人也会容忍自己。总之，我们相互之间都能很好地沟通。譬如，即便一位病友只能发出断断续续的不连贯的音，我也能与他交谈，因为他对我一点儿也不害怕。对于一些常常发病大怒的病友，道理也是一样的。大家通常都会互相关照，不让他们伤着自己，如果发生打斗，大家就会隔开打斗者。

很奇怪，由于这次可怕疾病的发作，我的脑海里几乎任何具体的欲望或者说希望均消失殆尽了，我不知道这是不是一个人随着激情的消退，而觉得自己在走下坡路，而不是走上坡路。我没有愿望，没有与日常生活相关的一切愿望。譬如，尽管我不断地思念着朋友们，却一点儿也没有去看望他们的欲望，这就是我之所以还没有打算离开此地的原因。无论在哪儿，我都会有这种抑郁感的。待在这儿，医生自然更知道我的问题出在哪儿，更知道我何时适合画画。

我还注意到，其他人也没有想换地方的愿望，可能是由于大

1　马沙尔（Charles François Marchal，1825—1877），法国画家。

2　梅里翁（Charles Meryon，1821—1868），法国画家。

3　琼（Gustave Adolphe Jundt，1830—1884），法国画家。

家在外面的生活都是一团糟的缘故。我不能完全理解的是他们的那种无所事事，不过这或许是由于南方以及其破败没落的不良影响所致，然而，这里的乡村多美！苍穹多美！太阳多美！至今我所看到的只是花园及从窗口往外看到的景色。当我在花园里作画时，他们全都跑出来围观，但我敢肯定，他们比阿尔勒的所谓好公民们更能善待别人，更有礼貌，他们尽量不去干扰我作画。

昨天我画了一只很大的、十分罕见的被称为骷髅蛾的夜蛾，它全身五彩斑斓，有黑色、灰色、掺杂着胭脂红的白色，还有由浅色逐渐加深至橄榄绿色。它的体型的确非常之大。为了画它，我不得不先弄死它，真遗憾，这飞蛾是多么的美丽。

你对《摇摇篮的妇女》那幅画的见解令我高兴。完全不错，从某种意义上来说，有了彩色石印画就能得到满足、听到手摇风琴的声音就会沉醉其中的普罗大众，也许要比城里常出入沙龙的某些人要真诚得多。我刚完成了一幅新油画，这是一幅像小画店里挂的那种彩色石印画一样很普通的画作，它描绘用青枝绿叶装饰起来的永恒的爱情小窝。常春藤盘绕着粗壮的树干，地上也爬满了常青藤和常春花，还有一张长条石板凳和一丛玫瑰花，在阴冷的树荫遮掩下显得色彩暗淡。此画的问题是如何使它具有个性。

今天清晨我早早地在日出之前就从窗户往外观赏这儿的乡村，结果什么也看不到，只看到一颗硕大的启明星高悬于天空。多比尼和卢梭画过的恰是这种景色，他们在自己的画中表达了与这种景色的亲密关系，那浩瀚无边的寂静与庄严，同时也赋予了它一种独特、令人伤感的情调。对这种情调我亦有同感。

如果高更接受的话，请送给他一幅《摇摇篮的妇女》，再送同样的一幅给贝尔纳，作为友谊的纪念。在我从阿尔勒给你寄去

《罗林夫人画像》■ 荷兰 ■ 凡·高

的那批画中，你觉得太差的可以随意毁掉，或者仅挂出其中最好的作品。至于独立沙龙的画展之事，就权当我不在这儿一样。或者为了避免表现得过于冷淡，可以送那幅《星夜》和那幅有黄树叶的风景画参展，但不要把太疯狂的画送去。在这两幅画中我使用了对照鲜明的不同色彩，或许能启发别人在表现同样的夜间效果方面比我做得更好。

明天我就要动身到乡下去走走了。当前正值百花盛开的时节，处处景色美不胜收、目不暇接，请给我多寄五米画布吧，这样也许明智些。因为花期不会太长，很快就将被黄色的麦田所取代。我尤其希望在这儿能捕捉到比在阿尔勒更美的景色。由于有一些山峦阻隔，这儿的北风不像阿尔勒的那么讨厌，在阿尔勒，人们总是领受到干燥寒冷北风的迎面袭击。

我手头有两幅取景自山峦间的风景画：一幅画的是从我卧室的窗户看到的乡村景致，前景是一块风暴肆虐之后倒伏了的麦田，一堵分界墙，墙外是几棵挂着灰色树叶的橄榄树，几间茅草屋，还有山峦。这是一幅色彩极其简单的风景画，它将成为那幅已经有些损坏的习作《卧室》的姐妹篇。当所画之物的个性特征与画家所使用的绘画方法水乳交融时，那不正是一件艺术品获得高品质的要素吗？这就是为什么从绘画的角度来看，简简单单的一条面包在夏尔丹[1]的笔下，却显得与众不同的原因。

既然我希望保留那幅习作《卧室》，我打算再给它加加工。首先，我得把原作在画框上重新绷紧，因为我不想另外画一幅新的。我现在的脑子比以前清醒多了，所以最好就是现在把这件作

1　夏尔丹（Jean Baptiste Siméon Chardin, 1699—1779），法国画家。

品画好。问题的关键是，不管你创作了多少作品，总有一些你特别上心、特别投入的作品，你总想把它完成并保存下来。

我已经看到了印象派画展的通知，名单上列有高更、贝尔纳、安格坦及其他人。由此我倾向于认为，又一个新的流派诞生了，但与现存的各个流派相比，它也并非无懈可击。

每当见到一幅令我感兴趣的画作时，我总会下意识地问问自己："挂在哪栋房子、哪间屋子、屋子里的哪个角落？挂在谁家里最匹配最恰当？"哈尔斯、伦勃朗、弗美尔[1]的画最适宜挂在一座老式的荷兰房子里。在印象派画家们的眼中，如果屋内因为缺少一件艺术品而不尽完美的话，那么一幅画若与其产生的时代、环境不相符，也同样是不完美的。我不知道印象派画家们的画是比其赖以生存的时代更好呢，还是不如它好。有没有比画作所能表现的内容更为重要的人和室内陈设呢？我倾向于认为有。

如果印象派画家们敢于自称为自然派画家，那么在使用对任何事物都具有解释权的"自然"一词作为称号前，他们还是先学学做自然人为好。

你做得对，我的画一幅也不送去他们主办的那个画展。我现在还没有康复，单是这一点就足以解释我为什么不能参加这次画展了，这样也不至于得罪他们。

当然，我认为毫无疑问高更和贝尔纳有很多长处，他们的画确实不错。对于他们这些年轻而又精力充沛的画家来说，既需要过生活，又需要开拓自己的事业，但他们的作品不太可能在短期内就统统可以挂在人们的房间内，直到大家认可他们的作品，直

1　弗美尔（Johannes Vermeer，1632—1675），荷兰画家。

到其作品能够在更正式的场合展出。

在这儿，人们从未见过荞麦或油菜，总的来说，这儿的粮食种类比我们那儿少。我非常想画开着花的荞麦田，或者油菜花、亚麻。也许以后在诺曼底或布列塔尼会有这种机会的。这儿的人们也从未见过长满青苔的仓库屋顶和小茅草房屋顶，从未见过用那白色的、扭曲的山毛榉老树干围成的篱笆，从未见过真正的石楠和像纽南那儿的十分美丽的石楠属白桦林。南方最美丽的是葡萄园。我很喜欢葡萄园，就像我喜欢麦田一样。这儿的山尽管满山遍野都是发出刺鼻气味的植物，却很美。由于天高云淡，站在高处可以比在家乡看得远得多。蓝湛湛的天空从来没有使我厌烦过。

我画了一幅描绘麦田的油画，画面的色彩很黄，也很明亮，也许是我所作过的油画中最为明亮的一幅。丝柏总是跟我如影随形，它的轮廓及比例的美感就像埃及的金字塔，它的绿色也绿得特别出众。虽然它只不过是阳光灿烂的风景中的一块黑色斑点，但那却是一种最能引起人们兴趣的黑色调，也是我所能想象的最难拿捏的点睛之笔，不过，你得以蓝天为背景或者说在蓝色调中去欣赏丝柏。在这儿，就跟在任何地方一样，要画大自然，你就必须要长期生活在这大自然之中。

我想多画一些描绘丝柏的作品，就像我画向日葵系列画那样。令我吃惊的是，这些丝柏还从未以我眼中的丝柏形象入过画呢。

我认为我所作的两幅丝柏油画中，现在正在画的这幅将是最好的。画中的树木十分高大粗壮，前景是一些十分低矮的荆棘及灌木丛，紫色的群山后是挂着新月牙的绿色和玫瑰色的天空。前景的油料涂抹得特别厚实。这幅画恐怕得好几天时间才能干透。

下次要给你寄去的画中大多数是描绘麦田及橄榄园的。我新近所作的油画是一幅山景图，山脚下橄榄树丛中掩映着一间黑色小屋。此刻，这里的窗外蝉鸣声鼓噪耳膜，比蟋蟀的叫声要大上10倍，枯草披上了美丽的暗褐金黄色调。美丽的法国南方城镇，现在就像坐落在荷兰北部须德海湖畔的，那些曾一度人声鼎沸如今却毫无生气的城镇一般。那些曾受宠于苏格拉底的宝贝蝉们，在历史的潮起潮落中顽强地存活了下来，而此时此地，它们依然在古老的绿荫丛中唱着自己的歌。

从阿尔勒返回几天后，文森特旧病又复发了。

兄弟，这次疾病发作于田间，那是一个有风的日子，当时我正在一块麦地里作画。我将把这幅画给你寄去。尽管旧病发作了，我还是把它画完了。这是一次更严肃的尝试，我用绿、红、赭黄色调成的混合色来作这幅画。我告诉过你，我有时有一种强烈的冲动，希望用我在法国北方时一样的调色板来重新开始。

我像个傻瓜一样去请求医生允许我作画。作画似乎关系着我的康复，这些天来无所事事，不准到分配给我作画室用的那间屋子里去，这简直令人无法忍受。工作能磨砺意志，使你更加坚强，随之而来的便是能减少我精神上的懦弱，这比什么治疗方法都好。倘若我能再次全心全意地投入工作，那将是最好的良药。

常言道，要想了解自己不是一件容易的事情，要想画自己更是一件难上加难的事情。此刻我正在作两幅自画像，由于是画自己，没有模特儿，我画得很费力。第一幅始于我能够起床那天。我形容枯槁，脸色苍白得像一个幽灵。画面为深紫蓝色，头部苍白中略带点黄色，色调效果还不错。另一幅自画像的四分之三都采用明亮的色调为背景。我从早到晚都在作这幅画，迄今一切进展顺利。我的体力正在日渐恢复，我开始担心自己是不是有点精力过剩了。

昨天我又开始绘制我凭窗眺望到的一个小景致——一块金黄色的麦茬地，农民们正在那儿耕犁。我手头还有一幅描绘麦田上空月出景致的油画，现在又在致力于绘制在我生病前几天已开始动笔的一幅油画《收割者》。这幅习作全是黄色的，色彩上得很厚，但是题材很好，而且简单。在这个收割者身上我看到，一个模糊的身影在炎热中像个魔鬼似的挣扎着，以完成他的任务。如果把他正在收割的小麦视为人的话，那么这是一个死亡的意象。因此，这幅画与我以前试图创作的那幅播种者画截然相反，但是，这里的死亡没有悲伤的成分：它发生在大白天，一切都沐浴在太阳纯金般的光辉之下。

当你把我刚完成的那幅以明亮色调为背景的自画像，与我在巴黎时所画的那幅自画像摆在一起时，就可以看到并且断定我现在比在巴黎时看上去神智正常多了。依我看，虽然在画中我的表情略显呆滞，但脸部表情却比以前泰然自若多了。作这幅自画像花费了我不少心思。如果你见到老毕沙罗，就给他看看吧。

好了，《收割者》已经大功告成。此画非常非常之简单，我想它将成为你家中的收藏品之一。正如大自然这部大书所表达的那样，它是一个死亡的意象，但是我想力图表现的是那种"近似于微笑"的东西。除了一条紫色的山丘地带以外，整个画面都呈黄色，一种淡淡的美丽的黄色。真奇怪，我从这精神病院的囚室的铁窗往外看，竟是这般景色。

医院里那些不幸的可怜虫们在懒散中单调刻板地生活着，这种懒散对人是有害的，但在南方炎热的气候里，无论是在城镇还是乡下，懒散已经成为一种通病，而我原来的工作风格与此不同，因而抵制这种有害的懒散习惯自然成了我的一种义务。

我十分明白，病愈来自——如果那个人坚强的话——内在因素，它取决于一个人对痛苦和死亡的忍受程度，取决于他自己能否舍弃自己的愿望和所爱，但那对我毫无用处。我热爱画画，热爱观察人、事物以及构成我们生活的一切——如果你愿意，你可以把这看作是脱离实际的。当然，真实的生活是另一种样子，可我不属于乐意去生活并随时准备去吃苦的那种人。在悲伤时我一点儿也不坚强，在感到身体不适时我一点儿也不能忍受，尽管在坚持工作方面我有着相当大的耐性。

悲伤不应像沼泽地里的水一样淤积在我们心中。

母亲应该可以从我附带寄去的自画像上看出，尽管这些年来我在巴黎及其他大城市待了不少日子，但我看上去或多或少仍然是一个曾德尔特的乡下人，就像图恩[1]和皮特·普林斯[2]一样。有时候我觉得我的感情与思维习惯仍然跟他们的一样，但是在这个世界上，农民要比我有用得多。一个人只有得到了休息的时间之后才有可能想到去绘画与读书。因此，我坚定地把自己看作是一个低于农民的人。

---

1 图恩（Antonie Toon Prins，1849—1932），凡·高家乡曾德尔特的一位农民，凡·高曾经的同学。

2 皮特·普林斯（Petrus Piet Prins，1851—1892），凡·高在家乡曾德尔特的另一位同学，也是一位农民。

我在油画布上耕耘就像他们在田里耕种一样。我们辛勤地耕耘都出自对大自然的热爱，如果一个人一直以来都在竭尽全力去掌握画笔的用法，那么他肯定停不下手中的那支画笔。

你将看到，我的忍受力比以前强了，病魔最终将造就我坚韧不拔的意志。

这儿的秋景美不胜收，太值得画了。橄榄树极其富有个性，我一直在捕捉好的机会。这些橄榄树时而呈暗褐银色，时而又近似于蓝色，时而略呈绿色，时而又近似于青铜色，在黄色、玫瑰色、紫罗兰色、橙色、暗红赭色的泥土上泛出白光。其色彩变幻莫测，太难、太难捕捉了！但那适合于我，我恐怕得用金色或者银色色调来描绘它。也许有一天，我会像描绘向日葵时钟情于黄色色调那样，也能以某种主色调来描绘自己对橄榄树的个人的独特印象。要是去年秋天我能画下一些橄榄树那该有多好！这种色彩的不确定性往往会令我不敢贸然去画，然而，无论如何我觉得自己是一定能画好的。

要有耐心，你可能会这样对我说，是的，我一定要有耐心。

我最近完成了两幅精神病院及其花园景致的风景画，画中的精神病院看上去是个令人愉快的地方。我试图描绘自己心目中的精神病院该是什么样子，简化和突出映衬在蓝色背景下的松柏和雪松那傲然不屈的个性。除外，我手头还有一幅雨景画，另有一幅夜景画，以几棵挺拔的巨松为背景。你将看到，我现在画的这些松树比以前画的更具个性。

我并不欣赏高更的《橄榄园里的耶稣》，他给我寄了该画的草图。至于贝尔纳之作，他或许从来也没有看见过橄榄树。他一点儿也看不到事物的潜在性或真实性。不，我一点儿也不赞同他

《秋景》■ 荷兰 ■ 凡·高

们那种对《圣经》的阐释方式。如果我继续待在这儿，我是不会去画像《橄榄园里的耶稣》那样的画的，我要画的是橄榄树斑斓的色彩，就像人们眼中所看到的一样，同时我也会赋予这些树木适当的人体比例，这也许能给人们留下一些思索的余地。伦勃朗和德拉克洛瓦在这方面就做得很好，他们比那些自然派艺术家都杰出。

印象派画家在色彩里发现的东西仍然可以发展，但是有一个事实却被许多人忘记了，那就是他们与过去的联系。我要说明的是，我不相信在印象派与其他画派之间存在着严格的分界线。

最近这几天，这儿的天气很糟，但今天的确是个好春日。田野里长着嫩嫩的麦苗，远处是紫色的山峦，多美呵，处处都可以看见鲜花盛开的杏树。

这种情景常使我精神振奋。更令人高兴的是，今天你来信说，你在布鲁塞尔以400法郎的价格售出了我的一幅画[1]。与其他画家以及其他荷兰画家的售价相比，这是微不足道的，但我一定要多生产一些，以使自己摆脱经济困境，更好地工作。你注意到了吗，在你寄给我的那份报纸中有一篇关于某些画家的多产事例的文章，其中提到了柯罗、卢梭和杜佩雷。你还记得吗，我们曾多少次议论过同样的话题——即多产的必要性——我一到巴黎就说过，在我还没有画出两百幅油画以前，我依然属于一事无成。

我非常想趁这次售画的好运气到巴黎去看看你。多亏了这儿的医生，我现在感觉比刚来时平静和健康多了。

1　这里指的是《红色葡萄园》，它在布鲁塞尔的一次画展上被一个名叫安娜·博赫（Anna Boch, 1848—1936）的比利时女画家所购买，是凡·高生前唯一售出的作品，现在收藏于莫斯科普希金博物馆。安娜的弟弟尤金·博赫（Eugene Boch, 1855—1941）是一位画家兼诗人，和凡·高是朋友，凡·高曾为他画过一幅肖像画。

2月24日，文森特在去阿尔勒待了两天后又一次旧病复发。他被用担架抬回了圣·雷米，没有人知道他在哪儿过的夜。他随身携带去阿尔勒的那幅阿尔勒妇女图后来再也没能找回来。4月1日，佩龙医生来信告知说，这次的发作比以往持续的时间要长一些，阿尔勒之行最终证明对文森特的健康是不利的。

约翰娜·凡·高

今早，我又一次欣赏了这儿雨后的乡下——多么清新啊，还有那盛开的鲜花——唉，假若我没有患上这该死的癫疾，像个正常人一样工作，那我该能做多少事情啊！如今我与世隔绝，只能聆听乡村的声音，听从田野的召唤！我们唯一永远值得称道的是，在这儿你我跟其他一些同样不为别人所理解、同样被环境挤压得心力交瘁的人一样，我们都曾朝着同一个目标努力过。无论如何，希望再次见到你，希望再次见到你、你的妻子、你的儿子，以及那些在我遭受不幸时仍然没有忘记我的朋友们，一直是我心中最最强烈的愿望，也是对我最大的安慰。真的，我从来没有停止过对他们的惦念。

《加歇医生》 ■ 荷兰 ■ 凡·高

第18章
唉，我的工作，
为此我在赌自己的生命

瓦兹河畔的奥维尔[1]　1890年5月

这次我用法文来给你写信，因为在南方待了两年后，我觉得这样可以把要说的话说得更清楚一些。

奥维尔很美。现存还有不少旧茅草屋，而在其他地方这已经是很少见了。奥维尔距离巴黎较远，可以称得上是一个真正的乡村，然而，从多比尼到这儿作画算起，奥维尔已经大变样了，不过所发生的变化并不都是朝着令人不快的方向发展——许多别墅以及各式各样的现代资产阶级的住宅拔地而起，它们富丽堂皇，日照充足，并点缀着盛开的鲜花。在我看来，它们几乎就跟那些旧茅草屋一样美丽，而后者正在逐渐衰微败落。

今天的奥维尔是一个相当富足的乡村，当一个新社会正从旧社会中脱胎而出时，新兴的社会一点儿也不令人扫兴，空气中处处洋溢着幸福感。我认为，我在奥维尔所看到的景色就犹如在皮维的画中所看到的一样安详宁静。没有任何工厂，处处覆盖着郁郁葱葱的植物，修剪得整整齐齐。这儿可以入画的东西太多了，色彩丰富无比——我已经感觉到，去南方给了我很大的好处，现在看来到法国北方来比在南方更胜一筹。北方就像我所想象的一样：处处都是更加浓艳的紫罗兰色彩。你将清楚地意识到，去了

1　瓦兹河畔的奥维尔（Auvers—sur—Oise），亦译作欧韦、奥韦、奥弗等，是位于法国瓦兹河畔的一个小镇，距离巴黎约30公里，人口不足7000人。这里曾留下印象派大师莫奈、塞尚、毕沙罗等人的创作足迹。凡·高于1890年5月17日至1890年7月29日居住于此。这是他短暂生命的最后时光，在短短的70天时间里，他似乎感觉到了什么，他在与时间赛跑，争分夺秒地创作了几十幅作品，其中包括《奥维尔的教堂》、《麦田上的乌鸦》、《加歇医生》等传世名作。他死后即安葬于此地。六个月后，于1891年1月25日，一直在精神上和物质上支持他的最亲爱的弟弟提奥，由于过度悲伤和精神失常而逝世，死后亦安葬于其兄弟的坟墓旁边。现在这座小镇被人们亲切地称呼为"凡·高小镇"，镇里除了有凡·高和提奥的坟墓以外，还有"凡·高之家"纪念馆和一座凡·高公园，公园内矗立着由著名法国立体主义雕塑家扎特金（Ossip Zadkine，1890—1967）创作的一尊青铜凡·高塑像。塑像中的凡·高头戴一顶破草帽，显得有点儿瘦削、疲惫和茫然，身背画布和画架，一脚前、一脚后地行走着，似乎象征着他永远在路上漂泊的命运。

《奥维尔教堂》 ■ 荷兰 ■ 凡·高

解一个乡村及这个乡村的生活方式，然后再去看看其他的乡村，将会使一个人终身受益。

加歇医生说，我必须放下包袱继续工作，不要老惦记着自己的病。我希望假若我定下心来画些奥维尔的油画，我就有机会补偿在这儿逗留的费用——因为这儿确实美不胜收。这是一个真正的乡村，一个典型的、风景如画的乡村，我认为画它比不画得到的报酬要大得多，尽管画也有可能遭遇背运。

如果不去作画或者画得少点，我都有可能将要付出双倍的代价，这就是我所能预测的结果。假若我们指望依靠所谓的捷径而不是依靠老老实实的工作来取得成功，那么所付出的代价真有可能是双倍的。老伙计，对此我想得很清楚，我并不是说自己画得不错，而是指实际上我是可以做到少出一些次品的。还有，从长远来说，将来总有一天，我的画是能找到买主的。至于其他因素——如人际关系——是极其次要的，因为我没有那种天赋。对那玩意儿，我就是有心想去做也是做不了的。另一方面，只要我画画了，人们就会主动到我家里来看我，根本用不着我特意去登门拜访他们，这不就跟我主动去结识他们没什么两样吗？正是通过画画这一途径，你以画会友结识了别人，这是最佳的选择。

绘画的未来是在热带地区，或在爪哇岛，或在马提尼克岛，或在巴西，或在澳大利亚，总之，不在这儿，但是你知道，我不大相信，你、高更或者我，是属于那未来之列的人。可以肯定，在遥远的未来的某一天，那些坚持走米勒和毕沙罗道路的印象派画家们，将在那儿，而不是在这儿作画。

我那幅严格按照高更的素描而作的阿尔勒妇女肖像画正合他的心意，这令我十分欣慰。我在制作此画时尽可能虔诚地忠实于原画，但同时亦根据自己个人的理解，以色彩为媒介去阐释原作的风格及人物的庄重表情。

如果你愿意，你可以说那幅画应该是众多阿尔勒妇女的一个合成形象。既然众多阿尔勒妇女形象的合成是弥珍难得的，那就把这属于你我的画当作我俩数月合作的结晶吧。为了这幅画，仅我而言就付出了一个月病痛的代价，不过我知道，那幅油画只有高更及极少数的画家能够理解我们的创作意图。加歇医生在迟疑了好一会儿之后，终于完全被它征服了，他说："要想做到简洁是多么困难啊！"

我正要给高更写信，告诉他我只在巴黎待了三天，那儿的喧嚣声对我干扰极大，以致使我认为，为了我脑子的清静，我还是到乡下去更为明智些。假若不是因为这一点，我会专程去拜访他的。他会理解的，一到巴黎我就感觉脑子有点混乱，所以没去欣赏他的油画。很有可能——如果他允许的话——我会去布列塔尼跟他待上一个月时间，画一两幅海景图，不过主要目的还是为了探望他和结识德哈恩[1]。

我希望他能出版一些以南方为题材的蚀刻画，因为我在加歇医生家可以不付任何代价就能把它们付印。这件事情我们非干不可。如果你同意的话，我们将设法使其成为洛泽[2]和蒙蒂塞利合作出版的那本画册的续集。洛泽喜欢阿尔勒妇女的肖像画。高更很可能与我合作镌刻一些他的油画。加歇医生即将到巴黎来看我的油画，到时候我们可以从中挑选一些画作来镌刻。

1　德哈恩（Meijer Isaac de Haan，1852—1895），荷兰画家。

2　洛泽（Auguste Marie Lauzet，1865—1898），法国画家。

从圣·雷米寄来的油画已到。鸢尾花那幅油画已经干透了，我的确希望你能从中看出些有价值的东西来。还有玫瑰花、麦田和山峦的油画。另外还有一幅是顶部挂着一颗星的丝柏树，这可以说是我的最后一次尝试——夜空中挂一个没有光辉的月亮，那只是一弯细细的月牙，刚从地球投射的黑影中钻出来——一颗星闪烁着耀眼的光芒。如果你愿意，也可以说在那漂浮疾驰着云朵的深蓝色天空中，有一种玫瑰红和绿色柔和的光辉在闪闪发亮。地上，那高高的黄色甘蔗地旁是一条马路，后面是那蓝色低矮的阿尔卑斯山脉，还有一间旧客栈，窗户透出黄色的灯光，前景是一棵非常高大挺拔的丝柏树，肃穆而庄严。马路上，一匹白马拉着一辆黄色的马车，还有两个赶夜路的行人。你可能认为这十分浪漫，但我认为这的确是普罗旺斯的本色。我很可能会把这幅画和其他一些风景画，以及记忆普罗旺斯风情的画镌刻成一本蚀刻画册。我希望能赠予高更一册。同时，我还有一张加歇医生的肖像画，他的表情流露出我们时代所特有的那种令人心碎的伤感——多少有点儿像高更对他自己那幅《橄榄园里的耶稣》所作的评论，意旨不在于让人们理解，而在于其本身的存在。不管怎样，我们也按照他的方法依样画葫芦。

昨天和前天，我都在为加歇小姐画肖像，我希望不久你便能见到此画。她穿着红色的衣裳，作为背景的墙壁为绿色，点缀着一个橙色的斑点，地毯呈红色，带有一个绿色的斑点，钢琴为深紫色。这是一幅我很喜欢作的人物画，不过很不好画。

我注意到，这幅油画跟另一幅描绘地平线上麦田的油画很相配，不过，当下的我们距离这样一个时代还很遥远——即人们将能理解大自然中的某一个截图与另一个截图之间的神秘关系，其

《鸢尾花》 ■ 荷兰 ■ 凡·高

实两者之间是相辅相成，相互解释，相互启发的，然而，有人默默地领悟到了这一点，这是很了不起的。此肖像画的不同之处在于，在衣着里，你看到了十分光鲜艳丽的色彩结合，如果你能捕捉住跃入你眼帘的过往行人，并为他们作肖像画，那结果将不会逊色于过去的任何一个时代。我甚至认为在自然界中常存在着一种犹如皮维画作中的那种优雅——一种介于艺术和自然之间的美感。

加歇医生答应让他女儿在一架小管风琴旁边再给我摆一次姿势。另外，我也许还有另一个乡下姑娘来给我摆姿势。

我正试图画一些麦田习作。我被麦穗深深吸引，它们垂挂在绿蓝色的麦秆上，长长的麦叶俨如夹杂着玫瑰色的绿色丝带，麦穗刚刚开始变黄，饰有一条淡玫瑰色的由花粉形成的边，绕着麦根茎底部的是一种玫瑰色的旋花属植物。这是另一种不同属性的植物，但价值同等，它们与麦子共同构成了一个不可分割的绿色世界。当它们摇曳时，会使人犹如耳闻麦穗在微风中发出轻轻的沙沙声。麦田上空，是一片光亮而又宁静的背景，我一定得画上几张麦穗特写画。

我还有一幅麦田油画和一幅它的姊妹篇，画的是低矮的灌木丛，紫丁香色的白杨树干，树底下的草地上开着玫瑰色、黄色和白色的花朵，生长着各种植物。最后是一幅夜景图——两棵漆黑的梨树映衬着泛黄的天空，旁边堆放着一些谷物，在那紫色的背景里，墨绿色的枝叶环抱着一座农庄。

我收到高更的一封来信，语气颇为忧郁。信中他含含糊糊地提到了要到马达加斯加去的决定，但他的口气是如此含糊，你可以看出，他之所以想到此事是因为除此之外，他的确不知道自己该想些什么。

从巴黎一回到这儿，我即刻开始工作。由于有了明确的目标，我回来后已画好了三幅大油画。它们描绘的是恶劣天气里大片连绵的麦田，画中的伤感和极度的孤独感显而易见却又不留痕迹，用不着我刻意去表达。我希望你能尽快看到这些画——因为我认为这些画能告诉你我无法用语言来表达的意思，即在乡下我的身体健康得到了实实在在的好处。为了健康，一个人很有必要到花园里干干活，看看花。

我现在十分迷恋那广袤无垠的大平原，麦田连着山峦，犹如大海般无边无际，处处是柔和的黄色、柔和的嫩绿色和柔和的紫色，已经翻犁过和锄过杂草的土地，被开着花的土豆苗均匀地切分成各种方格图案，苍穹下的一切，呈现出一派柔和的蓝、白、粉红和紫色色调。

我又作了一幅旧茅草屋顶的习作和两幅描绘雨后连绵麦田的油画。既然这最关紧要的事进展顺利，我为何还要多说那些无关紧要的事呢？看来在我们有机会进一步讨论绘画行业的发展之前，我们还有很长一段路程要走。至于其他画家，不管他们是怎么想的，只要触及讨论本行业的发展之事，都本能地与之保持一定距离。好了，事实是，我们只能让我们的画去自述了。

唉，我的工作，为此我在赌自己的生命，我的理智已经处于半崩溃状态。好吧，顺其自然吧，但你不是一个普通的画商。你可以选择自己的立场，你可以以人性来指导自己的行动，但那又有什么用呢？

在思想上握住你的手

文森特

1890年7月27日